Spirituell leben

HERDER spektrum

Band 5699

Das Buch

Sinn im Leben erkennen, sich nicht mit der Oberfläche begnügen, Halt, Tiefe, Ziel und Richtung finden, das eigene Leben mit einer umfassenderen Wirklichkeit in Beziehung setzen – das meint Spiritualität. Die Suche nach einem spirituellen Leben, nach spiritueller Heimat ist intensiver geworden, allerdings auch diffuser. Die Welt ändert sich rasant, und auch die religiöse Landschaft ist im Umbruch. Auf welche Traditionen, auf welche Erfahrungen können wir bei dieser Suche zurückgreifen? Welche Praktiken und Übungen sind sinnvoll? Wie sich orientieren im Markt der Möglichkeiten und Angebote? Was trägt im Alltag?

Dieses Buch zeigt: Erfahrung und Reflexion gehören zusammen. Die klassischen spirituellen Übungswege helfen, sich auszurichten auf das, worauf es ankommt. Aber auch ganz alltägliche Praktiken, Haltungen, die wir in uns tragen, alltägliche Verrichtungen, bewusst und wach vollzogen, tragen dazu bei.

„Spirituell leben" lädt dazu ein, achtsam zu sein für Haltungen und Einstellungen, die zu Türen werden können in die Tiefendimension unseres Lebens. Konkrete Übungen, Impulse für den Alltag helfen, die Sinne zu schärfen und Sinn zu finden. Die Hektik zu unterbrechen und innezuhalten. Den Geschmack des Lebens neu wahrzunehmen und auszukosten. Überzeugende und inspirierende Antworten. Für alle, die auf der Suche nach Orientierung und gelebter Spiritualität sind.

Die Herausgeber

Gabriele Hartlieb, geb. 1967, Studium der ev. und kath. Theologie, Sprach- und Literaturwissenschaft, arbeitet als Journalistin und Lektorin, lebt in Freiburg i.Br.

Christoph Quarch, Dr. phil. geb. 1964, langjähriger Redakteur der Monatszeitschrift „Evangelische Kommentare", seit 2000 Studienleiter des Dt. Ev. Kirchentages, Kursleiter, lebt in Fulda.

Bernardin Schellenberger, geb. 1944, 15 Jahre lang Trappist, 10 Jahre Seelsorger, seit 1998 freiberuflich als Autor, Übersetzer, Kursleiter. Lebt in Stuttgart.

Spirituell leben

Haltungen – Übungen – Inspirationen

Herausgegeben von
Gabriele Hartlieb
Christoph Quarch
Bernardin Schellenberger

HERDER

FREIBURG · BASEL · WIEN

Gedruckt auf umweltfreundlichem, chlorfrei gebleichtem Papier

Gekürzte Taschenbuchausgabe

www.herder.de
Satz: Barbara Herrmann, Freiburg
Druck und Bindung: fgb · freiburger graphische betriebe 2006
Umschlaggestaltung und Konzeption:
R·M·E München, Roland Eschlbeck, Liana Tuchel
Umschlagmotiv: © Corbis
ISBN-13: 978-3-451-05699-4
ISBN-10: 3-451-05699-2

Vorwort

„Spiritualität“: keine Zauberformel; aber ein Hilfswort, um zu beschreiben, dass Leben und Welt eine größere Tiefe haben, als die Oberfläche in der Regel erkennen lässt. Da gibt es Augenblicke, in denen sich ein Fenster zu öffnen scheint, und sichtbar wird: Leben ist mehr.

Immer mehr Menschen scheinen dies wahrzunehmen, sie-suchen und finden geöffnete Fenster – wenn auch immer weniger in den etablierten Kirchen und religiösen Institutionen. Ihren Hunger nach religiöser Orientierung suchen sie immer weniger bei den etablierten Sachwaltern des Göttlichen und Heiligen zu stillen, sondern immer öfter bei Meditations- oder Yogakursen, in Familien- und Gestalttherapien oder von den Esoterik-Ratgebern der Bahnhofsbuchhandlungen. Religionssoziologen sprechen daher von einer vagabundierenden Religiosität oder vom Auswandern des Religiösen in die säkulare Welt.

Was diese religiösen Vagabunden eint, ist die oft diffuse Sehnsucht nach einer wie auch immer gearteten spirituellen Heimat. Diese Sehnsucht hat ihren Grund in dem Umstand, dass das Leben zunehmend als sinnlos, flach oder hohl wahrgenommen wird. Es scheint, als kreisten wir geschäftig und dynamisch auf der Oberfläche, während uns der Sinn dafür verloren geht, was dem Leben Tiefe gibt. Schon 1958 hatte der Theologe und Religionsphilosoph Paul Tillich das Abhandenkommen der Sinndimension als einen Verlust der „Dimension der Tiefe“ gedeutet. Den Menschen, so Tillich, „… drängen die treibenden Kräfte der industriellen Gesellschaft, von der er selbst ein Teil ist, in horizontaler Richtung voran. Sein Leben vollzieht sich nicht mehr in der Dimension der Tiefe, sondern in der horizontalen Dimension …". Es ist dies ein Leben, so Tillich weiter, „das vergeht, indem es jeden einzelnen Augenblick mit etwas ausfüllt, das getan, gesagt, gesehen oder geplant werden muss. Aber der Mensch kann nicht erfahren, was Tiefe ist, ohne stille zu stehen und sich auf sich selbst zu besinnen. Nur wenn er sich nicht mehr um das Nächste sorgt, kann er die Fülle des Augenblicks hier und jetzt erleben, des Augenblicks, in dem die Frage nach dem Sinn seines Lebens in ihm erwacht. Solange die Sorge um das Vorläufige und Vergängliche (wie wichtig und interessant es im Einzelnen auch sein mag) nicht zurücktritt, kann die Sorge um das Ewige nicht Besitz von ihm ergreifen. Hier liegt der tiefste Grund für den Verlust der Tiefendimension in unserer Zeit." (Paul Tillich: Die verlorene Dimension, in: Tillich-Auswahl Bd. 2. Die Zweideutigkeit des Lebens, hrsg. von Manfred Baumotte, Gütersloh 1980, S. 7–14, S. 8–9 und 9–10.)

Dem Verlust der Religion zu begegnen, indem der Sinn für die Tiefendimension des Lebens zu neuem Leben erweckt wird: Dies ist die Hoffnung, die sich mit dem Stichwort Spiritualität verbindet. Die spirituellen Praktiken unterschiedlicher Religionen und Traditionen zeigen dazu bewährte Wege auf. Wer sich auf sie einlässt, gelangt oft dahin, sich und sein Leben in einem veränderten Licht wahrzunehmen: im Licht einer Sinnfülle und Tiefe, einer Präsenz und Gottesnähe, in denen er zuletzt seine ersehnte spirituelle Heimat erkennt. Entscheidend dabei ist die gewiss die Erfahrungsdimension spiritueller Wege. Diese ist es auch, die Karl Rahner in seinem berühmte Diktum im Auge hatte: „Der Fromme von morgen wird ein ‚Mystiker' sein, einer, der etwas ‚erfahren' hat, oder er wird nicht mehr sein." (Karl Rahner: Frömmigkeit früher und heute, in: Ders., Schriften zur Theologie, Bd. 7, Einsiedeln 1966, S. 11–31.)

Nun gibt es viele Wege, auf denen der Mensch etwas erfahren kann. Es können dies die klassischen spirituellen Übungswege der Kontemplation sein – ebenso aber auch alltägliche Praktiken und Vollzüge des Lebens, so sie denn unter anderem Vorzeichen, bewusster und wacher, vollzogen werden. Tatsächlich erweisen sich bei näherem Hinsehen viele Haltungen und Einstellungen als Türen oder Tore, die Wege in die Tiefendimension freigeben. Von solchen Wegen, Praktiken und Haltungen handeln die Beiträge dieses Buches. Jeder einzelne von ihnen versucht, bestimmte Aspekte des menschlichen Lebens auf ihre spirituelle Dimension hin zu deuten. In diesem Sinne verstehen sich die Artikel als „Inspirationen" – Inspirationen, die dazu einladen, das eigene Leben in einem neuen Licht zu sehen und den Sinn für die Dimension der Tiefe zu schärfen: nicht vorwärts und zum Nächsten zu hasten, sondern innezuhalten, wahrzunehmen und den Geschmack dessen, was da ist, auszukosten.

Die Stichworte dieses Bandes sind alphabetisch geordnet; das hat mit dem Wunsch nach klarer Orientierung im Buch zu tun und nichts mit erhoffter Vollständigkeit unter dem Stichwort „Spiritualität"; weder das Buch als ganzes noch die einzelnen Beiträge sind mit diesem Anspruch entstanden. Mit der gekürzten Taschenbuchausgabe des 2002 erschienenen sehr umfänglichen Bandes „Spirituell leben" ging es uns um die Auswahl konkreter Haltungen und Übungen, um die alltagspraktische Relevanz der Stichworte. – Unser Dank gilt erneut all denen, die an diesem Buch mitgeschrieben haben: So können diese Inspirationen, klärend und erhellend, weiter wirken. Neben den Artikeln ist im Anhang auch eine Aufstellung weiterführender Literatur zu finden, die teils von den Autorinnen und Autoren, teils von den Herausgebern zusammengestellt wurde. Ferner finden Sie dort biographische Hinweise zu all denen, die einen Beitrag zu diesem Buch geleistet haben.

Von Joseph Beuys stammt das viel zitierte Wort „Das Mysterium findet auf dem Hauptbahnhof statt“. Es muss nicht immer der Bahnhof sein: Vielleicht tut es ja auch ein Buch. Wir wünschen Ihnen eine inspirierende Lektüre.

Gabriele Hartlieb, Christoph Quarch, Bernardin Schellenberger
Freiburg i. Br., Fulda, Stuttgart, im Januar 2006

Achtsamkeit

Bernardin Schellenberger

In einer immer komplizierteren Welt, die von einer unendlichen Fülle an Informationen überschwemmt wird, werden die einfachsten Dinge und Lebensäußerungen immer weniger selbstverständlich. Man muss sie methodisch einüben. Das gilt namentlich von der „Achtsamkeit“: der Fähigkeit, mit vollem, ungeteiltem Bewusstsein bei einem Eindruck oder einer Begegnung gegenwärtig, statt, kaum da, schon wieder mit dem Kopf woanders zu sein. Das Gegenteil von Achtsamkeit ist die „Zerstreuung“, das Verwirrtsein von zu vielen Impressionen auf einmal und die Geistes-Abwesenheit.

Gehirnforscher schätzen, dass das Gehirn des Menschen rund 100 Milliarden Neuronen enthält. Jedes dieser Neuronen verfügt demnach über etwa 1000 Anschlüsse, von denen jeder durchschnittlich 200mal pro Sekunde zündet, was also zu 20 Billiarden Rechenvorgängen pro Sekunde führe. Außerdem – so die Annahme – könne sich unser Geist mit mindestens sieben Themen auf einmal abgeben – also mit Geräuschen, Gerüchen, Bildern, Gefühlen und so weiter –, brauche jedoch nur 1/18 Sekunde für die Abhandlung eines Themas. Das heißt, jede Sekunde kann unser Gehirn 126 Informationsbrocken registrieren; das sind 7 560 pro Minute, eine halbe Million pro Stunde. Zum Glück spielt sich das alles weithin in unserem Un- und Unterbewussten ab. Aber immerhin kommt dem unachtsamen Menschen im Schnitt pro Sekunde ein Gedanke in den Kopf: Das sind also 3 600 Gedanken pro wacher Stunde oder 60 000 pro Tag. Allerdings sind diese Gedanken nicht besonders originell: 19 von 20 Gedanken, die einem heute kommen, gingen einem auch schon gestern durch den Kopf und werden einen morgen wieder beschäftigen. Sie kreisen wie ein Hamster in seinem Rad.

Die wichtigste Leistung unseres Gehirns besteht darin, aus dieser ungeheuren Flut die wenigen Gedanken herauszufiltern, die wir im jeweiligen Augenblick für die Bewältigung unserer Aufgabe oder Absicht brauchen, und alle anderen abzublenden. Bei immer mehr Menschen scheint dieser Filter jedoch schwächer zu werden. Namentlich bei Kindern wird in zunehmendem Maß das so genannte ADS-Syndrom beobachtet: eine ständige Überreizung durch zu viele Eindrücke und als Folge mangelnde Konzentrations- und Lernfähigkeit sowie ständige aggressive Abwehrreaktionen. Was sich hier als neue Form psychischer Erkrankung äußert, plagt jedoch auch die meisten anderen Menschen: Ein höchst kompliziert gewordenes Leben und ständige Reizüberflutung führen zu Dauerstress, entfremden von den einfachen, heilsamen Lebenserfahrungen und machen wiederum süchtig nach neuen Reizen. Hinzu kommt die Dynamik einer das Leben immer mehr prägenden Ökonomie, deren raffinierte, allgegenwärtige Werbestrategie ganz darauf angelegt ist, die Konzentration zu verwirren und zu besinnungslosem Kauf und Konsum zu verführen.

Kleine Kinder verfügen zunächst noch über die Fähigkeit zur Achtsamkeit. Sie können der Mama oder dem Opa wieder beibringen, geschlagene zehn Minuten lang den Startversuchen eines Marienkäfers zuzuschauen, an dem diese achtlos vorbeigerannt wären. Die Zeit bleibt dann geradezu stehen. Sie lernen wieder staunen. Viele einfache Menschen können das noch heute, ohne den Begriff „Achtsamkeit" zu brauchen. Auch Künstler verfügen über diese Fähigkeit. In John Steinbecks *Jenseits von Eden* finden sich die Sätze: „Ein Mensch mag sein ganzes Leben in grauer Trübnis verbracht, Land und Bäume um ihn mögen in Dunkel und Düster gelegen haben. Die Ereignisse, selbst die bedeutsamen, mögen gesichts- und farblos vorübergezogen sein. Und dann auf einmal der Strahlenschein – und das Gezirp einer Grille klingt wie süßer Sang in seinen Ohren, der Geruch der Erde hebt sich lobpreisend an seine Nase, und die Lichtflecken unter einem Baum beseligen seine Augen. Dann ergießt es sich aus dem Menschen, wie ein Wildbach entlädt sich sein Wesen und wird darum doch nicht ärmer. Wert und Gewicht eines Menschen in der Welt lassen sich wohl daran abmessen, welcherart und wie häufig diese Beseligungen bei ihm sind. Es ist ein einsames Erlebnis, doch es setzt uns in Beziehung zur Welt. Es ist die Mutter aller schöpferischen Kraft."

Achtsamkeit ist nicht das Privileg von Kindern, Künstlern oder Leuten, die viel Zeit haben. Wenn Unachtsamkeit der Mangel an aufmerksamer Beziehung zu Menschen und anderen Geschöpfen, sowie zu Gesetzmäßigkeiten und Naturvorgängen, die das Leben bestimmen, ist, dann hängt die Zukunft unserer Erde und der Menschen auf ihr von der Achtsamkeit ab. Sie äußert sich im Alltag ganz konkret und praktisch. Wenn nach einem warmen Sommerwochenende die Menschen Parkflächen voller Müll zurücklassen, spricht schon das Bände für ihr Verhältnis zur Welt und Wirklichkeit.

Für das Erlernen der Achtsamkeit haben sich vor allem Elemente der Zen-Meditation als recht hilfreich erwiesen, wird doch dabei methodisch darin eingeführt, achtsam „nur eines zu tun" und sich ins reine Da-sein im gegenwärtigen Augenblick einzuüben.

Als praktische Anleitungen für die Einübung eines achtsameren Verhaltens im Alltag lassen sich in aller Kürze nennen:

1. Sooft du kannst, tu bewusst etwas langsamer und achte auf deinen Atem: Atme tief und ruhig durch und versuche, innerlich deinen Atemrhythmus mit zu vollziehen. Ruhiges Atmen beruhigt auch den Geist. 2. Lass sinnloses Wollen bleiben (etwa, dass endlich die Bahn komme, auf die du wartest, oder der Stau sich auflöse, in dem du stehst). Beachte, wie oft du unnötigerweise in Reaktionen des Beurteilens, Begehrens oder Befürchtens verfällst, die dich in Stress versetzen. 3. Versuche darum, alles um

dich nicht-reaktiv zu registrieren und auch dir selbst und dem, was in dir vorgeht, nicht-reaktiv zuzuschauen. Indem du dich in die Haltung des Zuschauers deiner selbst versetzt, löst du dich aus der Verstrickung in deine Gedanken. 4. Konzentriere dich darauf, für einige Minuten mit einem einzelnen Sinnesorgan (dem Hören, Riechen, Sehen und so weiter) intensiv alltägliche Dinge in deiner Umgebung wahrzunehmen. Wenn du es fertig bringst, ganz in einer elementaren sinnlichen Wahrnehmung zu verweilen, entkrampft sich dein Geist, der sich festgefahren und abgekapselt hatte. Verblüffend oft kommen dann unerwartet kreative, inspirierende Einfälle zu Problemen, an die du gerade gar nicht gedacht hattest. Hier gilt: „Wer nicht sucht, der findet." Es ist einfach – und darum heute so schwierig.

Altern

Klara Obermüller

Der große Schweizer Theologe Herbert Haag war 70 Jahre alt, als er seine Stiftung „Für Freiheit in der Kirche" gründete. Mit dem Preis dieser Stiftung zeichnete er in regelmäßigen Abständen Menschen aus, die sich durch eigenständiges Denken und aufrechten Gang mehr als durch Gehorsam gegenüber den Dogmen und Zwängen der Institution hervorgetan hatten. Leonardo Boff, Eugen Drewermann und Jacques Gaillot fanden sich ebenso unter den Preisträgern wie die Vertreter des „KirchenVolksBegehrens" oder die Initiantinnen des „Vereins vom Zölibat betroffener Frauen".

Herbert Haag war zeit seines Lebens ein kritischer Geist gewesen; aufs Alter hin aber wurde er im wahrsten Sinne des Wortes radikal. Er war 74, als er ein Buch über die Liebe schrieb, und bereits weit über 80, als er sich mit seiner Kritik an der Zwei-Stände-Kirche einen schweren Verweis der Schweizer Bischöfe einhandelte. Wie kein Zweiter nutzte Herbert Haag seine geistige und materielle Unabhängigkeit, um eigenständiges Denken innerhalb der katholischen Kirche zu fördern und Fehlentwicklungen anzuprangern, die ihrer Glaubwürdigkeit Abbruch tun.

Gewiss, nicht jeder von uns verfügt über die Souveränität und den Weitblick eines Herbert Haag und auch nicht über die Mittel, sie in die Tat umzusetzen. Aber an seinem Beispiel lässt sich ablesen, was auch zum Älterwerden gehören könnte: nicht nur das Abnehmen der Kräfte, nicht nur der Verlust an körperlicher und geistiger Beweglichkeit, sondern auch diese neue, innere Unabhängigkeit, die keine Rücksicht mehr nimmt auf Ansehen und Erfolg und niemandem mehr Respekt zollt, der diesen Respekt nicht verdient. Einem emeritierten Professor kann man keine Lehrerlaubnis mehr entziehen, einen pensionierten Arbeitnehmer nicht mehr auf die Strasse stellen – die Chance ist einmalig, wir bräuchten sie bloß zu ergreifen, und wir wären frei: frei, Grenzen zu überschreiten, Denkverbote zu missachten, in geistige Bereiche vorzustoßen, die uns bis dahin verschlossen waren. Wenn wir einmal begriffen haben, dass Sanktionen im Alter nicht mehr greifen, können wir vieles hinter uns lassen, was uns ein Leben lang belastet und eingeengt hat: sowohl den eigenen Ehrgeiz wie das eigene Leistungsdenken, die Sucht nach Anerkennung ebenso wie die Abhängigkeit von Lehrmeinungen und Autoritäten.

Jetzt, da die Kinder auf eigenen Beinen stehen, die Ehe in ruhigere Fahrwasser geraten ist und die Karriere wohl oder übel ihr Ende findet, bin ich endlich frei von all jenen Bindungen und Rücksichten, die mich so oft daran gehindert hatten, kritisch zu sein, unbequeme Fragen zu stellen, mich aufzulehnen gegen all die Ver- und Gebote, die geistliche und weltliche

Autoritäten sich zu ihrer eigenen Absicherung ausgedacht haben. Ich kann die Angst über Bord werfen, mit der man ein Leben lang versucht hat, mich bei der Stange zu halten. Ich kann offen werden für den Pluralismus der Meinungen und die Wahrheit, die in anderen Kulturen und Religionen enthalten ist. Das macht mich frei, auch im Eigenen zu unterscheiden zwischen dem, was erhaltenswert ist, und anderem, von dem wir uns getrost verabschieden könnten.

Dieser Zugewinn an Unabhängigkeit und innerer Freiheit ist im Grunde wohl nichts anderes als die Kehrseite jener anderen Erfahrung, die das Altern auch mit sich bringt: der Erfahrung von Verlust und der Einschränkung von Möglichkeiten und des Wissens um die Begrenztheit der Existenz. Er ist eine Art Kompensation für jene äußeren Abhängigkeiten, in die ich als alternder Mensch unweigerlich gerate. Ob ich es will oder nicht, auf einmal wird mir bewusst, wie endlich und begrenzt alles ist. Mit jedem Herbst, der ins Land geht, erlebe ich deutlicher, wie etwas zu Ende geht in mir; mit jedem neuen Frühling empfinde ich dankbarer, dass ich noch da bin. Jahr für Jahr erfahre ich mich stärker als ein Teil dieser Schöpfung, die wird und vergeht, vergeht und wieder wird. Ich fühle mich eingebunden in sie, getragen von jener Kraft, die mich und alles Lebendige um mich herum hervorgebracht hat. Ich weiß aber auch, dass ich dieses schöne Gefühl des Aufgehobenseins mit dem Preis aller Kreatur bezahle: mit dem Tod.

Dies zu wissen, macht mir Angst, gewiss; es gibt mir aber auch eine große innere Gelassenheit. Was kann mir schon passieren, außer dass ich eines Tages nicht mehr bin? Was kann man mir schon nehmen außer dem Leben, das ohnehin einmal zu Ende geht? Wann das sein wird, liegt nicht in meiner Hand. Zum ersten Mal seit langem ist da wieder die Erfahrung von etwas, das meinem Zugriff entzogen ist. Jahrzehntelang habe ich mich abgestrampelt, habe gekämpft, gemanagt und mich verantwortlich gefühlt für alles und jedes. Ich verfügte über mich und meine Zeit, ich stand gerade für mein Tun, ich war meines Glückes Schmied und hielt den Kopf hin, wenn ich Schaden angerichtet hatte.

Nun, da ich älter werde, kann auch dieses dauernde Streben langsam zur Ruhe kommen. Ich muss und darf Verantwortung abgeben. Ich darf und muss Bindungen auflösen und Rücksichten ablegen, die mir auf dem Weg zu mir selbst hinderlich waren. Ich darf und muss mir eingestehen, dass mein Leben ist, wie es ist. Nichts kann ich mehr hinzufügen, was ich versäumt habe, nichts ungeschehen machen, was mir falsch erscheint. Diese Einsicht kann quälend sein; sie hat aber auch etwas unendlich Befreiendes, wenn es mir gelingt, zum Unabänderlichen und Unwiederbringlichen meines Lebens Ja zu sagen und mich anzunehmen, wie ich nun einmal bin.

Die Ruhe, die aus dieser Einsicht kommt, gibt dem Alter seine ganz eigene Würde und dem alternden Menschen jene innere Freiheit, die der Psalmist meint, wenn er sagt: „Unsere Seele ist wie ein Vogel dem Netz des Jägers entkommen; das Netz ist zerrissen, und wir sind frei“ (Ps 124, 7).

Angst

Eugen Drewermann

Jeder von uns kennt Situationen wie diese: Jemand versucht, die Straße zu überqueren, als unvermutet ein Auto auf ihn zurast; laut aufschreiend springt er zurück auf den Gehsteig – Sekunden später erst merkt er, was passiert ist. Mit wackligen Knien, kaltem Schweiß auf der Haut, grüngelb im Gesicht, mit rasendem Puls und mühsam um Luft ringend, wird er erst nach und nach inne, dass er soeben einer Todesgefahr entkommen ist. Im Moment der Bedrohung hatte er nicht Angst, da war er Angst; es gab kein bewusstes Überlegen und durfte es nicht geben; das Überleben hing ab von einer sofortigen, reflexartigen Antwort auf die Gefahr.

Natürlich ist ein solches Verhalten in der „Schrecksekunde" beim Herannahen eines Autos kein Zufall. Das Wegspringen vor einer tödlich anspringenden Gefahr ist in der Geschichte des Lebens millionenfach von möglichen Beutetieren angesichts eines möglichen Beutegreifers geübt worden: Archaische Grundform aller Angst, die im Erleben von „Beutetieren" als elementare Form der Daseinssicherung niemals zur Ruhe kommen darf und sich verfestigt hat im Prinzip der Feindgewärtigung, des ständigen Auf-der-Hut-Seins.

Das Gefühl einer solchen Ungesichertheit in allem ist kennzeichnend speziell für das paranoische Angsterleben. Wer ist Freund, wer ist Feind? Alles ist möglich. Jeder kann alles sein. Niemandem darf man über den Weg trauen. Die Geborgenheit, welche das kulturelle Zusammenleben schenken sollte, sinkt im paranoischen Erleben zurück in die Wildheit der Natur. Nur ist es jetzt der Mensch, der des Menschen Wolf wird. Fortan gibt es scheinbar keinen anderen Schutz, als tödlicher zu werden als jede Todesgefahr. Die mörderische Rüstung moderner Staaten ist ein aktuelles Beispiel für ein solches paranoisches „Sicherheitsdenken".

Eine andere Form des Angsterlebens, die ebenfalls tief in der Evolution angelegt ist, besteht bei sozial lebenden Tieren in der Strafgewärtigung für den Fall einer Normübertretung. Der öffentlichen Ächtung der Gruppenmitglieder ausgesetzt zu werden, von ihnen ausgestoßen oder ausgemerzt zu werden, bedeutet Einsamkeit und Ausgeliefertsein in der schlimmsten Form. Die Angehörigen des eigenen Verbandes erscheinen als Verkörperungen beauftragter Verneinung und Verweigerung, und die Verbundenheit mit anderen Menschen, die unter anderen Umständen Schutz und Sicherheit böte, bedeutet jetzt Ablehnung und Verneinung. Doch nicht minder groß als die Angst, einem Beutegreifer zum Opfer zu fallen, von der Gruppe verstoßen oder allein gelassen zu werden, ist die Angst vor drohendem Nahrungsmangel. Der größte Teil aller tierischen wie menschlichen Aktivitäten dient der Beschaffung von „Lebensmitteln" im weitesten Sinne.

In all diesen Spielformen der Angst tritt deutlich zu Tage, dass es ein und dasselbe ist, der Ungesichertheit des Daseins bewusst zu werden und das Dasein als Ganzes in Angst zu tauchen. Je bewusster ein Lebewesen fühlt, desto ausgedehnter wird seine Angst sein. Für das tierische Erleben ist es kennzeichnend, Angst an die akuten Gefahrenmomente zu binden. Das menschliches Bewusstsein ist darüber hinaus imstande, die fundamentale Ungesichertheit, ja, die prinzipielle Unentrinnbarkeit unserer Lage in dieser Welt zu begreifen. Wir Menschen sind die einzigen Lebewesen, die nicht nur auf den Tod hin leben, sondern die mit der ständigen Gegenwart des Todes leben müssen.

Was im tierischen Erleben als eine situative Gefahr erscheint, stellt sich im menschlichen Bewusstsein als eine fundamentale Gefährdung dar, und diese Verunendlichung des Angsterlebens im menschlichen Bewusstsein führt zu der Neigung, die biologisch vorgegebenen Angst-Antworten aus dem Tierreich ins Unendliche zu verlängern: Um uns vor Feinden zu schützen, produzieren wir immer zerstörerischere Waffen; um der Schuldangst zu entkommen, fliehen wir in ein Gehabe perfekter Anpassung an die gesellschaftlichen Standards; der Angst vor Vereinsamung suchen wir durch die Flucht in die Masse zu begegnen; und im Kampf gegen die Verhungerns- (oder Verarmungs-)Angst können wir zur „Altersvorsorge" anscheinend gar nicht genug „Rücklagen" bilden. Freilich wird zugleich klar, dass wir uns mit einer solchen Verunendlichung der biologisch vorgegebenen Lösungswege zur Bewältigung einer im

Bewusstsein unendlich gewordenen Angst buchstäblich um den Verstand bringen. Kollektiv wie individuell vermeiden wir auf diese Weise die bestehenden Gefahren nicht, wir werden am Ende die größte Gefahr für uns selber.

Das menschliche Dasein steht offensichtlich vor einer Wahl: Entweder wir versuchen, eine „endgültige“ Lösung für eine verunendlichte Angst zu erzwingen – dann laufen wir Gefahr, das Ende der menschlichen Spezies einzuleiten; oder wir akzeptieren die Ungesichertheit unserer Existenz, indem wir es lernen, auf Angst zu antworten. Das ist der Weg der Religion. Sie versucht, die verunendlichte Angst aus dem Unendlichen selbst zu beantworten, indem sie an die Stelle der Todesangst den Glauben an Unsterblichkeit setzt, an die Stelle der Schuldangst den Glauben an Vergebung, an die Stelle der Verlorenheitsangst den Glauben an gütige Begleitung und Gnade und an die Stelle der Verhungerungsangst und des Prinzips der Feindgewärtigung die Bereitschaft zu einer Solidarität gerade und besonders gegenüber dem Ohnmächtigen und Schwachen. An die Stelle der unendlich gewordenen Angst tritt der Glaube an eine unendliche Liebe. Nur sie löst die Angst unseres Daseins.

Freilich, woher soll inmitten eines angstgepeinigten Daseins ein solches Vertrauen in eine mögliche unendliche Liebe kommen? Es kann nur vermittelt werden durch die Begegnung mit anderen Menschen, die wir als liebevoll genug erleben, um an ihrer Seite unsere uralten Ängste zu überwinden. Gerade in der Begegnung mit anderen Menschen aber drohen neue Formen des Angsterlebens, die jenseits der biologisch vorgebildeten Themen der Realangst einzig im Innenraum der Seele spielen und dort eine neurotische Qualität erlangen können.

Um ein Vertrauen zu ermöglichen, das imstande ist, nicht nur die Angst gegenüber der Welt, sondern auch verinnerlichte Angst der Seele zu heilen, muss die Religion sich therapeutisch verstehen. Die gesamte Botschaft Jesu stellt angesichts dieses

Problems den Versuch dar, die menschliche Angst im Vertrauen zu einer absoluten väterlichen (beziehungsweise mütterlichen) Macht im Hintergrund unserer Existenz bis zu dem Punkt zu beruhigen, dass darunter das krankhafte Leid der Seele sich aufzulösen vermag und das menschliche Handeln zu einer Menschlichkeit frei wird, die es im Getto der Angst mit den absurden Teufelskreisen von Gewalt und Gegengewalt niemals besaß noch besitzen kann.

Die Dringlichkeit dieser Aufgabe einer Vermenschlichung des Menschen gegen die Angst wird deutlich, wenn wir betrachten, wie das Bewusstsein des Menschen schließlich selbst zu einer unentrinnbaren Quelle der Angst wird. Es war der dänische Religionsphilosoph Sören Kierkegaard, der das Erleben der Angst mit dem Geist des Menschen verknüpfte. Nicht erst in Bezug zu der umgebenden Welt und nicht erst in Bezug zu anderen Menschen, wesentlich in Bezug zu sich selbst entdeckt sich das Bewusstsein des Menschen als Angst, und zwar in doppelter Hinsicht.

Zum einen tritt die radikale Nicht-Notwendigkeit unserer Existenz in die Helle der Wahrnehmung; im Raum der Natur gibt es Ursachen, die erklären, warum es uns gibt, doch gibt es keinerlei Grund, warum es uns geben sollte, – und so steigert sich die Angst der Kontingenz unseres Daseins zu dem Verlangen, sich selbst als notwendig, als unentbehrlich, als gottgleich zu entwerfen. Die biblische Geschichte vom „Sündenfall" ist eine symbolische Darstellung dieses stets zum Scheitern verurteilten Bemühens einer Angstbewältigung, die immer von neuem nur zu der um so schmerzlicheren Entdeckung der eigenen „Nacktheit" und Erbärmlichkeit führen muss. Die Lösung dieser Angst der existentiellen Nicht-Notwendigkeit kann nicht in dem Nachweis liegen, dass es uns geben muss oder geben soll; sie kann nur darin liegen, dass wir im Absoluten eine persönliche Freiheit glauben, die möchte, dass wir sind.

Zum anderen erweist sich, verbunden mit der Angst der Kontingenz, vor allem die Freiheit des Menschen als ein eigenes Problem der Angst. Frei zu sein bedeutet, dass es keine Festlegung mehr gibt, die das menschliche Handeln und Verhalten vorwegbestimmt, und diese Angst vor der puren Möglichkeit, diese Angst vor der persönlichen Verantwortung, diese Angst, ein Individuum zu sein, dem es nicht vergönnt ist, sich in der Menge der Allgemeinheit aufzulösen, macht die Freiheit des Menschen zu einer unerträglichen Last und führt zu den ständigen Versuchen, in Freiheit die Freiheit abzuschaffen. Wenn es zum Beispiel möglich wäre, sich in zwangsneurotischer Weise auf das nur Notwendige, auf das Vorgeschriebene zu reduzieren, brauchte man keine Angst mehr zu haben; oder wenn es möglich wäre, nach Art des hysterischen Gebarens die Wirklichkeit in ein Spiel unentschiedener Möglichkeiten aufzulösen, so ließe sich jede Festlegbarkeit auf einen bestimmbaren Standpunkt der eigenen Person vermeiden – man könnte alles sein und brauchte nichts zu werden. Gerade diese Angst der Freiheit um sich selbst und vor sich selbst vermag sich nur im Gegenüber zur geduldigen Güte einer anderen individuellen Person zu beruhigen, die uns in allem Suchen und Irren, in allem Reifen und Verfehlen begleitet und meint. Freiheit ist nur erträglich im Gegenüber des Wohlwollens einer fremden, letztlich absoluten Freiheit.

Die Problematik der Angst zeigt uns Menschen als denkende Tiere, die, gelagert über dem Abgrund des Nichts, ihre Identität und ihren Frieden nur finden können durch ein Vertrauen, das die irdische Existenz ins Unendliche übersteigt. Das Erleben der Angst ist wie ein Fahrstuhl durch die verschiedenen Schichten des menschlichen Daseins. In allen Formen und auf allen Ebenen der Angst aber zeigt sich ein und dasselbe: Nur zum Schein lässt die Angst sich nach tierischem Vorbild überwinden durch Mut, Entschlossenheit, Rücksichtslosigkeit und im Streben, der Mächtigste und Stärkste zu sein; auf menschenwürdige Weise besiegen kann die menschliche Angst nur ein Vertrauen, das es erlaubt, zu sich selber zu stehen – inklusive aller Unvollkommenheiten und Schwächen. Ein solches Vertrauen notfalls gegen alle Welt und jenseits aller Welt ist identisch mit dem Standpunkt der Religion.

Armut

Ruth Pfau

Damals – ach, damals, 1960 – als „eine, die auszog die Armut zu lernen": da dachte ich noch, Armut sei, eine Handvoll Reis zu teilen, nachts auf dem Boden zu schlafen, mit einem öffentlichen Bus zu reisen.

Ich habe es alles gehabt, alles, was ich wollte. Ich habe, in eine Decke gewickelt, an rauchenden Holzfeuern, mit den Hirten in den Almen im Himalaya und in den Zelten der Wüste Belutschistans die Nacht verbracht – ich bin hungrig gewesen und habe gefroren – ich war krank und konnte keinen Arzt erreichen und wusste nicht, wie es ausgehen würde – und ich habe es genossen, dass ich einmal, einmal nicht Armut, aber *Solidarität* leben konnte – aber was Armut ist, das habe ich nicht erfahren.

Was sie nicht ist, das wusste ich bald: Sobald ein Moment der Freiheit darin liegt, ist es Salon-Armut, aber keine wirkliche Armut. Wer auf der Sonnenseite der Welt geboren ist, kann den Schatten nicht erreichen. Ich hatte ein erfolgreiches Leben.

Was Armut ist, was Armut vielleicht ist, das beginne ich erst zu ahnen, seit ich alt werde. Abnehmen –.

Um es klarzustellen: ich bin nicht willens, etwas abzugeben, ohne etwas Größeres zu erhalten. Warum soll ich am Ende eines erfüllten Lebens vor Trümmern stehen? So ist das Leben nicht, das auf Liebe aufgebaut ist – und da ich nun einmal Christin bin, gehört dazu, dass ich das Unmögliche, das Verrückte und Paradoxe trotzdem und trotzig glaube: dass nämlich das Prinzip des Lebens Liebe sei. Und Liebe ist immer Fülle. Und wenn wir das nicht entdecken können, liegt es daran, dass unsere Augen nicht richtig sehen, und wir müssen uns erneut auf Wanderschaft begeben, um jenen Ausblickpunkt zu erreichen, von dem aus sich der neue Horizont öffnet.

Armut – was also ist Armut wirklich?

Es gibt wohl mehrere Arten von Armut.

Da ist die fremdverschuldete Armut, die, mit der wir Tag für Tag konfrontiert sind – afghanische Flüchtlinge, die alles in der Heimat verloren haben und damit ihren Anspruch auf Würde: „Daheim bekam ich als Vorgesetzter des Wachpersonals mein Gehalt am Ende des Monats – hier sitze ich einen ganzen Tag an der Straßenkreuzung und warte auf Gelegenheitsarbeit, und am Abend habe ich kaum genug, um der Familie trockenes Brot nach Hause zu bringen."

Diese fremdverschuldete Armut, die dem Betroffenen die Würde nimmt, eine Armut, die gegen die Liebe verstößt und gegen die wir mit allen Mitteln angehen müssen, damit wir sie wenigstens mildern. Das bedeutet konkret: Soforthilfe, die transparent ist für die Würde, die wir dem anderen zusprechen, und strukturelle Hilfe, und sei es auch nur in Form von Protest oder Anwaltschaft. Und dass wir dann dem Betroffenen helfen, seine Würde zu entdecken und selbst gegen die Armut aufzustehen.

Es gibt eine zweite Armut, freiwillige Armut, die uns Freiheit ermöglicht – dieses leichtherzige Fahrenlassen von Ballast und Bürde, diese unbekümmert-beschwingte Freude, wenn Prioritäten richtig liegen – aber das sollte man vielleicht gar nicht *Armut* nennen, das ist wohl Freiheit.

Und dann gibt es wohl auch fremdverschuldete Armut von der zweiten Art, oder durch Umstände verordnete, die aber dem Menschen die Möglichkeit lässt, sie „einzuholen", sich in einem zweiten Schritt, aber immerhin freiwillig für sie zu entscheiden. Die als Anruf verstanden werden kann, Kostbarkeiten zu entdecken, von denen man vorher nichts wusste. Die Antwort auf einen Anruf, der neue *Freiheit* ermöglicht.

Und das Alter scheint mir eine Fundgrube solcher Armut zu sein.

„Ihr solltet mir wirklich endlich ermöglichen, mich in Karatschi zur Ruhe zu setzen", sage ich zu den Mitarbeitern des Hilfsprojektes gegen Lepra, das ich vor vierzig Jahren mitbegründet habe. „Warum?", fragt Ilyas überrascht. „Ich bin nur eine Bürde für euch", sage ich, „ich weiß schon wieder nicht, wo ich das Protokoll der gestrigen Sitzung abgelegt habe, und an die Namen kann ich mich prinzipiell nicht mehr erinnern, ich bin 73 und würde gern irgend etwas Überschaubares tun, nicht diese sieben Dinge auf einmal –"

„Die Namen kann ich Ihnen sagen", sagt Ilyas, „und das Protokoll finde ich auch, Sie können sich da auf uns verlassen."

„Und warum muss ich dann noch dabei sein?"

Ilyas schaut mich nachdenklich an. „Weil Sie Gedanken haben, die uns nicht kommen," sagt er, „und weil Menschen auf Sie reagieren, wie sie auf uns nicht reagieren, und weil Sie", Ilyas sucht nach Worten, „weil Sie uns das Geschenk Ihrer letzten 40 Jahre doch irgendwie schulden – und es nicht zurücknehmen wollen?"

Wenn das Samenkorn nicht in die Erde fällt und stirbt …

Zu meinem 70. Geburtstag hatten die Patienten unseres Behindertenheims einen Adventskalender gebastelt, hinter jedem geschlossenen Türchen wartete das Photo eines Patienten darauf, begrüßt zu werden, und sie hatten auf den postergroßen Kalender geschrieben: Danke für die 70 Jahre.

Ich möchte es auch sagen können. Dem, dem ich mein Leben verdanke: Danke für die 70 Jahre, und dass Du mir behutsam alles aus den Händen nimmst, was nicht „das Eigentliche" ist, das Eigentliche, das mich schon als Teenager fasziniert hat. Dass Du mir all den Ballast (den ich gar nicht als solchen erkenne) behutsam aus den Händen nimmst und darauf hoffst, dass ich es freiwillig als Geschenk anbiete.

Armut – die paradoxe Negation dessen, was uns unser Verstand als Wert vorschreibt. Eine Provokation zum Protest. Oder:

Armut – das Angebot einer Freiheit, das ich nur annehmen kann, wenn Du mich das Ja zur Armut durch Deine Liebe bestehen lässt.

Begehren

Regina Ammicht-Quinn

„Du bist eine Lust meiner Gottheit, ein Durst meiner Menschheit, ein Bach meiner Hitze." Es ist Gott, der hier spricht. Gott, der die Seele der Frau „liebkost" und sich in Begehren und Sehnsucht verzehrt. Mechthild von Magdeburg, Begine des 13.

Jahrhunderts, schildert in ihrem Werk *Das fließende Licht der Gottheit* (hier: FL I, 19) die Gottesbeziehung als eine das ganze Sein umfassende wechselseitige Beziehung. Der Gott, dem sie in ihren Visionen begegnet und dem sie sprachlich Gestalt verleiht, ist ein leidenschaftlich dem Menschen zugewandter Gott, ein begehrender Gott, ein Gott, der die Lust der Liebe zu den Menschen kennt und will. Und auch die Menschen, nach dem Bild Gottes gestaltet, begehren die Lust der Gottesbeziehung.

Sowohl die Sprache als auch die Bilderwelt einer Mechthild von Magdeburg sind uns heute fremd geworden. Denn was am ehesten in die kollektive Identität von Christinnen und Christen eingeschrieben zu sein scheint, ist ein Verbot: *Du sollst nicht begehren.* Dieses Verbot bezeichnet im Kontext der Bücher Exodus und Deuteronomium des Ersten Testaments ein rechtswidriges Aneignen dessen, was einem anderen gehört. In seiner Wirkungsgeschichte aber hat es eine starke Verinnerlichung erfahren: Es bezeichnet dann einen sündhaften Seelenzustand, der eng mit dem Gebrauch der Sinne und dem menschlichen Streben nach Lust verbunden ist.

Seit Origenes ist in der christlichen Theologie immer wieder von der Gefährlichkeit der Sinne die Rede. Die Sinne sind für ihn Einfallstore des Bösen; durch das Sehen und Hören, das Schmecken, Riechen und Fühlen dringt die Sünde in die Seele ein. Die Sinne erwecken das Begehren des Menschen und unter den vielfältigen Formen des Begehrens die gefährlichste: die Lust.

Und ganz Unrecht hat Origenes hier nicht: Es gibt Menschen und Situationen, in denen die Konzentration auf Begehren und Lust – als Begehren eines anderen Menschen, aber auch als Begehren von Dingen, von Ansehen, von Geltung – den Menschen einschränkt und begrenzt. Es ist möglich, dass das Begehren Menschen undurchlässig macht für das, was jenseits des durch das Begehren abgesteckten Bereichs liegen kann: die Freude und das Leid anderer, das eigene Gespür für das Absolute.

Gleichzeitig muss Begehren nicht so sein – und insofern hat Origenes auch nicht Recht. Neben Formen des Begehrens, die den Menschen undurchlässig machen, gibt es Formen des Begehrens, die ihn gerade durchlässig machen, empfindsam für die Freude und das Leid anderer, empfindsam für das Absolute.

Heute nun scheint das Begehren erneut in einer Krise zu sein, und zwar in einer der traditionellen christlichen Moral entgegengesetzten Krise. *Du sollst begehren, du musst begehren* – das scheint uns die Medien- und Werbe-Welt zu sagen – *und wenn du nicht begehrst, bist du krank*. Damit wird auf neue Weise innerhalb der Überflussgesellschaft das Begehren zum Problem: „Nicht um das tägliche Brot werden wir beten, sondern um den täglichen Hunger" – so formuliert Günther Anders schon in den 50er Jahren die Zukunftsperspektive der westlichen Industrienationen. In einer übersättigten Gesellschaft werden Bedürfnisse zu etwas, das beharrlich aufgespürt werden muss; ist trotz aller Suche nichts zu finden, dann müssen Bedürfnisse *geweckt*, also erfunden werden, damit der Imperativ des Begehrens weiterhin durchgesetzt werden kann.

Das Begehren-Müssen als gesellschaftlicher und das Nichtbegehren-Dürfen als traditionell christlicher Imperativ stoßen in einzelnen Lebensläufen immer wieder krisenhaft aufeinander und verursachen Leid.

Hier könnte die Erinnerung an eine Gestalt wie Mechthild von Magdeburg und an ihre religiöse Sprache Impulse geben für eine neue spirituelle Sicht des Begehrens: Das Begehren muss nicht, auch nicht im religiösen Kontext, negiert und allein mit Sünde verbunden werden. Die Sinne sind nicht nur Einfallstore des Bösen, sondern in ihnen, in dem durch sie vermittelten Begehren und in der durch sie erzeugten Lust liegt selbst die Möglichkeit von Spiritualität und Transzendenz. Sinne, Begehren und Lust weisen den Menschen über sich hinaus und auf sich selbst zurück, und gerade im intensivsten Sinnesgebrauch wird die Sehnsucht nach dem „dritten Auge", nach der Fähigkeit, ganz anders und das ganz Andere wahrzunehmen, lebendig. All dies verweist auf den Reichtum einer Tradition, die davon spricht, dass die Gläubigen für Gott „Christi Wohlgeruch" sind (2 Kor 2, 15), einer Tradition, die nicht nur zum Verstehen der Güte Gottes auffordert, sondern auch dazu, sie zu kosten und zu sehen.

Gleichzeitig könnte eine solche Verankerung des Begehrens im religiösen Kontext helfen, einer neuen gesellschaftlichen Situation zu widersprechen, in der das Begehren innerhalb der Werbe- und Warenwelt zum neuen kategorischen Imperativ wird: *Du musst begehren.* Denn immer dort, wo das Begehren mit einem Imperativ verbunden ist – sei es der Imperativ von *du sollst nicht begehren* oder der Imperativ *du sollst, du musst begehren* – bekommt das Begehren einen lebensfeindlichen Unterton. Der neue Imperativ des Begehren-Müssens kommt möglicherweise in seiner Konsequenz dem alten Imperativ des Nicht-Begehren-Dürfens sehr nahe. Beide tendieren dazu, das zu verhindern, was unsere Aufgabe ist: die Schulung, Entwicklung, Kultivierung unseres Begehrens. Denn einerseits gehört das Begehren – im Bereich von Leben, Sexualität, Beziehung ebenso wie im Bereich materieller Güter oder im Bereich von Erfolg und Anerkennung – genuin zum Menschen. Andererseits bedarf es eines lebenslangen Lernprozesses, um unser Begehren zu kultivieren. Es muss kultiviert werden, damit es nicht auf dem Stand eines zweijährigen Kindes bleibt, das – wie meine Tochter in dem Alter – von den Bonbons im Regal und dem Mond am Himmel gleichermaßen befehlend sagen konnte: *Haben!* Es muss kultiviert werden, damit Wünsche nicht durch Sofort-Befriedigung zerstört werden. Geschultes, kultiviertes Begehren hat weniger mit *haben* zu tun als mit *teilhaben*, weniger mit *nehmen* als mit *Anteil nehmen*.

Ein solches auf Teilhaben und Anteil-Nehmen gerichtetes Begehren wird den Menschen nicht in sich selbst und den eigenen Interessen einkapseln, sondern eine bestimmte Lust produzieren: die Lust des Aufbrechens von Grenzen, die sich auch beschreiben lässt als Lust der Erfahrung von Transzendenz.

Margarete von Oingt, eine Nonne des 14. Jahrhunderts, beschreibt eine Vision:

Sie sieht sich selbst als vertrockneten Baum, der plötzlich zu blühen beginnt, als er von einem breiten Fluss – der Christus repräsentiert – bewässert wird. Da erkennt Margarete, dass auf die blühenden Zweige ihres Selbst die Namen der fünf Sinne geschrieben sind: Sehen, Hören, Schmecken, Riechen und Berühren.

Dankbarkeit

Lukas Niederberger

> „Die Dankbarkeit erkennt jeden Augenblick mit allem, was er enthält, als Geschenk. In Ehrfurcht anerkennt sie in (und zugleich jenseits von) allen Gaben die Geberin oder den Geber. Preisend bekennt die Dankbarkeit, dass alles Gnade ist."
> (David Steindl-Rast OSB)

Das Wesentliche im Leben erwerben wir uns nicht durch eigene Leistung. Immer wieder dürfen wir die *gratuité de la vie* erfahren: dass alles Geschenk ist und wir im guten Sinne stets von anderen Menschen abhängig sind. Das zu akzeptieren fällt manchen nicht leicht in einer Zeit, wo Unabhängigkeit, Autonomie und Selbstständigkeit zu den höchsten gesellschaftlichen Idealen zählen. Es ist für uns oft leichter, andere Menschen zu beschenken und ihnen einen Dienst zu erweisen, als uns beschenken zu lassen oder einen Dienst in Anspruch zu nehmen. Das alte Sprichwort „Geben ist seliger als Nehmen" zeigt nicht nur, dass Schenken und Helfen etwas Schönes und Edles ist, sondern auch, dass das Annehmen von guten Diensten und Geschenken nicht nur einfach ist und glücklich stimmt – vor allem dann nicht, wenn dadurch eine ungute Abhängigkeit entsteht.

Dankbare Menschen stimmen innerlich zu, dass sie alles, was sie haben und sind, von anderen empfangen haben: die Sprache, die sie sprechen, das Zimmer, in dem sie wohnen, die Freiheit, die sie genießen, ihr Denken und Fühlen, ja das Leben überhaupt. Sie halten sich nicht für den alleinigen Grund ihres Wissens und ihrer Erfolge, nicht für ihres Glücks alleinigen Schmied.

Worin sich der dankbare Mensch vom undankbaren unterscheidet, möchte ich an einer biblischen Geschichte erläutern. Einmal kamen zehn aussätzige Männer zu Jesus und baten ihn um Hilfe. Jesus empfahl ihnen, zu den Priestern zu gehen und sich ihnen zu zeigen. Auf dem Weg dorthin wurden alle zehn gesund. Aber nur einer von ihnen kehrte zurück. Von ihm heißt es: „Er lobte Gott mit lauter Stimme. Er warf sich vor den Füßen Jesu zu Boden und dankte ihm." Und Jesus sagte zu ihm: „Steh auf und geh" (Lukas 17, 11–19).

Für den dankbaren Menschen sind das Beschenktwerden und die Hilfe von anderen keine Selbstverständlichkeit. Nur einer von zehn Geheilten empfand das spontan so. Er wird auch am besten gewusst haben, was es heißt, anderen Menschen Dienste zu erweisen, und wie schön es ist, wenn man von diesen gelegentlich ein Echo oder Feed-back bekommt und spüren darf, dass auch die kleinen, oft unscheinbaren Dienste in der so lauten und schnelllebigen Welt wahr genommen werden.

Der tief dankbare Mensch kann sich einem anderen Menschen vor die Füße werfen, ohne dass ihm ein Stein aus der Krone fällt und er um den Verlust seiner Ehre bangen muss. Im Gegenteil. Das lateinische Wort für „danken“ heißt *gratias agere* – „Ehr’ und Grazie erweisen“. Ehre erweisen kann nur, wer sie zunächst in sich selbst erfährt. Wenn ich anderen Ehre erweise und danke, verneige ich mich gleichzeitig vor mir selbst, dem reich Beschenkten.

Auf meinem Nachttisch liegt neben anderen Büchern ein spezielles Dank-Buch. Vor dem Einschlafen notiere ich darin jeweils drei Dinge, für die ich dankbar bin. Normalerweise lese ich frühere Eintragungen nicht durch. Aber an Tagen, an deren Ende es mir schwer fällt, das Schöne und Leichte, das Helle und Freudvolle im Leben zu erkennen, blättere ich in diesem Dank-Buch. Meistens hellt sich meine Stimmung schon nach wenigen Seiten auf. Ich erfahre dabei, dass ein dankbarer Mensch nicht gleichzeitig unglücklich sein kann.

Das englische Wort für „Geschenk“, *present*, wie auch das veraltete deutsche „Präsent“ bringt zum Ausdruck, dass in einem Geschenk der/die Schenkende präsent, anwesend ist: er/sie hat etwas von sich selbst mit hineingelegt. Wenn ich die Kerze anzünde, die mir meine Freundin geschenkt hat, so ist sie im Schein der Flamme anwesend, präsent. Ich erkenne sie im Kerzenschein wieder und fühle mich dankbar. Darum freuen wir uns über selbst gebastelte oder selbst gebackene Geschenke mehr als über gekaufte. Sie lassen mehr Präsenz spüren als gekaufte Massenartikel.

Das französische Wort für „Dankbarkeit“, *reconnaissance*, bedeutet wörtlich „Wiedererkennen“: Im Danken erkenne und anerkenne ich den Menschen, der mich beschenkt hat, oder sogar – wie der geheilte Aussätzige – die göttliche Energie und Wirklichkeit. Dankbarkeit ist die Gabe, das Größere in und hinter den Dingen zu sehen, über das Materielle und Sichtbare hinaus. Der geheilte Aussätzige dankte Jesus als dem einzigartigen Heiler, und zugleich erkannte er durch ihn hindurch die göttliche Heilkraft und erwies ihr die Ehre. Der von Herzen dankbare Mensch ist darum in meinen Augen ein religiöser Mensch, weil er den Blick für das Dahinter hat. Es überrascht mich deshalb nicht, dass viele Menschen ihre tiefsten religiösen Erfahrungen in Momenten tiefster Dankbarkeit machen: beim Anblick einer frisch verschneiten Winterlandschaft oder beim Bad in einem kühlen See, beim verträumten Betrachten des Sonnenuntergangs oder beim Trinken eines feinen Burgunders, in einem vertieften Gespräch oder bei einem unverhofften Besuch, beim Hören eines Konzerts von Bach oder beim Betrachten eines Bildes von Miró.

Die Fähigkeit zur Dankbarkeit ist uns zwar angeboren; dennoch will und muss die Haltung des Blicks in die Dinge hinein und über das Sichtbare hinaus regelmäßig geübt werden. Im Alltag sind darum bestimmte Zeiten und Orte, Gelegenheiten und Rituale wichtig, in denen die Dankbarkeit einen besonderen Platz erhält.

Ein Schüler fragte auf dem Heimweg seinen Freund: „Sag, betet ihr auch vor dem Essen?" „Nein", entgegnete ihm dieser, „meine Eltern können kochen." – Das Beten vor dem Essen lässt mich mit dem Leben, mit der Erde, mit der Welt und letztlich mit Gott verbunden erfahren. Und dies stimmt mich dankbar gegenüber den Menschen, die an der Herstellung der Nahrung beteiligt waren.

Ich bin froh, dass ich täglich in der Eucharistiefeier ein einzigartiges Dankesritual feiern darf. *Eucharistia* heisst Danksagung. Ich kann mich darin je neu ausrichten auf die Kraft, von der alles Gute, die Liebe und alles Leben ausgeht. Der eucharistische Mensch ist laut dem griechischen Wörterbuch der dankbare, angenehme, glückliche und witzige Mensch. Das ist es, was ich sein und immer mehr werden möchte. Einer, der alles Leben als Geschenk und Gnade erfährt.

Demut

Assumpta Schenkl

„Demut“ ist für viele moderne Menschen ein Fremdwort. Sie haben keine oder eine falsche Vorstellung von diesem Begriff, belächeln ihn oder weisen ihn von sich. Demütig sein – nein, das möchten sie keinesfalls; denn sie denken dabei an Unterwürfigkeit oder Kriecherei, an Menschen ohne Selbstachtung und Selbstbewusstsein. Das aber hat mit echter Demut nichts zu tun.

Was also ist Demut? „Demut ist Wahrheit.“ Diese Deutung des Demutsbegriffes halte ich für die zutreffendste. Demut im Sinne Benedikts – in seiner Regel spielt sie eine beherrschende Rolle – heißt: leben in der Wahrheit und aus der Wahrheit – und zwar der Wahrheit in Bezug auf die eigene Person, in Bezug auf Gott und in Bezug auf unsere menschliche Bestimmung und den Weg zur Erfüllung dieser Bestimmung. Demut heißt also zunächst, dass ich mich selbst erkenne: mich erkenne in meiner Schwäche, meiner Neigung zu Fehlhaltungen verschiedener Art, wie Neid, Bosheit, Überheblichkeit, Ehrsucht und, und, und – und auch in meiner Angewiesenheit auf andere, auf *den* Anderen: Ich habe mich weder selbst erschaffen noch mir selbst meine guten Eigenschaften, meine körperliche Beschaffenheit, meine Talente und Fähigkeiten gegeben und kann auch nicht existieren ohne die Hilfe anderer.

Wenn ich mir dies alles klar mache, bin ich in der Wahrheit, und ich halte es für etwas sehr, sehr Kostbares, in der Wahrheit zu leben und nicht in Trug und Selbsttäuschung, in Wahn und törichter Überheblichkeit. Solches Stehen in der Wahrheit gibt dem Leben einen klaren Blick für die Realität und eine gute und gerade Richtung – und es gibt uns auch den rechten Blick für den Mitmenschen, für seine Würde und seinen hohen Wert. Dieses ist eine der kostbarsten Auswirkungen echter Demut.

Neben dieser Wahrheit bezüglich unserer eigenen menschlichen Existenz schließt echte Demut auch die Wahrheit in Bezug auf Gott in sich. Ich erkenne ihn als den Schöpfer – meinen Schöpfer und den Schöpfer alles Existierenden, als den souveränen Herrscher, den Allmächtigen, Gewaltigen, für uns Menschen in vieler Hinsicht Unfassbaren, Unbegreiflichen, ganz Anderen und Geheimnisvollen, den wir weder mit unserem Intellekt noch sonst einer Fähigkeit je „in den Griff" bekommen. Würde die Wahrheit von Gott nur dieses eben Genannte umfassen, so würde sie uns wohl erdrücken und niederdrücken. Aber sie umgreift nicht nur Gottes *mysterium tremendum* – das Geheimnis, das uns zittern macht –, sondern auch das *mysterium fascinosum* – das uns faszinierende, verlockende und anziehende Geheimnis der unfassbaren Liebe, Güte und Erbarmung Gottes. Beides zu sehen, ist Voraussetzung für die angemessene Haltung vor Gott: Tiefste Ehrfurcht vor dem uns übersteigenden Geheimnis seiner ewigen Existenz, Machtfülle und Herrlichkeit und tiefstes, ja absolutes Vertrauen auf seine unendliche, unfassbare Liebe. Dies wiederum weckt in uns den Wunsch, ihm zu gehorchen und zu dienen, ihn anzubeten, zu loben und zu lieben – und so in der Wahrheit echter Demut zu sein.

Soviel zur „Theorie" der Demut. Wie aber wird sie konkret – in der Lebenspraxis unseres Alltags? Benedikt, der viele Einzelanweisungen zur Übung der Demut im alltäglichen Leben gibt, die gewiss nicht nur für den Mönch, sondern für den Christen ganz allgemein gelten, führt sie letzten Endes auf *einen* Begriff zurück: Nachfolge Christi. Wir sollen dem demütigen Jesus ständig auf der Spur bleiben, Schritt für Schritt folgen in den tausend kleinen Entscheidungen und Vollzügen unseres Alltags. Das wird uns nur gelingen, wenn wir sein Verhalten immer und immer wieder meditieren, uns von ihm durchdringen lassen und – wie Johannes vom Kreuz es empfiehlt – häufig die Frage stellen: Wie würde Jesus, wenn er mein Alter, meine Gesundheit hätte, wenn er in meiner Situation stünde, jetzt handeln? In den meisten Fällen wissen wir das ziemlich genau. Und wenn wir dann immer und immer wieder das eigene Wünschen und Wollen, eigene Absichten und Pläne loslassen und uns ganz einlassen auf ihn, dann sind wir auf einem guten Weg, uns dem anzunähern, was unsere Bestimmung, unsere unfassbar große Bestimmung ist: Gott ähnlich zu werden, vereinigt zu werden mit ihm.

Auch Benedikt sieht Demut als Weg des Reifens, indem der Mensch Gott in seinem Leben mehr und mehr Raum gibt, im ständigen Blick auf Gott lebt und ihn zum Maßstab aller Dinge macht. Er ist offen für die Stimme Gottes in seinem Alltag, sucht, wie Christus, einzig und allein aus der Liebe zum Vater heraus zu handeln, ihm so immer ähnlicher zu werden und durch solche Nachfolge Schritt um Schritt zur Vollreife der Gottes- und Nächstenliebe zu gelangen.

Demut heißt hier also wohl immer wieder Verzicht auf mehr oder weniger ichbezogenes, selbstherrliches Planen und Sich-Durchsetzen, heißt immer wieder lassen, loslassen, sich überlassen – aber nicht um seiner selbst willen, sondern um *so* durchzustoßen zu unserer wahren Bestimmung, die nichts Geringeres ist als Teilhabe am Leben Gottes.

Solches Leben in der Wahrheit der Demut hat nichts zu tun mit Erniedrigung, künstlichem Sich-selbst-klein-machen, unwürdiger Unterwürfigkeit. Es beschneidet uns nur dort, wo wir uns selbst im Wege stehen und hindern, unser wahres, unfassbar hohes Ziel zu erreichen: befreit zu werden zur herrlichen Freiheit der Kinder Gottes, zum Einssein mit ihm. Mag Demut manchmal aussehen wie Absteigen, Niedrigwerden: In Wahrheit ist sie Aufstieg und Befreiung zur unfassbaren Größe der Gottähnlichkeit, des Einsseins mit ihm.

Einfachheit

John Rodden

Einfacher leben – das klingt einfach! Aber es fällt uns komplizierten Menschen alles andere als leicht! Es ist eine eigene Kunst, nämlich die Kunst der klugen Auswahl, was man für wichtig hält und pflegen möchte und was nicht. Beim Vereinfachen geht es ja nicht darum, *alles* loszuwerden; es geht auch nicht darum, sich selbst rigoros zu beschränken, sich nichts zu gönnen oder eine übersteigerte Askese zu üben, womöglich, um sich selbst zu bestrafen. Nein, das Ziel ist, *besser* zu leben. Das setzt die Einsicht voraus, dass man sich selbst (und den Dingen und Ereignissen) *Grenzen* setzen muss, weil es einen hoffnungslos überfordert, *alles* haben und *alles* tun zu wollen.

Konkret heißt das zunächst einmal: Man muss aus seinem Leben etlichen Müll und Ballast entsorgen. Das ist, wie gesagt, nicht „leicht". Wenn man aber erst einmal anfängt, etwas langsamer zu tun und genauer auf das zu achten, was man tut, *wird* es mit zunehmender Praxis leichter. Man kann sein Leben nicht auf einen Schlag vereinfachen, sondern muss das Schritt für Schritt tun. Dabei wird man entdecken, dass man für jeden Akt der Vereinfachung – und vor allem der *Selbst*-Vereinfachung – belohnt wird, nämlich mit dem erlösenden Gefühl, wieder ein Stück freier geworden zu sein. Dabei entspannt sich sogar der Körper, denn Kompliziertes lässt uns angespannt und verkrampft sein und belastet uns mit Belanglosem, Einfachheit dagegen entkrampft.

Wichtig ist für das Vereinfachen die Überlegung: Auf welchem Gebiet muss ich das Problem zuallererst anpacken? Muss ich mich vor allem von etlichem Ramsch lösen, den ich angehäuft habe, oder eher von verwickelten Beziehungen oder belastenden Tätigkeiten?

Wer sich in materieller Hinsicht vereinfacht, entwickelt eine einfachere Beziehung zu den *Dingen*. Nichts stresst mehr als eine Überfülle an „Zeug". Natürlich hat jeder Mensch etwas andere Bedürfnisse. Ich als Single brauche viel weniger als jemand, der eine Familie hat. Mir reicht ein kleines Zimmer in der Nähe der Universität. Es liegt zentral in der Stadt, und so ist es ganz einfach für mich, Freunde zu besuchen. Als Langstreckenläufer komme ich fast überall zu Fuß hin. Muss ich weiter fort, kann ich einen Bus nehmen, oder jemand nimmt mich im Auto mit.

Ich experimentiere ständig damit, wie ich mein Leben auf materiellem Gebiet weiter vereinfachen kann. Das verhilft mir zu immer mehr Raum für das Nachdenken und die Selbsterkundung, was mir sehr wichtig ist. Allerdings wird mir bei diesem Bemühen deutlich bewusst, wie viele ererbte Vorurteile und nicht überprüfte Vorstellungen darüber, wie man am besten leben könnte, ich mit mir herumschleppe. So stelle ich mir immer wieder Fragen wie: Hast du das denn schon ausprobiert? Was machst du eigentlich wirklich gern? Weißt du das überhaupt?

In den letzten zehn Jahren habe ich mich vor allem auf die Einfachheit auf materiellem Gebiet konzentriert, obwohl ich da schon immer anspruchslos war. Ich habe nie über äußere Besitztümer verfügt, um deren Verlust ich mir hätte Sorgen machen müssen, wie etwa ein Auto oder eine Stereoanlage; die einzige Ausnahme ist ein gebraucht erstandener Computer.

Im Lauf der Zeit wurde mir deutlich bewusst, dass die freiwillige Einfachheit auf materiellem Gebiet eine großartige Chance für unglaubliche Freiheiten eröffnet, die viel zu wenig genutzt wird: Ich kann inzwischen derart leicht auf etwas verzichten, dass ich mir dadurch ganz neue Freiräume und erfüllende Möglichkeiten erschließe.

Wer materiell einfach leben kann, kann im Leben mehr riskieren und sich intensiver auf die Pflege seiner spirituellen Interessen verlegen. Als bei mir vor zehn Jahren ein intensiverer Sinn für die spirituellen Dimensionen des Lebens erwachte, stieg ich aus meiner Vollzeit-Professur aus und wurde freiberuflicher Schriftsteller. Das „Wagnis" des Verzichts auf diese Stelle stellte dann gar nicht einen Riesensprung ins beängstigend Unbekannte dar, sondern war eigentlich bloß ein kleiner, ungemein vernünftiger Schritt, der an der Zeit war.

Meine Experimente mit der materiellen Einfachheit führten mich zur Entdeckung einer weiteren Dimension: der „emotionalen Einfachheit".

Geht es bei der materiellen Einfachheit um Besitztümer, so handelt es sich bei der emotionalen Einfachheit um Beziehungen zu anderen Menschen; gesellschaftlicher Rang und Gruppenzugehörigkeit spielen immer weniger eine Rolle. Ein emotional einfacher Mensch ist von spontaner Offenheit und Transparenz für andere, was ihm eine tiefe Freude und große Gelassenheit schenkt.

Für die emotionale Einfachheit ist die materielle recht hilfreich. Wenn man nämlich nur über wenig Habe verfügt, verlegt man seine Energie stärker auf die Vertiefung seiner persönlichen Beziehungen. Zu meiner Zeit als Professor hatte ich mich in einem größeren Ausmaß, als ich geahnt hatte, in Oberflächlichkeiten und Zerstreuungen verloren. Mein Ausstieg führte zu einer drastischen Auslese. Zahlreiche oberflächliche, lediglich berufliche Beziehungen brachen ab. Dafür vertieften sich alte Freundschaften und entstand Raum für neue. In unseren Gesprächen geht es jetzt um viel persönlichere, sozialere und spirituellere Themen als früher. So kann ich mich jetzt viel intensiver dem widmen, was ich in meinem Leben wirklich brauche: diesen

Freundschaften, der spirituellen Bereicherung (durch Lesen, Schreiben und Musik) und dem sozialen Engagement. So lerne ich die schlichte, aber revolutionäre Wahrheit schätzen: „Weniger ist mehr."

Meine veränderte Beziehung zu den Dingen und Menschen hat mich etwas Weiteres entdecken lassen: die Spiritualität der Einfachheit. Es handelt sich dabei um eine neue Art von Beziehung auch zu sich selbst – und zu Gott.

Die Wahrheit ist ganz einfach: Wenn ich meinen Tag mit Menschen und Tätigkeiten ausfülle, die mir Freude machen, dann wird das ein froher Tag. Eine solche Übung weist die Spannungen und Konflikte schlicht vor die Tür: Für sie gibt es überhaupt keinen Platz! Wenn ich mich eine ganze Woche lang daran gehalten habe, war das für mich eine frohe Woche. Ich entdecke zusehends, dass sich solche Wochen zu Monaten und Jahren auswachsen können.

Natürlich ist die Auswahl, welche Dinge, Beziehungen und Spannungen man im Einzelnen aus seinem Leben aussortieren sollte, eine höchst persönliche Angelegenheit.

Für mich sind immer wieder einige ganz einfache Fragen hilfreich:

Habe ich mich etwas Wichtigem gewidmet, das mit Gott zu tun hatte? Oder ging es mir darum, von anderen gelobt zu werden?

Wie weiß ich, ob meine Tätigkeiten für mich das Richtige sind? Verhelfen sie mir zu größerer Gelassenheit? Oder verschleißen sie meine Energie? Kommt mir mein Leben überlastet vor? Tue ich mehr, als ich tun sollte – mehr, als ich nach Gottes Absicht derzeit zu tun berufen bin?

Wichtig ist, dass es bei diesen Fragen nicht darum geht, so effizient wie nur irgend möglich zu werden und seine Zeit möglichst wirtschaftlich zu nutzen. Das Ziel ist vielmehr, seinen jeweiligen Tag dem zu widmen, dem man am meisten Wert beimisst.

Einfach leben bedeutet, nutzlose Verstrickungen abstreifen und entbehrliche Ziele aufgeben. Es bedeutet, das zu wählen, was einem am wichtigsten ist. Henry David Thoreau sagt es in seinem Buch *Walden* so: „Unser aller Leben verzettelt sich in tausend Einzelheiten. Werdet einfach, werdet einfach!“

Einsamkeit

Bernardin Schellenberger

Mehrmals hatte ich die Gelegenheit, einige Wochen lang das Alltagsleben von Familien tief im afrikanischen Busch zu teilen, ein Leben, das geradezu steinzeitlich anmutete. Hitze, Wassermangel, unzureichende Kost, Ungeziefer, das Fehlen jeglicher Möbel in den niedrigen Lehmhütten stellten – unter anderem – gewisse Herausforderungen dar. Aber als das Mühsamste empfand ich immer nach einiger Zeit den Umstand, rund um die Uhr nie allein sein zu können. Immer hält man sich im Familienverband auf, ständig kommen Besucher zum Palavern vorbei, unablässig – selbst wenn man dringend ins Maisfeld hocken muss – wird man von neugierigen Kindern begleitet und beobachtet. Ich versuchte gelegentlich, mich heimlich wenigstens ein, zwei Stunden in die Landschaft abzusetzen, wurde aber immer wieder bald aufgespürt und besorgt gefragt, ob ich beleidigt oder krank sei.

Angesichts dieser Lebensart ging mir erst richtig auf, welche Errungenschaft die Mönchszelle ist und ihre weltliche Spielform, das eigene Zimmer mit einer Tür, die man schließen kann, um ganz allein zu sein.

Mehrere Millionen Jahre lang lebte der Mensch notwendigerweise im Kollektiv. In alten Stammesgemeinschaften kam es bis vor kurzem einem Todesurteil gleich, wenn jemand aus der Gruppe ausgestoßen wurde; dieser soziale, psychische Entzug führte meist zum physischen Tod. „Ein Afrikaner in der Nacht ganz allein – der stirbt", erläuterte mir vor wenigen Jahren mein einheimischer Dolmetscher-Freund.

Der Prediger Kohelet im Alten Testament empfand das Gleiche, als er schrieb: „Wehe dem, der allein ist, wenn er hinfällt, ohne dass einer bei ihm ist, der ihn aufrichtet. Außerdem: Wenn zwei zusammen schlafen, wärmt einer den andern; einer allein – wie soll er warm werden? Und wenn jemand einen Einzelnen auch überwältigt, zwei sind ihm gewachsen, und eine dreifache Schnur reißt nicht so schnell" (Koh 4, 10–12).

Eine völlig entgegengesetzte Vorstellung formulierten die Kartäusermönche in ihrem Motto: *„O beata solitudo, o sola beatitudo!"* – „O selige Einsamkeit, o einzige Seligkeit!" Man muss jedoch gleich hinzufügen, dass auch sie diese Seligkeit nicht ohne Kompromisse aushalten, sondern in fürsorglichen Gemeinschaften organisiert sind.

Im Englischen gibt es für diese beiden konträren Erlebnisweisen zwei verschiedene Begriffe: *Loneliness* ist das mühsame, gefährliche Alleinsein, *solitude* das fruchtbare Bei-sich- oder Bei-Gott-Sein in der Meditation und Kontemplation. Im Deutschen gibt es dafür nur das eine Wort *„Einsamkeit"*, und das etymologische Wörterbuch erläutert ausdrücklich, „einsam" könne „allein, verlassen, öde" bedeuten oder auch „einig, einträchtig, einzeln".

Diese Doppelbedeutung des einen Wortes finde ich spannend – spannend wie das Leben, die Welt und die Wirklichkeit selbst. Denn es könnte ja die Erfahrung andeuten, dass beides nie ganz voneinander zu trennen sei: dass der „einige", in sich selbst „ganze" Mensch immer zugleich auch ein Stück „allein" sei oder sogar bleiben wolle, oder auch umgekehrt: dass, wer mit anderen „einträchtig“ leben wolle, auch über die Fähigkeit verfügen müsse, in sich selbst „allein“ zu sein. Das würde auch die Absage an das Symbiotische und alle Verschmelzungsphantasien bedeuten, in der einer sich im andern verliert.

Die frühen christlichen Theologen entdeckten diese Dialektik von Alleinsein und Gemeinsamsein im Urgrund der Wirklichkeit selbst, in Gott – oder schrieben sie ihm jedenfalls zu: Er sei kein Einsamer, sondern ein Gemeinsamer, kein Kollektiv, sondern ein Einer, kein zur Einheit Verschmolzener, sondern ein Gemeinschaftlicher (*ungetrennt und unvermischt*, wie sie eine andere Glaubensformel mit der gleichen Dialektik formulierten). Sie buchstabierten stammelnd, was nicht zu fassen ist, fanden das missverständliche Bild von der „Dreifaltigkeit“ und blieben doch überzeugte Monotheisten, definierten von ihrer Gottes-Ahnung her den Begriff der Person: Person sei jemand, der oder die ganz in sich stehe, jedoch zugleich wesensnotwendig in Beziehung. Der jüdische Religionsphilosoph Martin Buber fasste dieses Komplizierte in die wunderbar schlichte Formulierung: „Nur Du-sagend werde ich Ich.“

In die Praxis übersetzt heißt das: Wo jemand in keiner Beziehung stünde, würde seine Einsamkeit trostlos und steril. Und wo jemand unablässig aktuell auf andere bezogen sein wollte, würde er/sie sich selbst verlieren. Dem Menschen, der beziehungslos im Kollektiv lebt (in der modernen *lonely crowd*, die David Riesman schon vor einem halben Jahrhundert beschrieb), steht der Einsiedler gegenüber, der schrieb: „Nie bin ich weniger allein, als wenn ich allein bin.“ Er fühlte sich deshalb nicht allein, weil ihm dank seiner religiösen Überzeugung die Beziehung zu Gott lebendige Wirklichkeit war. Gregor der Große brachte das in seiner Lebensbeschreibung des Einsiedlers Benedikt, des späteren Klostergründers von Nursia, auf die prägnante Formel: *In superni spectatoris oculis habitavit secum* – „unter den Augen des göttlichen Zuschauers wohnte er bei sich selbst". Da sind beide Pole miteinander verknüpft: das „Wohnen bei sich selbst" und „die Augen des (göttlichen) Zuschauers", die für den lebendigen Blick-Kontakt stehen, die dialogische Beziehung, also unendlich mehr und anderes sind als die Augen des anonymen Fernsehzuschauers, der dank Camcorder einsam einem/einer anderen Einsamen ins Wohn- oder Schlafzimmer schaut.

Seit sich die Menschen aus der vollkommenen Einbindung ins Kollektiv immer weiter gelöst haben, sind sie in die Dialektik von Einsamkeit und Gemeinschaft eingespannt, die sich nie auflösen, nie in eine endgültige, stabile Form bringen lässt. Immer gilt es in stetem Hin und Her jeden der beiden Pole zu ertragen, zu bewältigen, zu gestalten, zu genießen. Wo der eine Pol kultiviert wird, erstarkt auch der andere; wo der eine vernachlässigt wird, enttäuscht auch der andere. Das gilt für ausnahmslos jede Beziehung, für die Ehe und für jede Form der Gemeinschaft.

Nun ist den Menschen unserer Zeit weithin die Beziehung zu einem „göttlichen Zuschauer" verloren gegangen; sie sind in eine geradezu metaphysische Einsamkeit geraten, die ihnen Angst macht oder die sie verdrängen. Kein Wunder, dass deshalb das Zauberwort „Kommunikation" fasziniert, als Surrogat für die immer weniger ansprechende religiöse „Kommunion", als Verheißung einer neuen Möglichkeit, der Einsamkeit zu entkommen.

Tatsächlich können die modernen Kommunikationsmittel viel dazu beitragen, die Einsamkeit der Menschen zu überbrücken, etwa der Älteren, die, auch wenn physisch ihr Bewegungsradius immer enger wird, über Hunderte von Kilometern im Gespräch mit den Kindern und Freunden zu bleiben vermögen. Aber sie verführen auch zur Besinnungslosigkeit, liefern die Möglichkeit leichter Flucht vor dem Anspruch, „bei sich selbst wohnen" zu können, das mühsam, aber so fruchtbar wäre. Wie viel Alleinsein, wie viel Einsamkeit erträgt der Mensch noch in einer „Zeit, die dem Gott der universellen Kommunikation und Kopulation huldigt" (Wilhelm Schmid)? Wird sie ihm immer mehr abgewöhnt? Wer wird in zehn Jahren noch ohne Handy leben und sich dabei trotzdem geborgen fühlen können? Können wir nur leben in der Illusion des ständigen In-Kontakt-Seins – und sterben wir wieder an Einsamkeit, sobald unsere technischen Kommunikationsmittel ausfallen? Oder werden wir nach der Begeisterung für die grenzenlose Kommunikation wieder neu entdecken, wie wertvoll, ja unerlässlich es ist, zeitweise auch ganz bei sich selbst zu wohnen?

Erleuchtung

Michael von Brück

Die Rede von der Erleuchtung oder der Schau (Gottes oder der Wahren Wirklichkeit) ist dem visuellen Sinn zugeordnet, wobei in den Zeugnissen der Mystiker des Judentums, des Christentums, des Islam, aber auch des Hinduismus die „Schau" mehr oder weniger metaphorisch beschrieben wird: der Schauende kann eine Vision haben, die dem normalen sinnlichen Sehen ganz ähnlich ist, es kann aber auch eine „Erleuchtung" sein, bei der der Begriff im übertragenen Sinne gebraucht wird, weil das „Sehen" übersinnlich und nicht mit dem gewöhnlichen Sehen vergleichbar ist.

Schon in der hebräischen Bibel ist Gott mit Licht und die Gottesschau mit Erleuchtungsmetaphorik verbunden, so wenn Moses Gott beziehungsweise dem Gesandten Gottes im lichterloh brennenden Dornbusch begegnet (Ex 3, 2; 24, 17); und obschon Moses Gottes Angesicht nicht schauen kann, so glänzt doch, nachdem er mit Gott geredet hat, seine Haut von Licht (Ex 34, 29). Die „Schau Gottes" (*visio Dei* oder *visio beatifica*) ist die letzte Sehnsucht der christlichen Tradition; sie geht auf biblische Aussagen und Erfahrungen der Mystiker zurück. Nach Paulus (1 Kor 13) ist die Schau Gottes in diesem Leben noch nicht möglich, sie wird aber dem verwandelten Auferstehungsleib des Menschen einst zuteil werden. Und im 1. Johannesbrief gibt es eine enge Verknüpfung der Metaphorik des Wandelns im Licht (1 Joh 1, 7) mit der Schau Gottes (1 Joh 3, 2); es heißt dort, dass es die Bestimmung des Menschen sei, Gott zu sehen, wie er ist – und das bedeutet, dass die Menschen in dieser Schau Gott fast gleich werden.

Im irdischen Leben kann allerdings keiner Gott vollkommen schauen. „Erleuchtung" steht im Christentum immer unter dem Vorbehalt der noch ausstehenden Vollendung, aber diese Vollendung wird schon erfahrbar in der Liebe (1 Joh 4, 12). Damit wird die Wirklichkeit der Liebe zum Inbegriff der Schau Gottes beziehungsweise der Erleuchtung durch Gott. Die Schau Gottes ist die Realisierung der göttlichen Vollkommenheit des Menschen, die als Geschenk durch Christus jedem zuteil wird, der sich mit ihm identifiziert – in christlicher Sprache: der ihm vollkommen vertraut (glaubt).

Daneben steht aber die Metapher vom Erwachen im Christentum der Lichtmetaphorik an Bedeutung und Häufigkeit nicht nach. Der Ruf zu wachen (*gregoreite*) durchzieht die griechische Bibel, so in der Getsemani-Geschichte: „Wachet und betet, dass ihr nicht in Anfechtung fallet" (Mt 26, 41). „Wachet, stehet im Glauben" (1 Kor 16, 13). Der Name Gregor ist in der christlichen Tradition bis heute ein Taufname und Programm für das christliche Leben. Beide Metaphern, die des Erwachens und die des Erleuchtet-Werdens, beziehen sich auf das noch Verborgene, das jetzt, in dem besonderen Augenblick (*kairos*), der die linear ablaufende Zeit durchbricht, hörbar oder sichtbar werden soll.

Auch die buddhistische Tradition kennt beide Metaphern: die des Erwachens (*buddha*, der Erwachte) und die des Schauens (japanisch *ken-sho*, Wesens-Schau). Der im japanischen Zen-Buddhismus gebrauchte Begriff *satori* (chinesisch *go)* besteht aus zwei Schriftzeichen: dem Zeichen für Geist/Herz, allumfassendes, tiefes Bewusstsein und dem Zeichen für Ich (das aber, als phonetischer Bestandteil, nicht unbedingt eine zusätzliche Bedeutung tragen muss). Wenn man beide Zeichen aufeinander bezieht, können sie interpretiert werden als die erwachte Wahrnehmung der eigenen Geist/Herz-Tiefe. Dies kann sowohl auf auditive als auch auf visuelle Metaphorik deuten, beschreibt aber in jedem Fall eine alle Bewusstseinsfunktionen vereinende und transformierende Selbst-Erfahrung.

Zentral aber ist im Buddhismus, erkennbar schon aufgrund des Ehrentitels „Buddha", die Metaphorik des Erwachens. Sie besagt, dass die Bewusstseinsveränderung, um die es geht, dem Erwachen aus dem Traumschlaf vergleichbar ist: So wie ein Mensch aus dem Traumschlaf erwacht, damit in einen völlig anderen Bewusstseinszustand eintritt und die Welt ganz anders wahrnimmt als zuvor, obwohl sich äußerlich nichts verändert hat, so tritt der Mensch, der zu einem gesammelten transpersonalen Bewusstseinszustand erwacht, in eine andere Wahrnehmungsdichte ein, er erlebt und interpretiert die Welt ganz anders, obwohl sich äußerlich nichts verändert hat.

Die gesamte buddhistische Philosophie ist eine Interpretation der mit dieser Aussage verbundenen Probleme: Was ist das Bewusstsein, was ist die Wirklichkeit, die erlebt wird, was ist Interpretation, was ist wirklich? Die Antwort lautet, knapp gesagt: Der Mensch, der erwacht, erfährt, dass die Wirklichkeit leer ist, das heißt: Sie besteht nicht aus individuellen Dingen oder Ereignissen, die nebeneinander existieren, sondern alles ist, was es ist, indem es durch anderes und abhängig von anderem existiert. Alle Dinge wie auch Raum und Zeit sind zutiefst miteinander verwoben, nichts ist unabhängig. Jeder Mensch hat die Fähigkeit zum Erwachen (die Buddha-Natur): zu dieser klaren Sicht der Dinge, die, wenn sie vollkommen erreicht ist, von allem Leiden befreit.

Wie ist das möglich? Dadurch, dass das Erwachen von der Ich-Perspektive befreit und damit den Egozentrismus überwindet, der die letzte Ursache für das Leiden ist. Das Ego, so der Buddhismus, schafft sich eine eigene Illusionswelt, um sich selbst zu stabilisieren. Das Ego als eigenständig-unabhängige Instanz existiert aber gar nicht, und so muss es sich zur eigenen Selbstvergewisserung durch Begierde alles einverleiben, dessen es habhaft werden kann. Dadurch schafft es sich das Gefühl von Eigengewicht. Misslingt dies, reagiert der Mensch mit Hass, schafft Abgrenzung und Widerspruch. Erwachen bedeutet, diesen Mechanismus zu durchschauen, er fällt dann wie ein Kartenhaus in sich zusammen, und der Mensch wird sich der ursprünglichen Verbundenheit aller Erscheinungen bewusst. Diese Erkenntnis geht mit dem Gefühl von Befreiung, Freude und letztgültiger Wahrheit einher.

Gewöhnlich werden Erwachen oder Erleuchtung als Resultat eines Prozesses beschrieben, der durch Meditation ein allmähliches Reifen und Freiwerden des Bewusstseins von seinen eigenen Verstrickungen und Projektionen bezeichnet. Aber gerade im Zen-Buddhismus wird dem widersprochen: Erleuchtung ist eine Realisierung dessen, was immer schon ist, nicht ein Werden. Denn wäre es ein Werden, wäre es vergänglich, zufällig, just von dem Ich erzeugt, das es ja gerade loszulassen und zu überwinden gilt. Christlich gesprochen: Erleuchtung ist reine Gnade, nicht eigene Fabrikation. Alles, was man tun kann und muss, ist, die selbstgemachten Hindernisse wegzuräumen, dann erscheint der wahre Grund des Lebens, aus dem jeder Mensch immer schon lebt, plötzlich vor dem geistigen Auge und transformiert den Menschen in seiner physisch-psychischen Selbstwahrnehmung.

Im Zen-Buddhismus hat es eine lange Debatte über diesen Unterschied von „allmählich und plötzlich“ gegeben. Man kann daran gut erkennen, worum es bei der „Erleuchtung“ geht. Danach ereignet sich aus der Perspektive des Absoluten, also von einem erleuchteten Bewusstsein her gesehen, das Erwachen in einem Augenblick. Mit diesem Erwachen werden alle Verunreinigungen und Projektionen des Bewusstseins, alle relativen Wertungen und Unterscheidungen ausgelöscht. Aber tatsächlich und in der Praxis ist die Auslöschung nicht plötzlich, und man erlangt den Weg stufenweise. Während in Indien meist das Bild von der spiegelgleichen Wasseroberfläche gebraucht wurde, die beruhigt werden müsse, damit das Bewusstsein zu seinem eigenen Grund durchblicken kann und somit „erleuchtet“ würde, war in China für denselben Vorgang das Bild des Spiegels beliebt, der rein ist oder auch nicht, der gereinigt werden soll oder auch nicht.

Hier liegt freilich ein Dilemma, das in der buddhistischen Tradition ausführlich diskutiert wurde: Wenn die Erleuchtung Resultat einer Anstrengung wäre, dann wäre sie bedingt, abhängig vom Willen und gerade nicht die Wirklichkeit, die jenseits der Dualität von Gut und Böse, jenseits auch von Aktivität und Passivität, von Willen und Nicht-Willen, von Letzter Wirklichkeit (*nirvāõā*) und diesseitiger Welterfahrung (*saüsāra*) ist. Ist sie aber immer und überall gegeben, also identisch mit der Wirklichkeit, wie sie ist, warum soll man dann nach Erleuchtung streben? So versuchte der Zen-Meister Shen-hui (670–762) die Erleuchtung im Paradox zu formulieren. Er zitiert dafür das Nirvāõā-Sūtra, wo es heißt: „Alle Lebewesen besitzen von Anfang an und in sich selbst das *nirvāõā*, sie haben eine unverstellte Weisheitsnatur. Es ist wie Holz und Feuer, welche beide zusammen erscheinen in einem Paar Feuerhölzer. Wenn dann ein Kundiger Feuer aus den Hölzern reibt, werden Holz und Feuer getrennt.“

Im japanischen Zen wurde das Problem von Zen-Meister Dōgen (1200–1253) noch einmal zugespitzt, indem er den alten Satz „Alle Wesen *haben* die Buddha-Natur“ veränderte und sagte: „Alle Wesen *sind* die Buddha-Natur." Denn wenn man etwas hat, kann man es auch nicht haben, dann ist es etwas Hinzukommendes. Nur wenn alle Wesen Buddha-Natur *sind*, ist kein Unterschied zwischen Wesen und Buddha-Natur, kein Graben, nichts historisch Zufälliges in der Erleuchtung. Nur dann ist die Erleuchtung das *Wesen* der Wirklichkeit, wie sie ist.

Shen-hui jedenfalls lässt keinen Zweifel, dass das Problem logisch nicht auflösbar ist, und so stellt er fest, es tauche ja nur dann auf, wenn man so unterscheidend frage. In der Praxis der Übung gebe es das Problem nicht. Die Rede von der Plötzlichkeit und die Behauptung, es gebe gar keinen Spiegel, der verschmutzt sei und gereinigt werden müsse (eine These, die Shen-hui seinem Meister Hui Neng zugeschrieben hatte) habe Sinn nur für Menschen, die bereits die Erleuchtungserfahrung kennen. Alle anderen würden die Sprache des „graduellen Weges" brauchen, denn für sie gebe es Grade der Verblendung und Unwissenheit sowie Stufen des Fortschreitens auf dem Weg. Und dieser Weg besteht im Sitzen, der Konzentration, der völligen Absorption des Bewusstseins, das seine eigenen Bewegungen und Projektionen zur Ruhe bringt, und dann in der Einsicht in die Einheit der Wirklichkeit und vollkommene Ruhe des Bewusstseins, das Leerheit erkennt, das heißt alles Bewerten, Unterscheiden und jede Angst überwunden hat.

Eine gewisse Synthese der gegensätzlichen Positionen hat der Zen-Meister Tsung-mi (780–841) vorgeschlagen, der von *graduellem Weg und plötzlicher Erleuchtung* spricht. Die Einmaligkeit und Plötzlichkeit sei der Eintritt in einen Weg der weiteren Vervollkommnung oder Erleuchtung. Die Erleuchtung selbst ist kein Ergebnis von eigener Aktivität, sondern sie ist das spontane Erwachen zu der Wirklichkeit, die jedem menschlichen Bemühen und Erfahren vorausliegt, denn sie ist die Wurzel jeder Aktivität, auch jeder Bemühung und Erfahrung. Aus diesem Grunde warnt Shen-hui in seinen Schriften immer wieder, dass man die Erleuchtung nicht erzwingen und nicht durch eigene Willenanstrengung erwarten kann.

Dies ist der christlichen Erfahrung und Debatte um die Gnade gar nicht so fremd, wie es zunächst scheinen könnte. Das Problem taucht im Streit um den Pelagianismus auf und dann vor allem im Luthertum in der Debatte um die „Antinomer". Dort ging es um die Frage: Wenn alles Gnade ist und die Gnade Gottes den Menschen ein für allemal erlöst hat – wozu ist es dann nötig, eine bestimmte Praxis zu befolgen, also die Gesetze einzuhalten, den Glauben zu kultivieren, Frömmigkeit zu pflegen? Die Erfahrung der Gnade, des Gerettetseins, ist ja auch im Christentum ein Durchbruch, eine Erleuchtung, die gar nicht so selten als spontanes Durchbruchserlebnis beschrieben wird. Die Antworten sind, wenn auch sprachlich und in der Bildhaftigkeit verschieden, den chinesischen strukturell nicht unähnlich: Gott hat den Menschen ein für allemal gerettet, der Mensch ist im Zustand des Heils. Er muss es nur anzunehmen lernen, und diese neue Wirklichkeit (Paulus spricht von der Neuen Kreatur, die wir in Christus sind) verändert das Leben, bald plötzlich, bald allmählich.

Erleuchtung ist ein Sich-Öffnen. Sie ist der Inbegriff der Hingabe – an Gott, an den Großen Zusammenhang, an das Wesen der Wahren Wirklichkeit, wie man im Zen sagt. Erleuchtung ist lichtvolle Freude und Einssein, wie der evangelische Mystiker Gerhard Tersteegen in einem seiner bekannten Lieder dichtet („Gott ist gegenwärtig", EKG 165, 6): „Wie die zarten Blumen willig sich entfalten / Und der Sonne stillehalten. / Lass mich so, still und froh, / Deine Strahlen fassen und Dich wirken lassen."

Erlösung

Gotthard Fuchs

Schon das Wort „Erlösung" setzt einen Richtungssinn frei: Es gilt, eine Haltung oder einen Zustand loszuwerden und von einer (leidvoll oder schuldbewusst gespürten) Enge loszukommen. Das Gegenwort wäre (Selbst-)Zufriedenheit im Status quo und wunschloses (Un-)Glück. Wer also derart sich lösen (lassen) will, sucht eine Alternative zum Bestehenden; was bloß „der Fall" ist, kann da nicht genügen. Gesucht ist die (bessere, wahre) Alternative zum Bestehenden. Alle Religionen können, in freilich unterschiedlicher Weise, als Erlösungswege verstanden werden: weg aus einem (falschen) Zustand im Hier und Jetzt und hin zu der (ganz anderen) Lebensform im Dort und Dann, im „Jenseits". Alle Religionen entwerfen in diesem Sinne Gegen-Bilder der Hoffnung und Sehnsucht, sie artikulieren und vermitteln eine verheißungsvolle und vielversprechende Überschreitungsenergie, sie bieten und bahnen Wege zum wahren, zum heilen, zum ganzen Leben.

Wovon, woraufhin also erlösen? Wird der Ist-Zustand primär als „Schein", als „Blindheit" und „Verblendung" erfahren und gedeutet, dann artikulieren sich die Wege und Bilder der Erlösung etwa in der Metaphorik des Erwachens und der Erweckung, der Auf-Klärung und der Er-Leuchtung. Steht „der brennende Schmerz der Endlichkeit" (Karl Rahner) und die tödliche Erfahrung der Vergänglichkeit im Mittelpunkt, so ist von „ewigem Leben" und „Auferstehung der Toten" die Rede. Wird das Grundproblem primär in der Gefährdung oder gar Zerstörung des schöpferischen Zusammenlebens der Menschen untereinander und mit ihrer Umwelt gesehen, dann steht im Zielbild der Erlösung die Hoffnung auf Gemeinschaft und Solidarität mit aller Kreatur. Steht im Mittelpunkt der Erlösungsbedürftigkeit das

Leiden an der Begierdestruktur des Lebens (bis hin zur Sucht), so richtet sich die erlösende Transformation auf eine Welt wirklicher Freiheit, eine Umschichtung aller Energie vom Haben zum Sein. Wird als Grundübel der faktischen Welt die strukturelle Gewalt(-tätigkeit) in uns und um uns gesehen, so realisieren sich Ziel und Weg der Erlösung als Spiritualität schöpferischer Gewaltlosigkeit und konfliktfähiger Friedfertigkeit.

Diese Vorstellungen – wie die vom Nirvana, vom Paradies, von Himmel und Hölle, von der klassenlosen Gesellschaft, vom Frieden zwischen Mensch und Natur, vom ewigen Leben – sind bewegende, also auf den Weg der Veränderung und Wandlung lockende, vielversprechende Bilder der Verheißung und Hoffnung. Immer ist dabei die Überzeugung im Spiel, dass es mitten in der faktischen Wirklichkeit eine andere, eine erste und letzte gibt – eine göttliche also, in deren Licht das Hier und Jetzt als vorletzte, also noch nicht erlöste und damit der Erlösung bedürftige erscheint.

Das Leitbild des biblischen Gottesglaubens ist „Beziehung", universale Verbundenheit und Solidarität von Gottes Gnaden, „neuer und ewiger Bund". In der Erfahrung der Befreiung aus Ägypten und der Bewahrung in Exil und Diaspora findet Israel zur Gewissheit, dass der Schöpfer der Welt und aller Menschen unbedingt wohlwollend, einseitig entgegenkommend und absolut verlässlich ist. In der Erfahrung seiner Bundestreue erfährt sich der Mensch einmalig gewürdigt, zu größter Autonomie befreit und zur Gnade einer unverwechselbar eigenen Biographie berufen. Entscheidend dabei ist, dass Gottes Gerechtigkeit und Liebe nicht an Bedingungen geknüpft sind: Sie sind schlechterdings zuvorkommend und nicht abhängig von des Menschen Taten und Untaten, Leistungen und Fehlleistungen („Rechtfertigung allein aus Gnade").

Dieser „kategorische Indikativ" ermöglicht die realistische Wahrnehmung des Ist-Zustandes „jenseits von Eden". Im biblischen Lichte dieser Gottesbeziehung erscheint die Welt, wie sie ist, als schlechterdings erlösungsbedürftig (wie die biblische Erzählung vom Sündenfall es mythisch beschreibt). Der Mensch in dieser Situation ist unfähig, von sich her Erlösung zu schaffen oder sich selbst zu erlösen. Die selbstheilenden Kräfte in Natur und Geschichte werden vielmehr erst freigesetzt und zur eigenen Befreiungsinitiative aktiviert, insofern der Mensch sich diesem Gott anvertraut, von seinem Geist verwandeln lässt und alles in seinem messianischen Licht sehen lernt.

In christlicher Perspektive ist es Jesus, der Christus, in dem Gott und Mensch, Gott und Welt endgültig und für immer einig geworden sind – „unvermischt und ungetrennt", weder symbiotisch noch dualistisch. Der neue und ewige Bund ist definitiv geglückt. Freilich ist, was derart im „Einzelfall" verlässlich grundgelegt ist, welt- und naturgeschichtlich universal erst noch zu realisieren und einzuholen. Dieser Glaube gibt zu denken und zu tun. Wer derart der Inspiration Jesu folgt, gerät auf den Wandlungsweg der Erlösung und Befreiung, wie ihn radikal etwa Mystiker und Mystikerinnen erfahren und bezeugen: als Weg der Einigwerdung mit Gott (wie Meister Eckhart), als Weg der *reformación* und *transformación* (wie Johannes vom Kreuz). Diese biblisch fundierte Christus-Mystik der Befreiung ist nie bloß innerlich, sondern strahlt vielfältig aus – bis hin zu aktiv befreienden Initiativen. Wer derart sich vom falschen Leben erlösen und mit sich selbst (und allem) versöhnen lässt, kann umso leidenschaftlicher und selbstloser erlösend für andere da sein.

Die Gegenmächte von Lüge, Dummheit, Verblendung und Gewalt sind „jenseits von Eden" freilich (sozial wie individuell) derart wirksam, dass jedenfalls Christen und Christinnen nur im österlichen Wort vom Kreuz Erlösung realistisch begründet glauben können. In Verhalten, Geschichte und Geschick Jesu Christi wird demnach grundlegend deutlich, wie die Welt jenseits von Eden aussieht und wie Erlösung geschieht: angesichts universal vorherrschender Gewalt- und Unrechtsverhältnisse hat sie ihren Preis. Im Kreuz Jesu, dem Mandala der Christen, wird beides offenbar: das Ausmaß faktischer Erlösungsbedürftigkeit und die Versöhnungskraft göttlicher Bundestreue. Der biblische Gottesglaube hat eine besondere „Enthüllungskapazität" (Girard), die gerade im neo- und interreligiösen Kontext fruchtbar zu machen ist. Die Erlösungsmetaphern des Neuen Testamentes (Stellvertretung, Lebenshingabe „für euch und für alle", Befreiung von bösen Mächten und Gewalten, Loskauf von Sünden, Versöhnung) umkreisen diese christliche Erfahrung vom neuen und ewigen Bund zwischen Gott und den Menschen samt den daraus sich ergebenden Verhaltensänderungen und Handlungsimpulsen. Entscheidend ist dann etwa die Praxis einseitig zuvorkommender Vergebung, wirklicher Fremden- und Feindesliebe, stellvertretender Solidarität und unermüdlicher Arbeit für „Gerechtigkeit, Frieden und Bewahrung der Schöpfung". Der mystische Glutkern in alldem ist freilich die erfahrene und übende eigene Wandlungsarbeit im Einschwingen in Gottes schöpferisches Wirken, bis schließlich Gott „alles in allem" ist. Bis dahin gilt die Maxime eines Johannes vom Kreuz: „Wenn Sie keine Liebe finden, bringen Sie Liebe, und Sie werden Liebe finden."

Exerzitien

Christa Baich

Mit dem Glaubensleben ist es wie mit dem Sport, dem Beruf oder der Partnerschaft: Ohne besondere Zeiten des Trainings, der Weiterbildung oder der zweckfreien Zweisamkeit sind wir Menschen in Gefahr, abzubauen, abzustumpfen. Daher kennen alle Religionen spirituelle Intensivzeiten, um im Rückzug vom Vordergründigen dem Geheimnis des Lebens und dem Göttlichen näher zu kommen. In der jüdisch-christlichen Tradition gibt es dafür vor allem das Motiv der Wüste: Wenn Gott in die Geschichte eingreifen will, führt er Menschen in die Wüste, umwirbt und erprobt sie und bereitet sie darauf vor, geeignete Werkzeuge für seine Pläne zum Heil seines Volkes zu sein. Von zahlreichen Gestalten des Alten und Neuen Testaments, von den Wüstenvätern und -müttern der ersten christlichen Jahrhunderte, von vielen Heiligen und nicht zuletzt von Jesus selbst wissen wir, dass sie, ähnlich wie das Volk Israel, an Schlüsselstellen ihres Lebens durch die Schule der Wüste gingen, um im Umgang mit Gott erfahren zu werden.

Von der Sache her gehören Exerzitien (von lateinisch *exercere* = üben) also von jeher zum Christsein, sofern jede Einführung ins christliche Leben (Katechumenat) oder in eine bestimmte christliche Lebensform (zum Beispiel das Ordensleben) auch mit einer Einübung verbunden ist. Bezeichnete der Begriff *exercitia* in den ersten Jahrhunderten und bis ins Hochmittelalter hinein das ganzheitliche Sich-Einüben in Aktion und Kontemplation, Mystik und Askese, wie es namentlich die großen Ordensregeln vorgaben, so wurde er später auf bestimmte Frömmigkeitsübungen eingeengt, um schließlich im Zug der Reformbewegung der Devotio moderna jene präzisere Bedeutung zu gewinnen, die er auch heute noch hat: „Unter der Bezeichnung ‚Exercitia spiritualia‘ fasst schon die asketische Sprache des Mittelalters ‚Übungen‘ des geistlichen Lebens zusammen, die in äußerer Einsamkeit und nach bestimmten gebetspädagogischen Gesetzen eine Einfügung in die geglaubten Mysterien besonders durch betrachtendes Gebet anstreben“ (Hugo Rahner).

Es ist das unübertroffene Verdienst von Ignatius von Loyola (1491–1556), dem Gründer des Jesuitenordens, seine eigene geistliche Erfahrung sowie seinen Erfahrungsschatz in der spirituellen Führung anderer in seinen „Geistlichen Übungen“, einem Werkbuch für Exerzitienbegleiter, zusammengefasst zu haben. Wegen ihrer ungebrochenen Bedeutung soll die Form der Ignatianischen Exerzitien hier näher vorgestellt werden. Es handelt sich um eine längere Zeit des Rückzugs aus dem Beziehungs- und Arbeitsalltag in die Stille, wo in mehreren Stunden täglichen Gebetes und mithilfe einer Begleiterin oder eines Begleiters die Begegnung mit Gott und seinem Wort gesucht wird. Die Exerzitien dauern in ihrer Vollform dreißig, sonst meist zwischen fünf und zehn Tagen und wollen helfen, im Blick auf Jesus Christus das eigene „Leben zu ordnen" (Ignatius von Loyola), auf den persönlichen Anruf Gottes eine persönliche Antwort zu geben und das Leben in der Nachfolge Jesu Christi zu vertiefen. Der Exerzitienprozess folgt einer in vier Phasen oder „Wochen" angelegten inneren Dynamik.

Ignatius nennt drei wichtige Gründe, sich auf solche Übungen einzulassen: Erstens schenke man Gott Zeit zurück, als Antwort auf die von ihm geschenkte Lebenszeit. Selbst wenn gar nicht besonderes „passiere", sei eine solche zweckfrei verschenkte Zeit schon in sich sinnvoll. Zweitens sei es eine Zeit, in der man die natürlichen Kräfte im Menschen besser wachsen und fließen lassen könne. Und drittens sei es eine Zeit Gottes für den Menschen, eine Gnadenzeit, in der er sich dem Menschen sozusagen leichter zu zeigen und zu schenken vermöge.

Bei den Ignatianischen Exerzitien wird das Inhaltliche der christlichen Offenbarung mit der persönlichen Lebenssituation des Exerzitanten verknüpft, und dieser übt sich in der „lauteren Absicht", seine Person und sein Leben ganz auf Gott auszurichten. Es geht also nicht ausschließlich um die kognitive Vermittlung von Inhalten (wie etwa in einer Predigt, Katechese oder theologischen Vorlesung), nicht ausschließlich um die Konzentration auf den inneren Prozess (wie in der Psychotherapie) und auch nicht ausschließlich darum, leer zu werden von allen eigenen Gedanken, Gefühlen und Vorstellungen (wie in manchen östlichen gegenstandslosen Meditationsformen), sondern um einen „Dreiklang in der Gebetsdynamik der Exerzitien“ (Alex Lefrank), in dem Elemente von allen drei Ebenen mitschwingen.

Durch den Verzicht auf Gespräch, Lektüre, Radio, Fernsehen, Telefon und Arbeit entsteht eine Atmosphäre des Schweigens, die zur inneren Sammlung hilft. Außenreize werden reduziert, damit auch einmal innere, vielleicht sehr leise Stimmen die Chance erhalten, gehört zu werden.

Die eigentlichen täglichen Übungszeiten bestehen aus vier bis fünf einstündigen Betrachtungen. Dafür können je nach dem inneren Weg des Betreffenden ganz unterschiedliche Gebetsweisen vorgeschlagen werden. Als Betrachtungsstoff werden entsprechend dem Exerzitienbuch zumeist Stellen aus der Heiligen Schrift verwendet.

Eine ausgebildete und erfahrene Begleitperson steht zur Verfügung, um in einem täglichen Einzelgespräch die jeweiligen Erfahrungen zu besprechen und Hilfen für die weiteren Schritte anzubieten. Sie soll jedoch „unmittelbar den Schöpfer mit seinem Geschöpf wirken lassen“ (Ignatius von Loyola).

Wenn, wie es häufig der Fall ist, die Exerzitien gleichzeitig von mehreren Person gemacht werden, ist gewöhnlich ein Rahmen mit einigen wenigen gemeinschaftlichen Elementen eine Hilfe: die Feier von Gottesdiensten, gemeinsame Mahlzeiten im Schweigen, Körperübungen, um das Leibbewusstsein zu üben und/oder einen körperlichen Ausgleich für das lange Sitzen zu schaffen.

Die Ignatianischen Exerzitien in ihrer ursprünglichen und eben beschriebenen Form erfuhren ab der Mitte des 20. Jahrhunderts eine ungeheure Renaissance und Aktualisierung und lösten weithin die bis dahin üblichen so genannten „Vortragsexerzitien“ ab, bei denen der Betrachtungsstoff nicht auf den inneren Weg der Einzelnen abgestimmt war und die Einzelbegleitung keine oder nur eine untergeordnete Rolle spielte.

Der gegenseitigen Integration von Exerzitien und alltäglichem Leben trägt die Form der so genannten „Exerzitien im Alltag“ auf besondere Weise Rechnung. Dass Exerzitien grundsätzlich kein Selbstzweck sind, sondern auf ein christliches Leben im konkreten Alltag zielen, kommt dabei besonders deutlich zum Ausdruck: Die Teilnehmerinnen und Teilnehmer bleiben in ihrem beruflichen und familiären Alltag und kommen über mehrere Wochen hinweg zu meist wöchentlichen Treffen zusammen, wo sie sich über ihre Erfahrungen austauschen, eine Gebetsweise einüben und Impulse und Hilfen für die tägliche Betrachtungszeit der nächsten Woche zu Hause erhalten.

Frau sein

Gabriele Hartlieb

Frauen machen's allen recht. Frauen lernen, böse Mädchen zu werden. Frauen sagen auch mal Nein. Frauen haben alles – Kinder, Job und Schuldgefühle. Frauen entdecken sich selbst. Frauen sind schön. Frauen wollen dünn sein. Frauen sind Feministinnen. Frauen sind selber schuld. Frauen trauen sich nicht. Frauen machen Ärger. Frauen brauchen Geld. Frauen sind von Natur aus spirituell. Frauen entschuldigen sich immer. Frauen werden schwach. Frauen machen Karriere. Frauen lieben schlechte Fernsehserien. Frauen wollen lieber keinen Mann als irgendeinen.

All das ist wahr. Jeder Satz ist angreifbar. Und falsch ist die Blickrichtung. Auf die Frauen – quasi von außen. Das galt bisher: Frauen werden angeschaut. Männer schauen. Und mit dem Blick ist in der Regel ein Urteil verbunden.

Eine alte Geschichte erzählt von einem solchen tödlich verurteilenden Blick der Männer auf eine Frau – und von der befreienden Wirkung eines Blickwechsels. Die Frau ist eines Verbrechens überführt: sie hat Ehebruch begangen. Von den anklagenden Männer wird sie in die Mitte gestellt, bloßgestellt, zur Schau gestellt. Das Gesetz sieht ihre Steinigung vor – die Blicke der Männer sind das Gesetz. Da durchbricht einer diese Ordnung von richtig und falsch, von oben und unten. Er verurteilt sie nicht mit seinem Blick; er reiht sich nicht ein in die, die sie anstarren; er bückt sich – und sagt schließlich: Wer unter euch ohne Schuld ist, der werfe den ersten Stein.

Und, einer nach dem anderen, gehen die Männer langsam weg. Dann erst, als sie allein ist, richtet er sich auf. Steht mit ihr da, spricht mir ihr. Befreit sie zu einer neuen Sicht auf sich selbst.

Es sind die vielen gedankenlos urteilenden, blind für wahr nehmenden Blicke, die zu Vorurteilen führen. So sind die Männer – und so die Frauen. Frausein: das ist ein Konstrukt. Frau sein: das gibt's nur je individuell. Frauen untereinander trennt mehr als viele Frauen von vielen Männern. Und doch gibt's auch dieses unmittelbar und überraschend Verbindende, mit einer völlig Fremden vielleicht, hinter dem eine ähnliche Erfahrung steht, ein Wiedererkennen. Der Feminismus hat recht: Biologie ist nicht Schicksal; aber zu bestreiten, dass biologische Faktoren Unterschiede machen, wäre ignorant. Unterschiede machen auch Sozialisation und Verhalten. Wir unterscheiden, wie stereotyp auch immer, zwischen Männlichkeit und Weiblichkeit. Und so fatal es ist, Klischees unüberlegt zu übernehmen und zu erhalten, so notwendig ist es, über Unterschiede zu sprechen – zwischen den Geschlechtern genauso wie innerhalb der Geschlechter. Nur wenn Differenzen klar sind, kann auch Ausgeglichenheit und Gerechtigkeit erreicht werden, vorerst vielleicht nur punktuell und als immer gefährdetes Gleichgewicht.

Dies gilt umso mehr, als das Verhältnis der Geschlechter zueinander komplizierter geworden ist: weil die Rollenbilder in unserer Gesellschaft weniger klar sind als früher. Je weniger eindeutig ist, welche Bilder die Begriffe „weiblich“ und „männlich“ im Kopf hervorrufen, umso weniger Geschlechtsstereotypen wird es geben; umso freier bewegen wir uns; umso mehr wird das Aushandeln dessen, wer was wie und warum macht, in den individuellen Bereich verlagert.

„Frauenspiritualität“ allein als Gegensatz zu einer „Männerspiritualität“ zu definieren, wäre klein gedacht. Spiritualität ist nicht exklusiv. Patriarchale Theologie und männliche Bevormundung in den Kirchen wirken auch nach Jahren feministischer Theologie und der Entdeckung „weiblicher Spiritualität“ noch nach. Männer vor allem, die sich als „rationale Menschen“ verstanden, nicht als das – unter anderem – geschlechtliche Ich, das sie sind, haben nicht erkannt, dass ihr Denken, ihre Sprache und ihr Handeln ihr Mann sein spiegelte. Über Jahrhunderte haben sie sich verhalten, als sei Mann sein die universale menschliche Natur. Das hat die Religionen geprägt.

Doch offenbar gibt es Unterschiede. Sie zeigen sich, sobald wir einen konkreten Standpunkt einnehmen und keinen pseudoneutralen. Frauen beten anders, lesen anders in den heiligen Schriften, meditieren anders, feiern Rituale anders. Den ungenauen und in der letzten Zeit inflationär gebrauchten Begriff der Spiritualität füllen sie angstfreier, neugieriger – und meistens: lebensnah. Sinnlich, handfest, verkörpert und die Geistigkeit der Frau zurückerobernd, eine innere Macht, Kraftquelle, vom Menschen ausgehend und ihn erfüllend, das Göttliche im Menschen offenbarend, alle Lebensvollzüge umfassend: das ist Spiritualität. Sicher nicht nur für Frauen. Und doch gibt es auf der Suche nach spirituellem Leben – nach Ganzheit, nach Sinn, nach einem

Grund, der den Alltag trägt und über ihn hinausgeht – geschlechtsspezifische Unterschiede. Insofern sich das Leben von Frauen von dem von Männern unterscheidet, insofern sich ihre Erfahrungen mit Religion und religiösen Institutionen von denen von Männern unterscheiden, unterscheiden sich die Weisen, wie Spiritualität ihren Ausdruck findet. Frauen, die gerade in den Kirchen größerem Leidensdruck ausgesetzt waren und noch sind, haben neue religiöse Formen entwickelt – die ihren Erfahrungen, ihren praktischen, emotionalen und geistigen Bedürfnissen entsprechen. Aus einem anderen Blickwinkel heraus haben sie anderes entdeckt, Neues gefunden, Altes neu betrachtet. Sie sind unabhängig geworden vom kritischen und verurteilenden Blick. Sie haben Verborgenes erkannt, Verbotenes enthüllt und Verbogenes schön gefunden. Sie haben Orte geschaffen, an denen sie sich wohl fühlen, an denen ihnen zugehört wird, an denen sie Achtung und Achtsamkeit erfahren, an denen sie lachen und weinen und reden und schweigen und streiten können – in Kirchenräumen, Wohnzimmern und Meditationszentren, zu Weihnachten und Mittsommer, mit Meditationen über die Grüne Tara, Ritualen bei Lebensübergängen, liturgischen Gesängen, intellektuellen Spielen und wilden Tanzfeiern, mehr unter sich als auch mit Männern. Sie messen Wert und Schönheit nicht mit dem unflexiblen Maßstab dogmatischer Überzeugungen, sondern mit der *lesbian rule*, dem biegsamen Metermaß der Insel Lesbos, das verwendet wird, wenn das starre Maß nicht taugt: wo es um die Spannung einer Säule geht oder um den Schwung einer Flöte oder um die Mitte, um die sich das Leben dreht.

Damit haben sie die Perspektive für alle verändert. Ihre Visionen werden im Alltag konkret – die Erfahrung von Transzendenz ist an unsere immanente Existenz gebunden. Spirituell leben, dazu gehört auch: mit wohlwollenden Blicken den eigenen Körper anschauen und sein Älterwerden freundlich und zärtlich begleiten. Der Seele Raum geben; einen Raum für sich und einen Raum der Begegnung mit anderen. Heimat finden und geben. Den anderen und die andere lieben wie sich selbst – als andere. Aufbrechen und immer wieder Ruhe finden. Von Kindern lernen. Aufnehmend schweigen. Nehmen und Geben. Und – wie die Mystikerinnen des Mittelalters – keine Angst davor haben, sich überwältigen zu lassen.

So können Blicke zum Spiegel werden für Gott, dessen Bild wir erkennen und lieben und zu fassen versuchen, überall, wie Paul Gerhardt im neu geborenen Kind: „Ich sehe dich mit Freuden an und kann mich nicht satt sehen."

Freiheit

Ruth Pfau

Freiheit – wenn man mir nur die Möglichkeit gäbe, *ein* Wort zu sagen, das für mich das Wichtigste, Kostbarste enthält, es wäre das Wort *Freiheit.* Wenn es einen Wert gibt, für den ich bereit wäre, mein Leben zu geben: dann wäre es Freiheit. Ich könnte noch einmal hungrig sein, frieren (und wie habe ich in den vierzig Jahren, die ich in Pakistan lebe, unterwegs in abgelegenen Gebirgsregionen gefroren!), sogar von Büchern abgeschnitten könnte ich leben – aber ein Leben ohne Freiheit zu führen würde ich mich weigern.

Weil Freiheit die Voraussetzung der Liebe ist.

Deshalb kann ich ohne Freiheit nicht leben, und ich kann es nicht ertragen, wenn dem anderen die Freiheit genommen wird. Und wenn ich ihm die Freiheit nicht zurückgeben kann (denn wann kann ich das schon?), kann ich wenigstens unter dem Entzug seiner Freiheit leiden. Freiheit: das ist für mich nichts

Theoretisches. Freiheit zeigt sich praktisch. Konkret, im Alltag. Wie auch ihr Gegenteil.

Sind wir wirklich frei?

Gegen jeden Augenschein halte ich aufrecht: wenn wir nicht frei *sind*, hält uns doch keiner davon ab, frei zu *werden*, jeden Tag einen winzigen Schritt in Richtung Freiheit zu wagen. Dazu habe ich jeden Tag neu zahllose Gelegenheiten: indem ich andere durch meine Depressionen nicht belaste; durch Humor, wenn Frustration die Stimmung zu beherrschen droht; im ernstlichen Bemühen zu verstehen, auch wenn ich meine, da sei nichts zu verstehen –; im täglich neuen unbedingten Ja der Liebe.

Was Freiheit *nicht* ist? Es gibt da eine Geschichte, die wir einander im Marie-Adelaide-Leprosy-Center und im Lepra- und TB-Kontrollprogramm für Pakistan, wo ich arbeite, oft erzählen: Als Pakistan die Freiheit erhielt, am Tage seiner Unabhängigkeit, da feierten die Menschen ein großes Fest. Die Männer der Bergstämme tanzten in den Straßen und wirbelten ihre Stöcke über ihren Köpfen und drehten sich im Kreise – und dabei traf ein Stock die Nase eines Fußgängers an der Seite. Hör, sagte der, jetzt sei mal vorsichtig, was machst du denn da? Ich bin frei, sagte der andere, ich kann machen, was ich will, keiner hat mir etwas vorzuschreiben!

Irrtum, sagte der andere, an meiner Nase hört deine Freiheit auf!

Freiheit ist keine Willkür. Freiheit ist nicht nur für mich. An deiner Nase hört meine Freiheit auf. Oder: Deine Nase ist der Ernstfall meiner Freiheit.

Einmal besuchte mich eine Gruppe von Schulkindern. Was Freiheit für mich sei, wollten sie wissen. Schwer zu erklären. Im täglichen Leben vielleicht: dass ich frei bin von unnötigen Ansprüchen; dass ich der Wurstsorte auf dem Frühstückstisch nicht die Macht einräume, zu entscheiden, welcher Stimmung ich bin!

Und im Ernstfall: dass ich meine Überzeugung nicht verrate.

Es gab eine Situation in meinem Leben, in der ich gar nicht wusste, dass ich frei bin – vielleicht war ich da am freiesten: als die Kalaschnikow auf mich gerichtet war. Es war ein Überfall auf das Krankenhaus in Gilgit, in dem ich mit mehreren Lepra-Assistenten zu einer Weiterbildungsveranstaltung war, ein Angriff in dem in der Region schwelenden Konflikt zwischen Sunniten und Schiiten. Die meisten Lepra-Assistenten waren geflohen: nur der dunkelhäutige Sunnit Raschid war geblieben. Er war nie jemand, der wegläuft, er blieb bei mir und den Kranken. Die Station ist voll belegt. Der Angreifer ist hellhäutig, für jeden als Schiit erkennbar. Er legt auf Raschid an – ich werfe mich dazwischen. Vielleicht war ich da am freiesten, als die Kalaschnikow auf mich gerichtet war, unbewusst „gehalten" von der Liebe; als das Computerprogramm ablief, ohne dass ich etwas dazu tat; als ich Raschid Kugelschutz geben konnte – weil es eben meine Überzeugung ist, dass man sich vor den Schutzlosesten stellen muss – und erst danach merkte, was ich getan hatte. Der Schiit schoß nicht. Aber mein Leben, das ist seither nie wieder wie davor gewesen.

Freiheit: dass einen die Situation zu einer Handlung zwingt gegen die eigene Überzeugung.

Noch einmal die Frage: Ist Freiheit möglich? Sind wir wirklich frei?

Nach meinen Erfahrungen: nein. Meistens nicht.

Wie kann Shafaqat wirklich „frei" sein nach der Erfahrung, dass die Polizei in Zivil einfach an seinen Arbeitsplatz kommen kann, dass sie ihn ohne Haftbefehl mitnehmen und zwei Nächte foltern kann, bis er das „Geständnis" eines Verbrechens unterschreibt, das er nie begangen hat? Wie kann Zarina jemals wieder „frei" sein, seit ihr Mann sie fesselte und vor ihren Augen ihre sechzehnjährige Tochter zur Prostitution entführte? Wie kann das Mädchen jemals „frei" sein, dessen erste Erfahrung von „Hingabe" die erzwungene Prostitution ist? Wie kann der alte Flüchtling aus Afghanistan jemals „frei" sein, der seine Frau und drei Söhne im Bombenkrieg verloren hat und jetzt bettelnd durch die Bazare von Quetta irrt? Wie kann ich jemals frei sein, die ich täglich diese und andere Erfahrungen mit den Opfern teile?

Frei kann man nur sein, wenn man an die Liebe glaubt und sich von der Liebe gehalten weiß. Doch wie kann man an die Liebe glauben? Kann man wirklich von uns erwarten, dass wir jeden Tag einen winzigen Schritt in Richtung Freiheit wagen? Es gehört zur Liebe, dass sie das Verrückte will: eine vernünftige Liebe ist keine Liebe. Von daher ist alles möglich. Auch: frei zu werden.

Und wenn wir unser Herz nicht verschließen und unsere Augen offen halten, dann sehen wir auch dieses:

Da hat Rafiq in eine Reihe von leeren Speiseöl-Dosen eine überschäumende Blütenpracht in die Wüste gezaubert, rot und gelb und blaßrosa und weiß, und vorher hatten wir nur diese niedrigen, dürren, abweisenden Dornbüsche um unsere Außenstation; da hält ein Dorfbub ein Zicklein auf dem Schoß und redet ihm gut zu, höre, wenn du deinen Ziegenbruder so mit den Hörnern angreifst, was wird er dann von dir denken?, da stößt er nur zurück, es ist besser, du spielst mit mir; da ist die ganze Gruppe von Lepra-Assistenten von Sonnenaufgang bis Sonnenuntergang im Sandsturm unterwegs, um die Dorfbevölkerung in diesem verlassenen Fischerdörfchen am Arabischen Meer nach Anzeichen von Lepra und drohender Erblindung zu untersuchen – und die Regierung hat ihnen, wie ich nebenbei erfahre, seit drei Monaten den Lohn nicht ausgezahlt. Ist es möglich, dass eine Gruppe von jungen Muslimen das Leitbild, den Schwächsten beizustehen, so verinnerlicht hat, dass selbst solch eine Ungerechtigkeit sie auf ihrem Weg nicht verunsichert?

Alles das ist heute geschehen.

Kleine Hinweise an jedem Tag: Wenn man der Liebe vertraut, geschehen Zeichen der Hoffnung in einer Welt, die so tief verwundet ist wie die unsere. Wir sollen trauern, wir müssen trauern mit all denen, deren Unrecht wir nicht ungeschehen machen können; wir müssen gegen Unrecht unsere Stimme erheben, damit es in Zukunft nicht nochmals geschieht. Aber in all dem Kampf und Bemühen dürfen wir uns nicht die Freude und Freiheit nehmen lassen, dankbar zu sein für all die unzähligen hellen und tröstlichen Dinge, die täglich geschehen, und ihnen durch unsere Freude Bedeutung und Gewicht verleihen.

Denn es ist leichter, das Gute so zu stärken, dass das Böse seine Chance verliert, als das Böse so anzugehen, dass es seine Macht verliert.

Freundschaft

Christoph Quarch

Von alters her gilt die Freundschaft als eine erstrebenswerte und zum guten Leben unweigerlich dazugehörige Form des Miteinanders von Menschen. So rühmt bereits die *Ilias* in höchsten Tönen die Freundschaft der Heroen Achilles und Patroklos, und auch bei den Pionieren der griechischen Philosophie spielt die Freundschaft – *philia* – eine zentrale Rolle. So lehrte der philosophische Mystiker Pythagoras nicht nur die universelle Verwandtschaft aller Lebewesen, er pries auch die Freundschaft als „Mutter aller Tugenden". Und von ihm stammt der in der Antike sprichwörtliche Satz *koina ta ton philon* – „Freunden ist alles gemein" (Platon, *Lysis* 207c).

Aus diesem Satz spricht eine tiefe spirituelle Erfahrung und Einsicht. Sie erschließt sich jedoch nur, wenn man ihn nicht in dem banalen Sinne deutet, dass echte Freunde Besitz und Eigentum teilen müssen. Das mag zwar zutreffen, aber es ist nicht das Entscheidende. Entscheidend für eine Freundschaft ist vielmehr, dass sie in etwas gründet, was den befreundeten Menschen gemein ist, weil es über beide hinausreicht und sie auf einer anderen Ebene verbindet, die ihnen verschlossen bliebe, würden sie nicht in der Freundschaft mit ihr in Berührung kommen.

Wer einmal das Glück einer tiefen Freundschaft erfahren hat, weiß um den Zauber dieses gemeinsamen Über-sich-Hinauswachsens, bei dem die Zeit still zu stehen scheint und alles hinter dem Freund oder der Freundin zurück tritt. Es sind Augenblicke höchster Präsenz, wie sie sich etwa bei intensiven Gesprächen ereignen. So werde ich nie einen spätsommerlichen Nachmittag vergessen, an dem ich mich mit einem meiner besten Freunde in ein in die Nacht hinein reichendes Gespräch verlor, bei dem wir gemeinsam um die Wahrheit einer philosophischen Abhandlung rangen. Aber es ging nicht um die richtige Interpretation des Textes, sondern um Fragen, die uns beide im Innersten bewegten: nach dem Sinn des Lebens, nach unserem Wesenskern, nach Gott. Das Gespräch führte uns weit über uns hinaus und dabei doch mitten in uns hinein. Und eben dort entdeckten wir das Gemeinsame, das uns bei allen – durchaus vorhandenen – Meinungsunterschieden auf eine Weise verbindet, die unsere beschränkten Ich-Identitäten überstrahlt. Es waren dies einige der glücklichsten Stunden meines Lebens – und heute weiß ich, dass mir in ihnen eine spirituelle Erfahrung geschenkt wurde.

Es ist diese spirituelle Dimension der Freundschaft, die Michel de Montaigne im Blick hat, wenn er bemerkt: „In einer Freundschaft, wie ich sie meine, geht eine vollständige Verschmelzung der zwei Seelen miteinander vor sich … Die Zweiheit ist verschwunden". Die Ausrichtung auf das eigene Ego tritt bei den Freunden zurück. Sie verlieren sich ineinander und sie verschmelzen in einer Gemeinsamkeit, die ihren Grund – und das ist das Entscheidende – nicht im jeweiligen Willen der beiden Personen hat. Die Freundschaft transzendiert die Freunde – sie führt sie über die Grenzen ihrer Ich-Identität auf eine gemeinsame Wirklichkeitsebene, die ihre Zweiheit aufhebt und in genau diesem Sich-Verlieren im Gemeinsamen ein überwältigendes Glück bereit hält.

Es kommt dabei nicht so sehr darauf an, wie die gemeinsame, höhere Wirklichkeitsebene beschrieben oder erfahren wird. Es kann dies – wie mit meinem Freund – der gemeinsame Raum des Fragens oder Denkens sein, es kann dies eine geteilte religiöse Erfahrung sein oder es kann die gemeinsame Ausrichtung auf das Gute sein. Letzteres jedenfalls ist in den Augen des Aristoteles – von dem die wohl berühmteste philosophische Abhandlung über die Freundschaft stammt – das eigentliche Charakteristikum einer vollkommenen Freundschaft. In ihr, so schreibt er in der *Nikomachischen Ethik*, treffen zwei Menschen aufeinander, die einander nur Gutes wünschen und um dieses Guten willen die Freundschaft unterhalten. Das Gute ist so gesehen das gemeinsame Dritte, das die Freundschaft trägt und die Freunde über die Grenzen ihrer individuellen Interessen hinausführt. Darin unterscheidet sich die vollkommene Freundschaft laut Aristoteles von anderen, weniger vollkommenen Arten, die zwar auch auf ein gemeinsames Drittes als ihr jeweiliges Ziel ausgerichtet sind, das aber die Partner nicht über sich hinausführt: der gemeinsame Nutzen, wie er bei Geschäftsfreunden dominiert, oder das geteilte Vergnügen, das Sportlerfreundschaften und dergleichen auszeichnet.

Die vollkommene Freundschaft führt die befreundeten Menschen über sich hinaus und vereint sie in einem gemeinsamen Dritten – eben dies unterscheidet die Freundschaft von der erotischen Liebe. Denn Eros spielt immer nur zwischen zweien: der geliebten Person und dem Liebhaber. Er ist ein „göttlicher Wahnsinn" und in diesem Sinne eine transzendierende Kraft; aber der von Eros ergriffene Mensch verliert sich eben ganz in der von ihm geliebten Person und nicht in einem mit dieser geteilten, gemeinsamen Dritten. Das bedeutet keineswegs, dass eine erotische Beziehung nicht auch eine freundschaftliche Beziehung sein kann. Viele glückliche Beziehungen zwischen Frauen und Männern gründen sowohl in einer erotischen Liebe als auch in einer Freundschaft.

Über viele Jahrhunderte galt im europäischen Denken die Freundschaft freilich als reine Männerdomäne. Doch es gibt Ausnahmen. Sie begegnen im Bereich der Religion, genauer: in der Mystik. Berühmt sind die Freundschaften zwischen Franz von Assisi und Klara, zwischen Teresa von Avila und ihrem Beichtvater Gracián, zwischen Franz von Sales und Johanna von Chantal.

Gemeinsam ist diesen Freundschaften, dass sie ihren Grund in der geteilten Erfahrung der erlebten Präsenz des Göttlichen in der mystischen Versenkung haben. Gott selbst ist im Verständnis dieser Freundinnen und Freunde Ursprung und Quelle ihrer Freundschaft – und sie entdecken diesen Gott gerade in ihrem freundschaftlichen Miteinander. Die Freundschaft ist ihnen daher zugleich Mittel und Resultat ihrer mystischen Erfahrung der sie übersteigenden Wirklichkeit Gottes. So nimmt es auch nicht wunder, dass eine Teresa von Avila – wie viele andere Mystikerinnen auch – Gott oder Jesus als ihren „Freund" verstehen konnte. Bei alledem kann jedoch nicht verschwiegen werden, dass in der christlichen Welt die Freundschaft unter Menschen oft als etwas beargwöhnt wurde, das die gebotene Gottesliebe gefährde. Dass beide einander ergänzen beziehungsweise in der vollkommenen Freundschaft in eins fallen, wurde dabei geflissentlich ignoriert.

Vollkommene Freundschaften kann man nicht machen. Wie jedes andere spirituelle Erlebnis auch werden sie einem gerade darin zuteil, dass sie nicht gewollt, sondern zugelassen werden. Sie geschehen, oder sie geschehen nicht. Freundschaften setzen daher die Fähigkeit zum Loslassen des eigenen Ich voraus. Und das Einmalige und Wunderbare an ihnen ist, dass dies in einem Prozess des wechselseitigen Mitnehmens und Einander-Stärkens geschieht.

Gebet

Beatrice Grimm

Gott, auf der Suche nach Dir, auf der Suche nach dem Sinn des Lebens verblassen die Bilder, die ich von Dir hatte, und Worte die sich an Dich richten, schmecken schal. Da, wo ich Dich denke, bist Du nicht. Gott, wo bist Du?

Immer wieder fragen Menschen: „Wie kann ich heute noch beten?“ Was bringt heute eine Membran zum Schwingen, die in unserer satten Gesellschaft verloren gegangen zu sein scheint? Religionslehrer erzählen, dass in Jugendlichen eine große Sehnsucht nach Religiosität da ist. In einer rational verstandenen Existenz macht das Leben keinen Sinn. Da fühlen wir uns nicht ganz. Unser Innerstes klopft immer wieder bei uns an, beunruhigt uns und sagt, dass es noch etwas Größeres, Erfüllenderes gibt. Viele Menschen haben noch eine Ahnung von Heimat, die jenseits des rationalen Erfassens liegen muss.

Beten heißt, zu dieser Heimat jenseits des Begreifens Kontakt aufzunehmen. Dieser Heimat wurden viele Namen gegeben: Gott, Vater, Herr, Gottheit, Wesenheit, Wesensnatur, Absolutes, Leerheit oder Jahwe, Allah, Ahura Mazda, Brahman, aber auch Göttin, Pachamama, Mutter Erde. Alle Namen sind Hinweise auf dieses ganz Andere, das zu unserer Ganzheit gehört. Wir rufen es an, wir bitten, wir loben, wir danken, wir geben uns hin und wir vertrauen.

In einer Aufsehen erregenden Studie versuchte 1988 der amerikanische Kardiologe Randy Byrd, Professor an der University of California, mit wissenschaftlichen Methoden die Frage zu klären, ob Beten hilft. Er organisierte für 393 Patienten seiner Klinik Gebetsgruppen. Im ganzen Land wurden Fürbitter (Protestanten, Katholiken und Juden) mobilisiert. Ihnen wurden die Namen, die Diagnosen und der Gesundheitszustand der Patienten mitgeteilt, für die sie beten sollten. Auf jeden Patienten der Gruppe, für die gebetet wurde, entfielen fünf bis sieben allein oder in Gruppen Betende. Das Ergebnis der Studie war verblüffend: Patienten, für die gebetet wurde, benötigten signifikant weniger Antibiotika, erlitten seltener Lungenödeme, mussten weniger häufig künstlich beatmet werden und hatten einen signifikant niedrigeren Krankheits-„Score".

Vielleicht wirken die Gebete nicht so, wie wir als Kinder geglaubt haben: dass Gott jemandem etwas gibt, weil wir ihn darum bitten. Es ist vielmehr so, dass wir heilende und helfende Energien mobilisieren, wenn wir mit Wohlwollen und Liebe da sind und für andere beten. Mein chinesischer Meister für Qigong Yangsheng, Professor Jiao Guorui, sagte einmal: „Da, wo dein Herz ist, sind deine Gedanken; da, wo deine Gedanken sind, entsteht die Kraft, und da kann das Leben sich entfalten."

In den letzten Jahrhunderten wurde vor allem ein Weg über den Intellekt zu den Dingen entwickelt. Die Welt wurde wissenschaftlich, das heißt von außen, betrachtet und untersucht. Dieser Weg zu den Dingen hat den Weg zum Sein verdunkelt. Der Weg ins Sein aber führt über den Körper, über Atem, Sitzen, Schreiten, Tanzen, Laute, Körperhaltungen. Unser tiefstes Wesen ist sehr viel stärker, als wir lange gemeint haben, in unserem Körper beheimatet. Die Einheit von Bewusstsein und Materie wird sichtbar und erlebbar im Körper. Er ist der Resonanzboden des Bewusstseins. Ohne Instrument kann keine Musik erklingen. Unser Bewusstsein spielt viel reiner auf dem Instrument Körper als auf dem Instrument Verstand. Der Verstand schiebt sich oft störend dazwischen.

Spirituelle Wege setzen im Körper an: Der Lotossitz in den östlichen Wegen macht in Rücken, Nacken, Kopf, Beinen und Händen eine innere Haltung äußerlich sichtbar. Die Tausende von Niederwerfungen der Tibeter, die Mudras, die als symbolische Gesten einen spirituellen Inhalt mit einer äußeren Haltung verbinden, die Asanas des Yoga – Körperhaltungen, die durchlässig machen. Die Körperbewegungen der Sufis, Verneigungen und Niederwerfungen, die Tanzdrehungen der Derwische, und bei den Juden die Tänze der Chassidim zeigen die Bedeutung des Körpers im mystischen Gebet.

Im Christentum findet man nur verstreute Hinweise auf Körperlichkeit. Die – im Grunde nicht biblische – Leib- und Frauenfeindlichkeit der frühen Kirche und die dominante Rolle des Rationalismus der Neuzeit haben dazu geführt, dass es im westeuropäischen Raum kaum eine Kultur des religiösen Ausdrucks durch den Körper gibt, geschweige denn eine Tradition. Doch sind Bruchstücke zu finden.

„Wo der Geist den Körper bewegt, wird er seinerseits vom Körper bewegt." Dieser Satz in katalanischer Sprache stammt von einem unbekannten Verfasser um 1270, der „Die neun Gebetsweisen des Heiligen Dominikus" beschrieb. Es wird beschrieben, wie Dominikus stundenlang aufrecht stand und sich abwechselnd wieder hinkniete oder sich in eine andere Körperhaltung zum Gebet begab. Er war ein Mystiker, der sich über seinen Körper erfuhr und ausdrückte. In seinen Gebetsweisen lässt sich das Körpergebet des Islam wiedererkennen. Wenn wir diese Spur zurückverfolgen, treffen wir auf die Wüstenmütter und Wüstenväter. Überlieferte Schriften machen deutlich, dass auch sie weniger mit Worten als mit dem Leib beteten. Altvater Makarios antwortete auf die Frage, wie man beten soll: „Es ist nicht notwendig, viele Worte zu machen; es genügt, die Hände erhoben zu halten." Im Gebet sollte der ganze Mensch mit Gott in Beziehung treten.

Wir machen immer wieder den Unterschied zwischen Geist, Seele und Körper. Wir haben vergessen, dass wir nicht nur einen Körper haben, sondern dass wir Körper sind. Gebetsgebärden verkörpern dieses ganzheitliche, seelisch-geistige Geschehen in einfachster Form. Die Gebärde ist nicht nur Ausdruck der Verbindung mit dem Göttlichen. Sie ist diese Verbindung.

Das Körpergebet ist so alt wie die Menschheit – wie das Bedürfnis des Menschen, sich mit dem Göttlichen zu verbinden. Die Gebärde ist Urform der Sprache. Man nimmt an, dass der Mensch der Urzeit in Symbiose mit seiner Umgebung sich durch Gebärden verständigte und auf diese Weise auch den Kontakt mit dem Göttlichen suchte. Den Menschen, gleichviel welcher Kultur und welcher Zeit sie angehören, sind gleiche Gebetshaltungen bekannt. In Indien gibt es Mudras, die identisch sind mit dem Gestus christlicher Ikonen. Es sind Urbilder der Menschheit, Urgebärden der Menschheit. Die menschliche Gestalt selbst ist Urbild.

Körperhaltungen drücken eine innere Wahrheit aus. Eine Gebärde kann man nicht verzerren wie Worte. Ein Gebet, das durch den Körper ausgedrückt wird, scheint von tiefer zu kommen als das Beten über den Verstand. Der Körper führt uns in die Gegenwärtigkeit. Gegenwärtigkeit führt ins Sein. Wir sind entweder als Mensch ganz gegenwärtig, oder wir sind nicht Mensch in ganzer Fülle. Wenn man den viel gerühmten neuen

Menschen charakterisieren wollte, dann als einen, der die Gabe des Gegenwärtigseins besitzt.

Diese Gegenwärtigkeit kann man nicht machen, nicht denken und kaum beschreiben. Sie ist immer da, gleichgültig wo wir sind. Meister Eckhart predigt: „Das Aller-beste und Alleredelste, wozu man in diesem Leben kommen kann, ist, wenn du schweigst und Gott wirken und sprechen lässt."

Das Gebet im Schweigen braucht keinen besonderen Platz, keinen Tempel. Es soll einfach und wiederholbar sein und soll den Menschen auch in seiner körperlichen Dimension ergreifen. Grundlage ist die Achtsamkeit im Hier und Jetzt. Das Bewusstsein wird an einem Punkt gesammelt. Unser Ich braucht einen Punkt, an den es sich halten kann. Ein solcher Punkt kann sein: der Atem, ein Wort, ein Klang, ein Schritt, ein Tanz, eine Bewegung, der Körper, einzelne Teile des Körpers oder eine Körperhaltung. Aktivität ist nicht gefragt. Es ist eher ein Geschehenlassen. Zu Beginn kann ein Schlüssel zu dieser Gebetsübung das Spüren sein.

Eine andere Gebetsübung im Schweigen führt zur Entleerung des Bewusstseins. Nichts, was im Bewusstsein auftaucht, wird angenommen. Man versucht leer zu bleiben. Bei jeder Ablenkung kehrt man zur Leere zurück. Auch diese Übung gibt es in fast allen Traditionen. Bei Johannes vom Kreuz heißt sie „reine Aufmerksamkeit" oder „liebendes Aufmerken". Teresa von Avila nennt sie „Gebet der Ruhe". Die „Wolke des Nichtwissens" nennt sie „Schauen ins nackte Sein". Symbole für diese Stille sind die Wüste, die Nacht oder die dunkle Wolke.

Grundlage ist das Hören der Stille. Es ist ein Spüren in den Raum. Ein Spüren, wie wir da sind in unserem Körper, in dieser Körperhaltung, und über die Haut hinaus in den Raum um uns. Ein Spüren, wie wir jetzt da sind, um die Stille zu hören.

Wenn Sie diese Zeilen gelesen haben, lassen Sie sich einladen, das Buch für einen Moment zur Seite zu legen:

Spüren Sie, wie Sie jetzt da sind in diesem Augenblick … Denken Sie nicht. Spüren Sie.

Nehmen Sie Ihre Füße wahr, spüren Sie den Boden unter Ihren Füßen … Ihre Beine … Nehmen Sie wahr, wie Sie dasitzen: Ihren Rücken … Schultern … Nacken … Kopf … Gesicht … Die Augen halb geöffnet oder geschlossen … Der Atem strömt natürlich durch die Nase oder Nase und Mund … Der Kiefer ist gelöst … Der Mund ist entspannt, leicht geschlossen … Die Zunge liegt natürlich und frei in ihrem Bett … Spüren Sie Hals … Brust … Bauch … Becken … Nehmen Sie Ihre Arme wahr … Ihre Hände …

„So bin ich jetzt da. Ich höre die Stille. Ich höre die Stille … – immer wieder: Höre die Stille … Ich höre die Stille hinter den Geräuschen … Höre die Stille … Es tauchen Gedanken auf – ich lasse sie stehen und höre die Stille … Es kommen Erinnerungen und Gefühle, ich lasse sie stehen – und höre die Stille … Ich spüre die Stille … Höre die Stille …

Das Gebet der Einfachheit: Hingabe an das, was ist.

In einem außerkoranischen Wort spricht Gott: „Wenn du dich mir stetig näherst und dies mit ganzer Hingabe tust, bis du eins wirst mit meiner Liebe, dann bin ich das Ohr, mit dem du hörst, das Auge, mit dem du siehst, die Hand, mit der du greifst, und der Fuß, mit dem du gehst." Willigis Jäger beschließt Gottesdienste oft mit dem Gebet: „O Gott, lass uns erkennen, dass es nicht unser Leben ist, das wir leben, sondern dass es Dein Leben ist, das wir leben."

Tiefstes Gebet ist, selbst Gebet zu *sein*. Wir suchen Gottes Wesenheit immer irgendwo. Sie ist uns näher, als wir uns selber sind. Sie ist die Betende. Wir haben sie durch uns beten zu lassen, wo immer wir auch sind, was immer wir auch tun. Angelus Silesius sagt: „Gott tut im Heil'gen selbst / all's, was der Heil'ge tut, / Gott geht, steht, liegt, schläft, wacht, / isst, trinkt, hat guten Mut."

Das ist einfach, aber nicht leicht. Denn meistens sind wir mit unseren Gedanken schon in der Zukunft oder hängen der Vergangenheit nach. Das Gebet der Einfachheit lädt ein, sich ganz diesem gegenwärtigen Augenblick hinzugeben: Nur zu gehen, wenn wir gehen; nur zu stehen, wenn wir stehen; nur zu essen, wenn wir essen. Der Weg beginnt mit kleinen Schritten in unserem Alltag, sei es beim Gehen, beim Joggen, beim Warten. Wie oft warten wir: an einer roten Ampel, an der Bushaltestelle, in der U-Bahn, im Wartezimmer, in der Einkaufsschlange. In jedem Moment haben wir die Chance, nicht zu warten, sondern einfach zu spüren und mit offenen Augen ganz gegenwärtig da zu sein. Nur dazustehen. Stehen als Gebet. Stehen zu werden. Stehen zu sein. Dasein als Gebet.

Gelassenheit

Fred von Allmen

Um unser Leben erforschen und verstehen zu können, müssen wir achtsam, wach und gegenwärtig sein. Tiefes Gewahrsein und stetige Achtsamkeit sind Voraussetzung, reichen aber nicht, um uns selber nachhaltig zu verändern. Es braucht auch das Kultivieren einer positiven inneren Haltung, durch die wir lernen, uns selbst und anderen auf weise und liebevolle Art zu begegnen. Es ist die innere Haltung der liebevollen Gelassenheit.

Wir alle möchten glücklich sein – nicht leiden. Deshalb versuchen wir ständig, tagaus, tagein, in jedem Moment, Angenehmes zu erlangen und Unangenehmes zu vermeiden.

Wir haften an angenehmen Erfahrungen des Körpers mit

lustvollen Empfindungen, solchen des Hörens von angenehmen Worten und Klängen, des Sehens schöner Dinge, des Riechens feiner Düfte, des Schmeckens schmackhaften Essens und Trinkens, des Fühlens lieblicher Gefühle und des Denkens angenehmer Gedanken. Sind sie vergangen, verlangen wir erneut nach mehr von diesen angenehmen Erfahrungen.

Andererseits verdrängen, vermeiden, verurteilen, hassen und ärgern wir uns über unangenehme Erfahrungen des Körpers, wie Schmerzen, solche des Hörens von Lärm oder Kritik, des Sehens hässlicher Dinge, des Riechens von üblem Geruch und Gestank, des Schmeckens von schlechtem Essen sowie des Denkens unangenehmer Gedanken und des Fühlens schmerzhafter Gefühle. Dazu kommt die Angst vor möglichen zukünftigen unangenehmen Erfahrungen.

Kurz gesagt: Wir alle sind ständig damit beschäftigt, Angenehmes zu erlangen und Unangenehmes zu vermeiden. Das sind an sich völlig normale Verhaltensweisen. Aber gerade diese Reaktionsweisen sind die Ursache für unsere größten Schwierigkeiten im Leben: für Kummer, Sorgen, Ängste, Konflikte, Bedrückung, Einsamkeit, Wut und Hass, Sehnsucht, Trauer, Verwirrung, Aufruhr und Qual. Durch sie entsteht enormes inneres Leiden. Wie Aldous Huxley bemerkt haben soll: „Etwa ein Drittel des menschlichen Leidens ist unvermeidlich. Die anderen zwei Drittel entstehen durch unsere missglückten Versuche, das erste Drittel zu vermeiden."

Wahrscheinlich kann man den Anteil des unvermeidlichen Leidens noch geringer ansetzen. Buddha lehrte, dass es möglich ist, sich vollständig von jeglicher Art inneren Leidens zu befreien.

Diese Art von innerer Reaktivität, von Anhaftung und Abneigung, ist die denkbar ungeschickteste Art, mit sich und mit dem Leben umzugehen. Wer wüsste nicht, dass es unendlich viel nützlicher wäre, sich selbst und anderen gegenüber weise, liebevoll, heiter, gelassen und feinfühlig zu sein.

Gleichmut, inneres Gleichgewicht, liebevolle Gelassenheit, innere Geräumigkeit – alles Eigenschaften, die wir brauchen oder uns wünschen. Es ist diese innere Haltung, die auf dem Konfliktfeld unseres Herzens und Geistes Frieden möglich macht. Eine Anleitung aus dem Zen schlägt vor: „Lass den Vogel im unermesslichen Himmel deiner Gelassenheit fliegen. Befreie den Fisch im bodenlosen Ozean deiner Toleranz."

Was ist diese Gelassenheit, dieser Gleichmut nun genau? Wörtlich bedeutet Gleichmut: „unparteiisches Wahrnehmen". Es ist das Wahrnehmen eines Objektes beziehungsweise einer Erfahrung mit ausgeglichenem Herzen und Geist. Gelassenheit, im Idealfall, ist frei von allen Formen von Anhaften oder Verlangen; frei auch von sämtlichen Formen der Abneigung oder des Hasses. Das bedeutet auch: Freisein von Erwartungen und Befürchtungen. Gelassenheit ist auch jene innere Qualität, die ohne große Anstrengung einerseits Ruhelosigkeit und andererseits energielose Dumpfheit verhindert.

Gelassene, gleichmütige Menschen sind auch frei von Verwirrung, aber nicht teilnahmslos, sondern lebendig und wach. Bei dieser Gelassenheit handelt es sich um einen außergewöhnlich klaren und starken Zustand des Geistes und des Herzens – fern von allen Formen der Gleichgültigkeit und der Teilnahmslosigkeit: eine äußerst erstrebenswerte charakterliche Qualität.

„Gleichmut" bedeutet, dass wir allen Situationen und Erfahrungen des Lebens mit gleichem Mut begegnen. In dieser Qualität des Gleichmuts, der heiteren Gelassenheit, können wir uns in der Meditation und im Alltag üben. Wenn wir uns in Erwartung außergewöhnlicher Zustände in die Meditation begeben oder hoffen, dabei schöne Gefühle zu finden, wenn wir sie mit Erwartungen und Befürchtungen angehen, verpassen wir allerdings den Angelpunkt der ganzen spirituellen Praxis. Wir wühlen sozusagen in der Verpackung und übersehen die Essenz. Die wirkliche Bedeutung von Meditation und Praxis ist eine Schulung der inneren Gelassenheit.

Wenn zum Beispiel in der Sitzmeditation die Schulter spannt, wenn das Knie sticht, wenn wir plötzlich Hitze oder Kälte empfinden, ist das nicht ein Fehler: Vielmehr sind dies alles Gelegenheiten, Gelassenheit zu üben, anstatt sich innerlich zu wehren und immer wieder, merklich oder unmerklich, die Körperhaltung ein bisschen zu verändern, um dem Unbehagen auszuweichen.

Wenn die Meditationserfahrung, andererseits, endlich ruhig oder angenehm wird, ist das eine Gelegenheit, Gelassenheit zu üben und nicht Anlass dazu, das Gefühl festhalten oder verlängern zu wollen. Wann immer Angst oder Freude, Einsamkeit oder Verbundenheit im Herzen entstehen: Es ist eine Gelegenheit, Gleichmut zu üben.

Im Alltag, im Leben, können wir Gleichmut im Umgang mit den aus den buddhistischen Lehren bekannten acht Winden einüben. Diese sind: Gewinn und Verlust, Erfolg und Misserfolg, guter und schlechter Ruf sowie Lob und Tadel. Dazu gehören aber auch: Reichtum und Armut sowie Gesundheit und Krankheit – kurz: alles, was im Leben angenehm oder unangenehm ist. Gelassenheit macht es möglich, all diese Hochs und Tiefs willkommen zu heißen, ohne sich dadurch besonders aus dem Gleichgewicht werfen zu lassen. Wie es der Buddha beschrieb: „So wie ein großer Fels nicht erschüttert wird vom Wind, so werden die Weisen nicht erschüttert von Lob und Tadel."

Anstatt endlos mit Anhaften und Verlangen, mit Hass und Abneigung zu reagieren, ist innere Durchlässigkeit angezeigt, oder mit anderen Worten: Annehmen und Loslassen – die Hauptingredienzien des Gleichmuts. Dort liegt innerer Friede. Dort liegt echte innere Freiheit.

Tibetische Meister geben eine inspirierende Illustration für diesen gelassenen Geist: „Der offene, weite Raum des Himmels fühlt sich nicht geschmeichelt durch den Regenbogen und nicht erschüttert durch Regenwolken und Sturm." – Ein Bild der Offenheit und Weite. Daraus soll aber nicht abgeleitet werden, man müsste allen Wesen und Dingen gegenüber gleich distanziert sein. Im Gegenteil: Wir sind allen Wesen und Dingen gleich nah. Bei der Gelassenheit handelt es sich um einen Zustand wacher Lebendigkeit und Sensibilität; keinesfalls aber um Gleichgültigkeit, Dickhäutigkeit oder Teilnahmslosigkeit. Gleichgültigkeit kann leicht mit Gelassenheit verwechselt werden, ist tatsächlich aber sehr weit von dieser entfernt.

Manche stellen sich vor, Buddhisten versuchten, alle Gipfel des Erlebens zu kappen und alle Täler aufzufüllen. Das stimmt wohl in Bezug auf dramatische, leidenschaftliche oder Leiden schaffende emotionale Dramen. Da gibt es aber auch die glückdurchtränkten, kristallklaren und unbegrenzten Räume der Erkenntnis, der Freude, der Mitfreude. Diese Gipfel des Erlebens sind Teil echter spiritueller Erfahrung. Möglich sind sie nur, wenn umfassende Gelassenheit den Rahmen bildet.

Es gibt auch die berührenden und herzöffnenden Räume von tiefster Ruhe, Verbundenheit und Mitgefühl. Auch diese Tiefen des Erlebens gehören zu echter spiritueller Erfahrung. Auch sie sind durchdrungen von Gelassenheit. Um innere Veränderung zu ermöglichen, müssen wir das Leben in seinem wahren Wesen, die wahre Natur aller Dinge zutiefst erfahren. Da gibt es keinen Platz für Gleichgültigkeit: Um unsere Tiefen zu erfahren und zu verstehen, brauchen wir umfassendes Interesse und unsere ganze Energie. Für Halbherzigkeit ist da kein Raum.

Natürlich wird es immer Zeiten geben, in denen wir aus dem Gleichgewicht fallen oder in unhilfreicher Weise reagieren. Entgegen unserem besseren Wissen und Verständnis werden wir immer wieder einmal von Ärger und Abneigung überflutet, von Anhaften und Verlangen gepackt. Dies, weil wir zu langsam und zu wenig wach und klar sind, um die uralten, tief eingeprägten Muster der Reaktivität sogleich zu erkennen. Das ist in Ordnung so und muss nicht gleich zu einem Problem gemacht werden! Sobald es uns aber gelingt, diese ungeschickte Reaktionsweise von Ärger oder Anhaften wahrzunehmen, ist es Zeit für gelassenes Verhalten auch dieser Reaktion gegenüber, auch uns selbst gegenüber. Nicht innere Straf-Aktionen, sondern Zuwendung ist dann gefragt. Werten und Verurteilen, Selbst-Kritik und Selbst-Bemängelung sind hier fehl am Platz.

Mit liebevoller Gelassenheit ist auch gemeint, dass wir mit schwierigen, unangenehmen Emotionslagen in Kontakt bleiben. So spüren wir, was sie bewirken, wie sie uns leiden machen. So kann Mitgefühl – im Gegensatz zu Selbstverurteilung – entstehen. Eine weise und heilende innere Haltung aus Verständnis, Offenheit und Mitgefühl ist fern von der Gleichgültigkeit des Verdrängens; denn wir begegnen uns selber mit lebendigem und wachem Interesse.

Die tiefste Art der Gelassenheit entsteht aus Erkenntnis: aus der Erkenntnis der vergänglichen, nicht fassbaren, nicht selbstexistenten Natur aller Dinge, einschließlich unserer selbst.

Der große tibetische Meister Longchenpa äußerte sich zur Vergänglichkeit der Dinge wie folgt: „Weil alles nur Erscheinung ist, vollkommen in dem, was es ist, jenseits von gut oder schlecht, von Wertschätzen oder Verwerfen, kann man einfach in Gelächter ausbrechen." Und Chuang Tsu, der taoistische Weise Chinas, veranschaulicht, wie Gelassenheit aus der Erkenntnis der „Nicht-selbst-Natur" des Individuums, der Person, entstehen kann:

„Wenn jemand einen Fluss überquert und sein Kahn mit einem leeren Boot zusammenstößt, wird er, selbst wenn er zu Wutausbrüchen neigt, sich nicht lauthals erregen. Erblickt er jedoch jemanden im anderen Boot, dann wird er ihm vermutlich zurufen: ‚Wirf dein Ruder herum!' Hört der andere den Ruf nicht, wird dieser noch einmal schreien und am Ende gar in ein Gezeter ausbrechen. Dies alles nur, weil im anderen Boot jemand sitzt. Wäre das andere Boot nämlich leer, würde dieser nicht so schreien und fluchen. Wenn du dein Boot, in dem du den Fluss des Lebens überquerst, leerst, dann wird niemand gegen dich sein und keiner wird versuchen, dir zu schaden."

Mit anderen Worten: Wenn wir unser „Boot" leeren vom Glauben und vom Anhaften an ein scheinbar unabhängig existierendes, solides Selbst, dann werden wir aufhören, uns selber Leiden zu schaffen. Wenn wir klar erkennen und erfahren, dass nichts in diesem Dasein erfassbar ist, und mit liebevollem Gleichmut „loslassen" oder „sein lassen", dann erfahren wir das Leben, so wie es ist: voll und reich. Dann können wir uns dem Zen-Mönch anschließen, der sagte: „Nachdem mein Haus niedergebrannt war, hatte ich eine unverbaute Sicht – auf den Mond, bei Nacht."

Gemeinschaft

Assumpta Schenkl

Es ist eine uralte Weisheit und Wahrheit: Der Mensch ist ein Gemeinschaftswesen, er braucht die Gemeinschaft. Das Kleinkind ist ohne Eingebundenheit in eine Gemeinschaft nicht lebensfähig, der junge Mensch braucht die Geborgenheit in der Gemeinschaft und kann nur in ihr und an ihr wachsen und heranreifen, der erwachsene, insbesondere der alternde und alte Mensch leidet kaum an etwas so sehr wie an Einsamkeit und daran, nicht in eine Gemeinschaft eingebunden zu sein. So ist Gemeinschaft etwas Notwendiges, oft auch etwas sehr Beglückendes – in einer glücklichen Ehe und Familie etwa, in einer tiefen Freundschaft. Sie ist aber auch immer eine große Aufgabe und nicht selten – Last und Leid.

Dies gilt wohl für alle Formen der Gemeinschaft, die wir kennen: Ehe, Familie, Freundeskreis, Arbeitsgemeinschaft, Interessengemeinschaft, klösterliche Gemeinschaft. Sie alle können schön, beglückend, bereichernd und anregend sein, Geborgenheit schenken, einen Lebensraum geben, in dem man sich wohlfühlen und im Klima des Wohlwollens sich entfalten kann. Aber wir alle wissen: Das Leben in einer Gemeinschaft kann auch sehr, sehr schwer sein. Nicht ganz von ungefähr sagt der Philosoph Jean-Paul Sartre: „Die Hölle, das sind die anderen."

Wir alle wissen: Auch die glücklichste Ehe, die tiefste Freundschaft, die harmonischste Arbeits- oder Interessengemeinschaft ist nicht völlig ohne Probleme, ohne Belastungen und Spannungen. Um wie viel mehr ist das gegeben bei Gemeinschaften, in denen eine positive emotionale Basis fehlt, in denen Mobbing, Konkurrenzkampf, egoistische Bestrebungen die Atmosphäre bestimmen, um nicht zu sagen: vergiften? Dabei stellen sich zwei Fragen.

Erstens: Woher kommt es, dass menschliche Gemeinschaft so relativ selten gelingt, ja oft belastend, bedrückend, schwierig ist und in den Einzelnen Verletzungen hervorruft? Zweitens: Was können wir tun, damit Gemeinschaften, in denen wir leben, zu einem Raum werden, in dem wir uns wohlfühlen und entfalten können und die uns vielleicht sogar einen ganz kleinen Vorgeschmack von der Gemeinschaft der Heiligen im Himmel vermittelt?

Zur ersten Frage: Was macht Leben in Gemeinschaft schwer? Nun, das ist zunächst die ganz schlichte Tatsache, dass wir Menschen sehr verschieden sind: verschieden nach Veranlagung, Charakter, Herkunft, Ansichten, Wünschen, Bedürfnissen und noch vielem mehr. Das kann unter Umständen sehr bereichernd sein. Aber es kann auch zu Aggressionen, Kämpfen, enormen Belastungen und Verletzungen führen. Ein Beispiel: In einer Gemeinschaft leben mit mehreren anderen zusammen zwei Menschen, von denen der eine von seiner natürlichen Motorik her rasch in seinen Bewegungen ist, flink und dabei doch leise, rücksichtsvoll und umsichtig. Der andere ist langsam, sehr bedächtig, vielleicht auch ein wenig bequem und macht aber bei allem, was er angreift, gehöriges Gepolter. Das eine wie das andere Verhalten sind moralisch nicht relevant, sind weder gut noch böse, durch keine Willensentscheidung, keine Antipathie bedingt. Und dennoch: Die beiden gehen sich auf die Nerven; das kann zu Aggressionen, verletzenden Äußerungen oder heftiger Abneigung führen, die die ganze Gemeinschaft vergiften. Und dies aufgrund einer an sich völlig harmlosen Sache.

Wesentlich schwieriger und gefährlicher wird es, wenn in einer Gemeinschaft entweder zwei Menschen mit sehr gegensätzlichen Meinungen und Charaktereigenschaften leben oder, was unter Umständen noch schwieriger ist: Menschen mit sehr ähnlichen Eigenschaften wie Geltungsdrang, Herrschaftsstreben, ausgeprägtem Ehrgeiz. Wenn daraus Eifersucht und Neid erwachsen, kann dies das Leben in der Gemeinschaft für alle aufs Schwerste belasten, wenn nicht unmöglich machen. Eigentlich kann man dann gar nicht mehr von Gemeinschaft sprechen.

In dem Wort Gemeinschaft steckt ja das Wörtchen „ein". Menschen, die in einer Gemeinschaft leben wollen, müssen sich in den wesentlichen Dingen menschlichen Lebens *einig* sein. Sie müssen durchaus nicht immer in allen Dingen einer Meinung sein, wohl aber in Bezug auf die Grundwerte menschlichen Lebens und Zusammenlebens. Nur auf dieser Basis kann echte Gemeinschaft gelingen. Welches sind diese Grundwerte?

Ich sehe als eine unabdingbare Haltung die Achtung vor der hohen Würde eines jeden Menschen – die völlig unabhängig ist von seiner Herkunft, seinem Stand, seiner Intelligenz, seiner Leistung. Nach dem Zeugnis der Bibel ist jeder Mensch – ohne jede Ausnahme – von Gott gewollt und bestimmt, zur Gottähnlichkeit zu gelangen, mit Gott eins zu werden. Diese Überzeugung von der hohen, von Gott selbst gegebene Würde des Menschen ist nicht nur Voraussetzung von Gemeinschaft, sondern auch Quelle der Haltungen, die Gemeinschaft allererst möglich machen.

Da ist zunächst die Toleranz; nicht im Sinne eines gleichgültigen oder auch gutmütigen Laissez-faire, sondern in der zutiefst christlichen, immer wieder neu einzuübenden Haltung, dem anderen das Recht auf sein Anderssein zuzugestehen. Nahe verwandt mit ihr ist die Geduld – zum einen als die Haltung, die dem anderen Zeit lässt, sich allmählich als der zu ent-puppen, den Gott im Auge hatte, als er ihn schuf; und zum anderen als das Ertragen der Fehler, der Schwächen, der körperlichen und seelischen Gebrechen der anderen. Das lateinische Wort für Geduld ist *patientia,* und das hat etwas zu tun mit *pati, passio*, also leiden; und zwar leiden um etwas anderen willen. Wenn wir uns in solcher Gedulds-Haltung in eine Gemeinschaft einbringen, werden wir selbst daran wachsen. Vor allem aber wird die Gemeinschaft dadurch fester, wärmer und tragfähiger werden.

Geduld ist vorwiegend eine eher „passive" Tugend – aber keineswegs eine schwache und hilflose. Aus ihr heraus wächst uns auch die Kraft zu, dort, wo es notwendig scheint, aktiv zu werden, auf den anderen zuzugehen, ihm, soweit es uns *möglich ist,* in Notsituationen körperlicher und seelischer Art zu helfen.

Die Achtung vor der hohen Würde des Menschen als der Basis für das Gelingen von Gemeinschaft beruht auf der Gottebenbildlichkeit des Menschen. Diese Gottebenbildlichkeit setzt Christus in die Realität des menschlichen Zusammenlebens um, indem er sich mit jedem von uns identifiziert. „Was ihr dem Geringsten meiner Brüder getan habt, das habt ihr mir getan" (Mt 25, 40). Nichts, so glaube ich, kann einer Gemeinschaft festeren Halt geben, als wenn ihre Mitglieder sich an diesem Wort Jesu orientieren. In jedem, dem sie begegnen, mit dem sie zusammenleben, Christus sehen, versuchen, sich jedem zu öffnen, jeden so zu achten, für jeden so da zu sein wie für den Herrn selbst.

Auch dann wird Gemeinschaft eine Aufgabe bleiben, und eine durchaus nicht immer leichte Aufgabe, aber es wird doch schon ein Schimmer jener Gemeinschaft auf ihr liegen, die wir uns vom Himmel erhoffen in der Gemeinschaft mit Gott, seinen Engeln und Heiligen.

Gespräch

Christoph Quarch

Die maßgeblichen spirituellen Lehrer der Menschheit haben keine eigenen schriftlichen Zeugnisse hinterlassen: Weder Konfuzius noch Sokrates, weder Buddha noch Jesus haben selber Texte verfasst. Wir kennen ihre Lehre nur durch die Aufzeichnungen ihrer Schüler. Von diesen aber werden sie als Meister der Gesprächsführung dargestellt, die ihr Wissen und ihre Weisheit in der unmittelbaren Unterredung entfalteten. Das gibt zu denken, nährt es doch die Vermutung, dass das Gespräch ein wesentliches Element spirituellen Lebens ist. Um sie zu stützen, müssen jedoch weitere Hinweise auf die spirituelle Kraft des Gesprächs ins Feld geführt werden. Es muss dargelegt werden, inwiefern dem Gespräch das Vermögen innewohnt, Menschen in der Tiefe ihrer Existenz zu verwandeln und über sich hinauszuführen.

„Ein wirkliches Gespräch entsteht, wenn zwei oder mehr Leute im Namen einer Frage zusammenkommen. Jeder leistet eine Beitrag und hilft, zum Kern der Sache vorzudringen. Zum Schluss bleibt nicht eine Antwort übrig, sondern eine noch tiefere Frage." In diesem kurzen Passus hat Reshad Feild einen der beiden zentralen Aspekte eines gelungenen Gesprächs auf den Punkt gebracht: Ein Gespräch, das seinen Namen verdient, ist geleitet von der Dynamik des Fragens – eines Fragens, das sich zu keinem Zeitpunkt mit einer vermeintlichen Antwort zufrieden gibt, sondern um die Fragwürdigkeit einer jeden Aussage weiß.

Nun liegt es in der Natur der Frage, dass sie – sofern sie denn eine echte und nicht eine rhetorische Frage ist – einen Raum öffnet, der den Fragenden transzendiert. Er fragt ja nach etwas, das er noch nicht weiß, bestenfalls ahnt. Indem er so fragt, setzt er sich in der Frage selbst mit aufs Spiel, denn es könnte ja sein, dass die Antwort, die er erhalten wird, seine bisherigen Überzeugungen und Dogmen zertrümmert. So gesehen erfordert jede echte Frage den Mut des Fragenden, dasjenige, woran er bislang glaubte und womit er sich identifizierte, zur Disposition zu stellen. Wie selten diese Bereitschaft vorhanden ist, lehren eindrücklich die platonischen Dialoge, die einen unermüdlich fragenden Sokrates vorführen, dessen Bemühungen am Ende stets an der mangelnden Bereitschaft seiner Gesprächspartner zum Sich-in-Frage-stellen-Lassen scheitern.

Wer fragt, fragt über sich hinaus in eine Sinndimension, die seinen eigenen Horizont übersteigt und in der er sich mit dem Befragten verbunden weiß. Daher ist der angestammte Ort der Frage das Gespräch. In ihm manifestiert sich das geahnte Wissen der Gesprächspartner, dass sie eine Sinndimension teilen, die sie je für sich nicht zu erschließen vermögen. Im gelungenen Gespräch wachsen sie über die Beschränktheiten ihres Ichbewusstseins hinaus und lassen sich nun durch die geteilte Frage leiten. Nicht sie führen dann ein Gespräch, sondern das Gespräch führt sie. „So bedeutet das Gespräch mit dem anderen, seine Einwendungen oder seine Zustimmung, sein Verständnis und auch seine Missverständnisse, eine Art Ausweitung unserer Einzelnheit und eine Erprobung der möglichen Gemeinsamkeit, zu der uns Vernunft ermutigt“, schreibt Hans-Georg Gadamer.

Es ist dieser große Philosoph des Gesprächs, der – wie vor ihm bereits der jüdische Denker Martin Buber – auch den zweiten zentralen Aspekt der spirituellen Dimension des gelungenen Gesprächs herausgearbeitet hat: die Fähigkeit zu hören. Sie korrespondiert eng mit dem Mut zur Frage, setzt sie doch wie diese die Bereitschaft der Gesprächspartner voraus, das bis dato für wahr Gehaltene aufs Spiel zu setzen. Wo zwei Menschen „im Namen einer Frage zusammenkommen", da muss die Fixierung auf das eigene Ich zurücktreten. Ansonsten wird das Gespräch scheitern – laut Gadamer der Normalfall: „Der überhört oder hört falsch, der sich selbst ständig zuhört, dessen Ohr gleichsam so erfüllt ist von dem Zuspruch, den er sich selbst ständig zuspricht, indem er seine Antriebe und Interessen verfolgt, dass er den anderen nicht zu hören vermag. Das ist, wie ich betone, in allen denkbaren Abstufungen unser aller Wesenszug."

Gerade weil die Ich-Fixierung „unser aller Wesenszug" ist, besteht gegenwärtig Grund zur Sorge, dass die spirituelle Kraft des Gesprächs in Vergessenheit gerät. Wir leben in einer zunehmend monologischen Welt, in der Fernsehen oder Computer die unmittelbare Unterredung von Menschen in den Hintergrund drängen. Mit der Medialisierung des Lebens wird der anhaltenden Individualisierung des Menschen Vorschub geleistet. An die Stelle des Gesprächs tritt das Gerede, in dem gerade nicht mehr das Ich der Redenden um einer gemeinsamen Wahrheit willen aufs Spiel gesetzt wird, sondern im Gegenteil ein jeder sich oder die Position, mit der er sich identifiziert, durchfechten möchte. Unterredungen dieser Art aber dienen der Zerstreuung. Statt in die Sinntiefe einer geteilten Wahrheit zu fragen, bewegen sie sich an der Oberfläche des vermeintlich Immer-schon-Gewussten. Darin verraten sie eine gefährliche Bequemlichkeit des Ego, die schon Sokrates kritisierte, als er das philosophische Gespräch der sophistischen Streitrede gegenüber stellte und nicht müde wurde, seine Mitbürger zu befragen. Eine vergleichbare Intention verbirgt sich im übrigen auch hinter der großen buddhistischen

Gesprächstradition des Koan, in der Zen-Schülern *völlig* absurde Fragen vorgelegt werden, deren einziger Sinn darin besteht, ihren Geist für die unter dem alltäglichen Gerede schlummernde Sinndimension zu wecken.

Wer sich auf die transzendierende Kraft des Gesprächs einlässt, vermag am Ende womöglich auch seine heilende Kraft zu erleben. Sowohl aus Beichtgesprächen als auch Gesprächstherapien weiß man, dass es nicht so sehr die Inhalte der jeweiligen Unterredungen sind, deren Bewusstwerdung eine therapeutische Energie frei setzt, sondern das Eintauchen in die Gesprächsdynamik selbst. Denn wo ein Mensch sich der Führung durch das Gespräch überlässt, entwindet er sich gleichsam seiner Ego-Zentriertheit und tritt ein in die Sphäre eines umfassenden Sinns. Darin zeigt das Gespräch seine verwandelnde Kraft: Wo es gelingt, „ist uns etwas geblieben und ist in uns etwas geblieben, das uns verändert hat“ (Gadamer).

Glaube

Heinz Zahrnt

Nirgendwo sonst in der Religionsgeschichte wird der gesamte Inhalt einer Religion so total auf den Glauben konzentriert und dieser wiederum so radikal als Vertrauen bestimmt wie im Christentum. Glauben, als Vertrauen zu Gott gefasst, bildet den elementaren Grund, sozusagen das „Christliche“ im Christentum. Es lässt sich zuletzt in ein Stenogramm aus drei Wörtern fassen: „Fürchtet euch nicht!“ – Dies ist die „Mitte der Heiligen Schrift“, die sich als einigendes Band durch die wechselvolle biblische Überlieferung zieht. Der Bogen schwingt von Abraham, dem Anfänger des Glaubens, über die Schriften der Propheten und die Gebete im Psalter bis zu Jesus aus Nazaret, dem „Vollender des Glaubens".

Bei der Begegnung mit dem christlichen Glauben geht es nicht anders zu als mit einer Wahrheit sonst. Auch er bietet eine Lebensmöglichkeit an, die man nur erproben kann, indem man es mit ihr probiert. Wer Gottes gewiss werden will, muss – wie auch sonst im Leben – auf etwas setzen, was er vorher nicht weiß. Er muss glauben, denken und handeln, „als ob es Gott gibt". Allein so wird er erfahren, ob es ihn gibt.

Glauben und *Leben* laufen wie in einem Zirkelschluss ineinander: Wir verstehen das Leben im Licht des Glaubens und den Glauben im Licht des Lebens. Der Glaube gibt dem Leben seinen festen Grund, das Leben dem Glauben seine wechselnde Gestalt. Wo Glauben und Leben sich treffen, nennen wir dies „Christ sein".

Der Glaube an Gott fügt der sichtbar vorhandenen Wirklichkeit der Welt nicht „von droben" eine zweite göttliche hinzu, sondern er erschließt sie in ihrer „Tiefe": dass sie Gottes Welt ist und bleiben soll. Was hier geschieht, ist Aufklärung der Welt durch das Licht des Glaubens: „Das ewig' Licht geht da herein, gibt der Welt ein'n neuen Schein". Wie die Nebel über einer Landschaft sich lichten, wenn die Sonne durchbricht und es aufklart, geradeso klärt sich dem Glaubenden im Licht der biblischen Botschaft die Wirklichkeit der Welt, und er bemüht sich alsbald, diese „Lichtung der Welt" auch anderen einleuchtend zu machen. Dabei machen Christen keine anderen Erfahrungen als Menschen sonst; nur erfahren sie in dem, was ihnen widerfährt, Gottes heilsame Nähe.

Glaube und Unglaube streiten nicht um Gott, ob es ihn „gibt", sondern um den Menschen und die Welt, wer ihrer beider Wirklichkeit am überzeugendsten wahrnimmt. Dieses „Wahrnehmen" ist nicht nur im kognitiven Sinn zu verstehen, als ein Akt des Erkennens, sondern auch im praktischen Sinn, als ein „Wahrmachen" – wie man von jemand sagt, dass er ein

Amt oder eine Gelegenheit wahrnimmt und sich dabei zum Einsatz bringt. Dies ist der einzige Beweis für oder wider den Glauben an Gott, der in der weltlich gewordenen Welt noch zugelassen ist, wenn überhaupt je ein anderer zugelassen war.

Gewiss können die Christen ihren Zeitgenossen Gott nicht vorzeigen: „Siehe, hier oder da ist er!" Sie können seine Gegenwart in der Welt nicht sichtbar, wohl aber „ersichtlich" machen, wo und inwiefern der Glaube an Gott für einen Menschen in seinem Leben „in Betracht" kommt und er so zur „Einsicht" gelangt. Die Rede von Gott ist dort ans Ziel gekommen, wo einem Menschen darüber „die Augen aufgehen" und er entweder antwortet: „Ich sehe es auch so", oder: „Ich sehe es auch so, aber Gott sehe ich nicht darin oder sage ich nicht dazu."

Im Horizont der Welt ist der Glaube an Gott nicht notwendig. Ein Mensch kann auch ohne Gottesglauben sowohl gut leben als auch gut handeln. Den Glauben an Gott unter dem Gesichtspunkt des Zwecks als notwendig erweisen zu wollen, ist ein verächtliches Unterfangen, weder für Gott noch für den Menschen schmeichelhaft. Wer die Notwendigkeit und Unentbehrlichkeit des Gottesglaubens mit seinem Nutzen für den Menschen, die Gesellschaft, den Staat, die Kirche oder irgendeinen anderen Zweck zu beweisen trachtet, unterschätzt den Menschen in seinen sittlichen, rationalen und kreativen Fähigkeiten und erniedrigt Gott zugleich zu einer Zulieferfirma von Ersatzteilen bei beschädigter menschlicher Existenz.

Gott ist kein Lückenbüßer an den Grenzen der Wissenschaft, kein Problemlöser in den Sachzwängen der Politik, kein Instrument zur Selbstverwirklichung des Menschen, überhaupt kein Mittel zur Bestandssicherung und auch kein Narkotikum für die Seele. Der Glaube an Gott lässt sich nicht „verwerten". Durch den Lobpreis des Nutzens für das persönliche, politische oder gesellschaftliche Leben ist das Christentum – weiß Gott! – nicht zu retten.

Wie alle Religion trägt auch der christliche Glaube seinen Sinn in sich selbst. Weil Gott sich in der Freiheit seiner Liebe den Menschen als Partner erwählt hat, darum kann der Mensch seinerseits Gott wählen – als das ganz und gar Nicht-Notwendige in seinem Leben, aber gerade darum als das, was allein Not tut – fast wie ein Spiel, ein Riesenspiel freilich, das der Mensch nicht selbst inszeniert hat, in dem er aber, ob er will oder nicht, ob er's weiss oder nicht, mitspielt und das er verlieren kann.

Am liebenswürdigsten hat für mich der holländische Dominikanertheologe Edward Schillebeeckx die „Gratuität" – den Geschenkcharakter – des Glaubens ausgedrückt: Mit dem Glauben an Gott verhalte es sich so, wie wenn uns jemand einen Blumenstrauß überreicht und wir antworten: „Das wäre doch nicht nötig gewesen."

Auf die Frage, wer Gott sei und was an Gott glauben heiße, hat Martin Luther die theologisch wie psychologisch gleichermaßen geniale Antwort gegeben: „Ein Gott heißt das, dazu man sich versehen soll alles Guten und Zuflucht haben in allen Nöten. Also dass einen Gott haben nichts anderes ist, denn ihm von Herzen trauen und glauben, wie ich oft gesagt habe, dass allein das Trauen und Glauben des Herzens machet beide, Gott und Abgott ... Worauf du nun dein Herz hängest und dich verlässest, das ist eigentlich dein Gott" (*Großer Katechismus*, Erstes Gebot).

Menschliches Leben bedarf eines verlässlichen Grundes, wenn es Bestand haben soll. Aber ein Mensch kann sich nicht selbst begründen – wie sollte er dies wohl tun? Er kann sich immer nur auf einen vorgegebenen Grund stellen, und entsprechend muss er seine Wahl treffen. Matthias Claudius hat dies in einem nautischen Bild so ausgedrückt: „Etwas Festes muss der Mensch haben, daran er vor Anker liege, etwas, das nicht von ihm, sondern davon er abhängt."

Am Leben sein, mag es auch noch so voll und reich und

mächtig sein, heißt noch nicht: wahrhaft leben. Mitten im Leben sind wir unterwegs nach dem „Leben“, was immer das sei. Es ist, als hätten wir ein derartiges Versprechen erhalten und warteten nun darauf, ja suchten und jagten danach, dass es sich erfülle. Die Erfahrung dieser qualitativen Differenz ist die fundamentale Erfahrung des Menschen zu allen Zeiten. Es bildet das Grunderlebnis jeglicher Religion. Die Bibel drückt dies so aus: „Der Mensch lebt nicht vom Brot allein, sondern von einem jeden Wort, das aus dem Munde Gottes geht.“ Und ich fahre fort: Je mehr Menschen für sich selbst erkennen, dass der Mensch nicht vom Brot allein lebt, desto mehr Menschen werden in der Welt Brot zum Leben haben.

Im Fragen nach dem verlässlichen Grund seines Daseins verrät sich das wahre Wesen des Menschen. Hineingespannt zwischen Lebensgewährung und Lebensgefährdung, ist er von seinem Ursprung her ein Angewiesener. In diesem „Kreaturgefühl“ reflektiert sich das schaffende „Ja“ Gottes, das von Anbeginn über Welt und Menschheit steht. Ob er es weiß oder nicht, ob er es wahrhaben will oder nicht – im Augenblick seiner Geburt tritt der Mensch in eine Gottesbeziehung ein. Damit ist im bloßen Lebendigsein des Menschen, noch vor allem Glauben und Tun, unabhängig von Ort, Zeit, Rasse und Volk, jenseits auch aller Religion, Gottes Heil in der Welt gegenwärtig.

Dieses aller Schöpfung vorangehende und mit ihr einhergehende Ja Gottes hat Jesus aus Nazaret erneuert und ein für allemal festgemacht, indem er alle Menschen zu Gott einlädt – allein aus Gnade, weil sie Gottes Geschöpfe sind. Des zum Zeichen taufen wir unsere Kinder.

Ein Christ ist im Grunde nichts anderes als ein durch den Glauben an Gott zur Vernunft gekommener Mensch, der nach allen vorläufigen Lösungen auf die endgültige Erlösung hofft. Soll der christliche Glaube nicht zum gemütlichen religiösen Biedermeier verkommen, darf er aber die dunkle Seite Gottes nicht verschweigen oder auch nur verharmlosen. Wer Jesus aus Nazaret verstehen will, muss Hiob im Sinn behalten. Beide leben im Horizont desselben Gottes. Zum aufrichtig gelebten Glauben an Gott gehört daher stets auch die Erfahrung seiner Abwesenheit.

Das biblische Zeugnis ist hier eindeutig. Amos: „Ist auch ein Unglück in der Stadt, das der Herr nicht tut?" (3, 6) – Klagelieder: „Wer darf denn sagen, dass solches geschieht ohne des Herrn Befehl und nicht Böses und Gutes kommt aus dem Munde des Allerhöchsten?" (3, 37f) – Deuterojesaja: „Ich bin der Herr und sonst keiner mehr, der ich das Licht mache und schaffe Finsternis, der ich Frieden mache und schaffe Unheil. Ich bin der Herr, der dies alles tut" (46, 6).

Die in Gott waltende „Kontrastharmonie" zwischen Offenbarung und Verborgenheit lässt sich nicht auflösen oder auch nur ausgleichen. Der Glaube darf die dunkle Seite der Schöpfung weder theologisch moderieren, noch kann man sie politisch entsorgen. Man kann die Gottheit Gottes immer nur umkreisen wie einen sehr hohen Berg, den man von allen Seiten immer wieder angehen muss, ohne je auf den Gipfel zu gelangen oder ihn auch nur zu Gesicht zu bekommen.

Gottes Verborgenheit hört niemals auf. Seine Offenbarung erhellt zwar unser Dunkel, aber erhelltes Dunkel bedeutet Zwielicht – mehr ist dem Glauben nicht beschieden. Man muss sich hinhalten und muss es aushalten: „Ach ja, Gott!" – dann kann es geschehen, dass seine Zusage sich erfüllt: „Meine Kraft ist in den Schwachen mächtig."

Entsprechend heißt es vom Wort Gottes in der Bibel, dass es eine Leuchte zu unseren Füßen sei, also eine Laterne, die unsere nächsten Schritte erhellt, aber kein kosmischer Scheinwerfer, der die Weltgeschichte bis in ihre letzten Ecken und Winkel ausleuchtete. Und so bleibt es bei dem Widerspruch, den der Prediger Salomo so beschreibt: „Gott hat den Menschen die Ewigkeit ins Herz gelegt – nur dass der Mensch nicht ergründen kann das Werk, das Gott tut, weder Anfang noch Ende" (Koh 3, 11).

Wir sehnen uns und wissen nicht, wonach wir uns sehnen – trotzdem sehnen wir uns. Wir hoffen und wissen nicht, worauf wir hoffen – trotzdem hoffen wir. Wir sind unterwegs und wissen nicht, wohin des Wegs – trotzdem bleiben wir auf dem Weg. In uns ist etwas, das sich sehnt, das hofft, das uns treibt. Wir wissen nichts von Gott – aber unser Nichtwissen ist ein Nichtwissen von *Gott.*

Glück

Wilhelm Schmid

Die Frage nach dem Glück ist seit jeher ein zentrales Anliegen der philosophischen Lebenskunst: Alle Menschen streben nach einem höchsten Gut, heißt es gleich zu Beginn der *Nikomachischen Ethik* des Aristoteles. Und dieses höchste Gut ist das Glück. Allerdings ist „Glück" zunächst nichts als ein Begriff, und Begriffe sind eine Frage der Definition. Was ist Glück? Speziell mit dem Begriff „Glück" kann ganz Verschiedenes gemeint sein, es gibt keine verbindliche, einheitliche Definition. Was darunter zu verstehen ist, legt letztlich das jeweilige Individuum für sich selbst fest. Die Philosophie kann lediglich Hilfestellung bieten, die etwa in einer Auseinanderlegung des Begriffs besteht, fern davon, eine bestimmte Bedeutung zur einzig möglichen zu erklären. Dies erlaubt die je eigene Klärung, um die Frage zu beantworten: Was bedeutet Glück für mich? Beim genaueren Hinsehen zeigt sich, dass drei Ebenen des Glücks im Spiel sind, und es könnte sinnvoll sein, sie auseinander zu halten:

Das *Zufalls-Glück:* Das deutsche Wort „Glück“ rührt vom althochdeutschen *gelücke* her und hat viel mit dem Schicksal zu tun, das so oder auch anders ausfallen kann. Die Zufälligkeit dieses Glücks prägt den Begriff im Deutschen bis heute. Im Griechischen war dies einst *tyche*, im Lateinischen *fortuna*, erhalten als *fortune*, französisch oder englisch ausgesprochen und in aller Regel mit dem günstigen und erwünschten Zufall in Verbindung gebracht. Offen ist die Frage und wird es wohl bleiben, ob die Zufälle „Sinn“ haben, ob sie einer Vorherbestimmung oder Vorsehung folgen. Jedenfalls kennen die Zufälle erstaunliche Regelmäßigkeiten, auf glücklicher wie unglücklicher Seite. Den Philosophen der Lebenskunst ist das nicht verborgen geblieben: „*Die Unglückstage kennen;* denn es gibt dergleichen“, heißt es in Graciáns *Handorakel*, Aphorismus 139, „an solchen geht nichts gut, und ändert sich auch das Spiel, so doch nicht das Missgeschick. Auf zwei Würfen muss man die Probe gemacht haben und sich zurückziehen, je nachdem man merkt, ob man seinen Tag hat oder nicht.“ Wesentlich am Zufalls-Glück ist seine Unverfügbarkeit. Verfügbar ist lediglich die Haltung, die der/die Einzelne dem Schicksal und Zufall gegenüber einnimmt: Er/sie kann sich verschließen oder offen dafür sein; im Inneren wie im Äußeren lässt sich die Konstellation präparieren, in der ein Zufall sich verfangen kann. Erforderlich ist die Haltung der Duldsamkeit, des Wartenkönnens und Hinnehmenkönnens, wenn der Zufall sich nicht einstellen will oder anders als erwartet ausfällt. Vor allem aber die Haltung der Offenheit, besser bekannt unter dem Namen „Spontaneität“, verbunden mit der Haltung der Wachsamkeit, um den rechten Augenblick zu erkennen und zu ergreifen. Die Offenheit scheint das quantenhafte Zufalls-Glück zu beflügeln: Es macht gerne dort Station, wo es sich gut aufgehoben fühlt und nicht noch Vorwürfe zu hören bekommt, dass es „momentan nicht passt“.

Das *Wohlfühl-Glück:* In moderner Zeit wird der Begriff des

Glücks in wachsendem Maße über das so genannte „Positive" definiert: das Angenehme, die Lüste, das Wohlfühlen, die guten Empfindungen – ein Glück auf körperlicher und seelischer Ebene. Die grundlegende Definition hierzu stammt von Utilitaristen wie Jeremy Bentham im 18. Jahrhundert: Glück ist Maximierung von Lust und Minimierung von Schmerz. Kaum eine philosophische Auffassung hat sich dermaßen durchgesetzt wie diese. Die moderne Spaß- und Erlebnisgesellschaft ist ohne das Streben nach Glück in diesem Sinne nicht denkbar. Das Wohlfühl-Glück ist keineswegs verwerflich, aber es hat seine Zeit, es hält glückliche Augenblicke bereit, für die das Individuum sich offen halten und die es auch selbst präparieren kann: Augenblicke, um derentwillen das Leben sich lohnt und die sich nahezu jeden Tag finden lassen. Dieses Glück ist wählbar (in Gestalt der Lebensformen, die zu wählen sind) und mithilfe von Sorge, theoretischer Klärung und praktischer Einübung erlernbar, wie Aristoteles bereits überzeugt ist. Man kann seine Ingredenzien kennen, sie suchen und an ihrer Bereitstellung arbeiten, sie auch asketisch einüben, um sie gelegentlich ekstatisch genießen zu können. Auch Gracián weiß schließlich von der „*Kunst, Glück zu haben*" in seinem *Handorakel*, Aphorismus 21: „Es gibt Regeln für das Glück: denn für den Klugen ist nicht alles Zufall. Die Bemühung kann dem Glücke nachhelfen." Man kann sich wohlfühlen aufgrund eines Gelingens, eines Erfolges. Die philosophische Lebenskunst trägt jedoch Sorge dafür, nicht das gesamte Leben mit einem einzigen Wohlfühl-Glück zu verwechseln; sie stellt das Selbst beizeiten darauf ein, dass es noch andere Zeiten geben wird, um nicht bitter enttäuscht zu sein, wenn nicht alles jederzeit lustvoll ist und völlige physische und psychische Schmerzfreiheit nicht erreicht werden kann.

Das *Glück der Fülle:* Das wirkliche Glück der Fülle besteht nicht etwa darin, dass alles in Erfüllung geht, was man sich wünscht: „*Etwas zu wünschen übrig zu haben,* um nicht vor lauter

Glück unglücklich zu sein. Der Leib will atmen und der Geist streben. Wer alles besäße, wäre über alles enttäuscht und missvergnügt", heißt es in Graciáns *Handorakel*, Aphorimus 200. Das Glück der *eudaimonia* und *beatitudo* in antiker Zeit war noch ein anderes als das des bloßen Wohlfühlens und der Erfüllung aller Wünsche: Es war umfassender und dauerhafter, das eigentlich philosophische Glück, nicht abhängig von bloßen Zufällen und momentanen Empfindungen, wurde vielmehr als Balance in aller Polarität des Lebens verstanden, nicht unbedingt im jeweiligen Augenblick, sondern durch das gesamte Leben hindurch. So wäre es heute wieder zu aktualisieren: durch Gelingen und auch Misslingen; durch Erfolg und auch Misserfolg; durch Lust und auch Schmerz; durch Oberfläche und auch Abgründigkeit; durch Tun und auch Lassen; als Glücklichsein des Wohlfühlens, das auch das Unglücklichsein noch mit umfassen kann. Dieses Glück der Fülle ist eine Frage der bewusst eingenommenen Haltung. Am besten kommt es in Heiterkeit und Gelassenheit zum Ausdruck: Das ist der „gute Geist", von dem die *eudaimonia* ihren Namen hat. Freilich ist keine der genannten Ebenen – Zufallsebene, Gefühlsebene, geistige Ebene – verzichtbar; das dritte Glück aber ist das einzige, das dauerhaft sein kann. Dieses Glück gilt es erst wieder zu entdecken.

Gottesdienst

Fulbert Steffensky

Der Sonntag kommt wieder, ob ich will oder nicht. Er ist die große Unterbrechung der Arbeit, der alltäglichen Geschäfte und des Bannes der puren Notwendigkeiten. Wir tun, als seien wir schon im Reich der Freiheit. Wir kleiden uns besser, wir essen anders, wir haben für anderes Zeit. Wir spielen für einen Tag Königssöhne und Königstöchter. Und wir gehen zum Gottesdienst.

Ich frage mich nicht, ob ich dazu aufgelegt bin oder nicht; ob mir zum Beten und zum Feiern zumute ist oder nicht. Es ist Sonntag, es ist 10 Uhr, und so gehe ich. Der Sonntag ist wie eine alte, strenge Lehrerin, die sagt: Geh! Die Geläufigkeit des Sonntags enthebt mich der Entscheidung und der falschen Existentialität. Es gibt Geläufigkeiten, die die Freiheit des Menschen schützen, wie es natürlich zwanghafte und mechanistische Geläufigkeiten gibt, die sie zerstören.

Ich bin im Gottesdienst nicht allein. Um mich sind Alte und Junge, Männer und Frauen, Kluge und Dumme, Behinderte und Nicht-Behinderte, Kranke und Gesunde. Ich erlebe mehr Welt, als wenn ich bei mir selber oder immer bei meinesgleichen bliebe. Ich verlasse die Enge meines eigenen Kreises, und die Unsichtbaren treten ins Licht: die Kranken, die Beschädigten, die Beladenen. Ich bin beim Beten nicht allein. „Allein bist du kleine!" – auch beim Beten, auch mit meinem Glauben und mit meiner Hoffnung. Ich nehme Teil am Glauben von anderen Menschen, und so kann ich leichter das Glaubensbekenntnis sprechen, das Vaterunser und die Psalmen. Ich bin nicht nur auf meinen eigenen windschiefen Glauben angewiesen. Wir teilen den Glauben, wie man Brot teilt in kargen Zeiten. Gemeinschaft der Heiligen! Es sind noch andere Heilige da, die Toten und die Engel. Jeder Gottesdienst ist Teilnahme am großen, objektiven Werk des Lobes Gottes, das die ganze Schöpfung singt. Die Beter stimmen ein in den großen Lobgesang der Engel. Ich brauche meinen eigenen gebrochenen Glauben nicht zum Maßstab meiner Worte und meiner Lieder zu machen.

Wir singen im Gottesdienst. Unsere Stimme und unser Mund sind oft klüger als unser Herz. Es ist erstaunlich, was wir alles singen. Wir singen: „Aus meines Herzens Grunde sag ich dir Lob und Dank!" Aber wie unbeteiligt ist oft der Herzensgrund! Wir singen: „Ist Gott für mich, so trete gleich alles wider mich!" Singt das Herz, oder singt nur der Mund? Es ist eine falsche Frage. Manchmal singt wirklich nur der Mund. Aber wir sind ja nicht nur Herz, Gottseidank! Wir sind auch unser Mund, der das schwache Herz hinter sich herschleift, bis es wieder auf den eigenen Beinen gehen kann. Daran ist nichts falsch. Das Herz muss nicht immer Meister seiner selbst sein. In der Poesie des Singens sind wir uns selber voraus – unseren Einsichten, unseren Argumenten, unserem Zwiespalt. Wie an keiner anderen Stelle tut man beim Singen, als könnte man schon glauben. Wir geraten in der Musik und mit den Liedern in den Bereich der Schönheit. Die Schönheit heilt. Sie lehrt uns lächeln – wer täte es nicht bei Paul Gerhardts „Narzissus und Tulipan"? Sie lehrt uns weinen wie das „Wenn ich einmal sollt scheiden". Sie lehrt uns Zartheit wie jenes weihnachtliche „Brich an, du schönes Morgenlicht". Die Schönheit und die Gnade sind leibliche Geschwister, und sie begegnen uns am dichtesten in den Liedern.

Wir haben es im Gottesdienst mit alten und uralten Texten zu tun, mit alten Briefen, alten Geschichten, mit Psalmen und Liedern. Man kann auf doppelte Weise an Texten leiden: daran, dass man welche hat, und daran, dass man keine hat. Das erste ist das alte Leiden: Texte drängen sich an die Stelle der Wirklichkeit und wollen sie ersetzen oder beherrschen. Das neue Leiden: dass wir keine Texte, keine Lieder, keine Bilder mehr haben, die einem die Welt aufschließen. Wenn man keine Führer hat, kann man sich in der Wirklichkeit nicht zurechtfinden und erkennen, was sie hat und was ihr fehlt.

Der alte Text borgt uns Erfahrungen. Menschen lernen nicht nur an sich selber, nicht nur durch die eigenen Irrtümer, Niederlagen und Erfolge. Sie lernen an fremden Erfahrungen. Sie lernen am Modell anderer Zeiten, anderer Niederlagen und anderen Gelingens. Wir machen uns die fremden Erfahrungen so zu eigen, dass wir mit den Psalmen sprechen können: Du hast uns aus Ägypten geführt, du hast uns durch das Wasser geführt, du hast uns in der Wüste gesättigt. Wir bergen uns in die fremden Erfahrungen. So kann man die eigene Hoffnungslosigkeit maskieren mit den fremden Geschichten der Hoffnung.

Mit dem Inhalt dieser Texte lernen wir wünschen, dass das geknickte Rohr aufgerichtet wird; dass die Hungrigen Brot und die Nackten Kleider haben; dass die Sünden vergeben werden und dass dieToten auferstehen. So ist jeder Gottesdienst auch eine Art Bildungswerkstatt. Er bildet unsere Wünsche und unsere Lebensträume, unsere Hoffnung und den Trost in unseren Niederlagen.

Über weite Strecken im Gottesdienst hören wir zu. Wir hören die Orgel, wir hören die Geschichten, wir hören die Predigt. Bleiben wir beim Hören der Predigt! Wer sind die Menschen, die eine Predigt hören? Es sind Zeitgenossen. Sie kommen aus der Gegenwärtigkeit ihrer Wünsche, ihrer Leiden, ihrer Sorgen, und sie hören in der Predigt eine alte Nachricht. Was machen sie mit ihr? Zunächst zersetzen sie sie. Die Predigt ist keine monologische Rede, die nichts anderes als die passive Aufnahmefähigkeit der Hörer verlangt. Die Hörer sind Koautoren der Predigt. Sie hören, sie schweifen ab, sie assoziieren, sie beziehen Sätze und Abschnitte der Predigt auf ihre Lebenssituation. Sie spazieren sozusagen im Raum der Predigt herum und hören sich an, was für sie wichtig ist, was ihnen gefällt und was sie brauchen. Predigt hören heißt: Predigt verdauen. Im Akt der Aneignung wird die Predigt von einer Fremdsprache zur Muttersprache.

Der Gottesdienst ist Gebet. Das Gebet ist die Selbstauslieferung des Menschen an das Geheimnis des Lebens. Im Gebet sind wir am meisten die, die wir sein sollen; die nicht auf sich bestehen und die sich aussagen in den Grund der Welt. Die Form des Gottesdienstes muss Zeugnis geben von dieser Passivität. Wenn es einem Gottesdienst an Geist mangelt, dann zeigt sich dies am deutlichsten daran, dass er verschwätzt ist. Alle Gebete sollen etwas von dem Schweigen durchscheinen zu lassen, das das Wesen jener Wehrlosigkeit und Passivität ist. Sich ergeben ist die Grundgeste des Gebets, es ist die Grundgeste des Gottesdienstes.

Grenzerfahrung

Michael Albus

Alles hält sich in Grenzen. Grenze und ihre Erfahrung ist die Substanz des Lebens selbst, das endlich und vergänglich ist. Im Kleinen wie im Großen stoßen wir Menschen in jedem Augenblick unseres Lebens an Grenzen. Vom Zeitpunkt der Geburt an sterben wir – bis hin zur Stunde unseres Todes, der die letzte erfahrbare Grenze anzeigt. Was danach kommt, wissen wir nicht. Wir können es nur glauben und erhoffen.

Grenzerfahrungen sind nicht nur Ausnahmemenschen vorbehalten, den Wüstenwanderern, den Kletterern, den Höhenbergsteigern, den Rennfahrern, den Extremsportlern, den Hungerkünstlern. Nein, sie sind auch – vielfach alltägliche – Erfahrungen der Behinderten, der Kranken, der Eltern und ihrer Kinder, der Autofahrer, Bahnreisenden und Flugzeuginsassen. Das ganze Leben ist ein Grenzgang.

Grundsätzlich gibt es zwei Möglichkeiten, mit der Tatsache der Grenzen und ihrer Erfahrung umzugehen. Einmal kann man, ja muss man sie – wenn auch widerstrebend – annehmen, muss versuchen, sich darin einzurichten, mit ihnen umzugehen. Zum andern kann man sie auch fast ignorieren, kann versuchen, sie in immer neuen Anläufen zu überwinden, zu überrennen, zu überfliegen und zu übersteigen, bis hin zur Ohnmacht. Letztere Möglichkeit wird leicht zum Erweis der Unmöglichkeit. Dabei kann man alle Kraft verlieren und resignieren, in der Verzweiflung enden. Aber man kann auch – in beiden Möglichkeiten – daran wachsen. Oft ist es nur eine Frage der körperlichen, geistigen und seelischen Disposition, welche der beiden Möglichkeiten des Umgangs mit den Grenzen ein Mensch wählt. Anerkennung der Grenzen muss nicht Resignation oder Spießigkeit heißen, der Versuch, sie zu überwinden, darf nicht mit Irrsinn oder Extremismus gleichgesetzt werden. Gleichwohl sind beide Möglichkeiten diesen Versuchungen ausgesetzt. Es ist eine Frage der persönlichen Entscheidung und des eigenen Vermögens. Und es ist etwas, das den ganzen Menschen betrifft, seinen Körper, seinen Geist und seine Seele.

Der bewusste Umgang mit der Grenze, mit den Grenzen überhaupt, und das Verlangen, sie zu überwinden, hinter sie zu schauen, gehört ganz wesentlich zum Versuch eines spirituellen Lebens.

Jeder Gang an die Grenze, an ihr entlang oder über sie hinaus, hat neben allen Mühen auch etwas Schöpferisches an sich. Neue Horizonte tun sich auf, eine neue Sicht der Dinge kann sich eröffnen, Leben kann intensiver werden, man kann den Wert der „einfachen" Dinge vor der Grenze wieder mehr schätzen lernen. Ja, die Grenze kann sich hinausschieben. Aber: Sie bleibt Grenze. Sie ist gesetzt, sie ist bestimmt, sie markiert das Unüberschreitbare schlechthin.

Ich kann nie mehr sein als ein Mensch.

Die Erfahrung der Grenze ist eine ursprüngliche, ja religiöse Erfahrung, denn Religion ist Grenzbewältigung, ist das, was mir in meiner ersten und letzten Einsamkeit „noch" übrigbleibt. Religion hat insofern etwas Subversives an sich. Sie ist eine Unterwanderung des Gegebenen und eine Überschreitung ebenso. Religion ist die „gefährliche Erinnerung" der Grenze. Eine Erinnerung, die nicht zur Ruhe kommt, solange wir leben, eine Erinnerung, die wir auch nicht zur Ruhe kommen lassen dürfen. Eine Religion, der diese Erinnerungskraft verloren geht, verliert jede Kraft und jede Anziehung.

In allen Religionen gibt es Riten und Übungen der Grenzerfahrungen. Es sind die Übungen des Schweigens, der Stille, des Verzichts, des Wachens und des „Betens ohne Unterlass". Oft sind sie an bestimmte Zeiten gebunden, in denen sie aus der Normalität des alltäglichen Lebens heraustreten und ganz bewusst vollzogen, eben gefährlich erinnert werden. Solche Übungen haben nicht nur einen rein religiösen Wert; sie sind auch wichtig für ein bewusstes und achtsames Leben. Zudem erinnern sie an das, was jedes endliche Leben übersteigt, markieren die Grenzen schlechthin, können den Blick auf den richten, von dem alles Leben kommt und zu dem alles Leben geht.

Alle großen Religionen kommen aus der Wüste, aus Landschaften der Grenze, in denen der Mensch auf vieles, auf fast alles verzichten muss, in denen er auf sein wirkliches Maß zurückgeführt wird.

Die „Stifter" der großen Religionen – Moses, Jesus, Mohammed – gingen in die Einsamkeit und machten dort jene Erfahrungen, die nachher die Menschen begeistert und sie zur Nachahmung, zur Nachfolge bewegten. Es waren Erfahrungen der Grenze, Erfahrungen des Abstands vom Gängigen, Erfahrungen des Verzichts auf Gewohntes. Niemand, der ins Herz der Religionen und in die Abgründe und Höhen des eigenen Herzens wirklich eindringen will, wird diese Erfahrungen umgehen oder auslassen können. Sie sind nicht zu Niedrigpreisen zu haben und sind keine Wellness-Produkte. Und sie sind auch nicht Techniken zur Steigerung des persönlichen Wohlbefindens.

Wer sich den Anstrengungen und Mühen einer Grenzerfahrung wirklich schon einmal ausgesetzt, ausgeliefert hat, weiß auch etwas über den „Gewinn" solcher „Fahrten". Es sind immer „Fahrten“, Unternehmungen, die Bewegung, auch Überwindung bedeuten. Es gibt keine statischen Grenzerfahrungen. Man kann sie auch nicht von anderen käuflich erwerben. Man muss sie selbst machen.

Alle Grenzerfahrungen sind eingebettet in die Zeit. Dadurch sind sie nicht grenzenlos. Sie sind nur Verheißungen einer größeren Freiheit, einer Grenzenlosigkeit, nach der wir uns alle heimlich und unheimlich sehnen. In der Zeit bleiben die Dinge, gerade angesichts unendlicher Verheißungen, endlich. Grenzerfahrungen sind nur Annäherungen an etwas, das schließlich und endlich alle Grenzen sprengt und übersteigt, unterwandert und überholt. Die großen Religionen geben ihm den Namen „GOTT“. Aber auch er ist nicht der ewige Name. Er bleibt das Geheimnis hinter der Grenze. Davor bleibt nur der Versuch des Glaubens, der Hoffnung und der Liebe – lauter Grenzerfahrungen.

Aber dann: „Kein Auge hat's gesehen, kein Ohr hat's gehört und in keines Menschen Herz ist es eingedrungen, was Gott denen bereitet hat, die ihn lieben“ (1 Kor 2, 9).

Erst danach, jenseits aller Grenzen, wenn das Gefängnis unserer Endlichkeit aufgebrochen sein wird, gilt, was der 126. Psalm des Alten Testamentes, ein Wallfahrtslied übrigens, so beschreibt: „Als der Herr die Gefangenschaft Zions wendete, da waren wir alle wie Träumende. Da war unser Mund voll Lachen und unsere Zunge voll Jubel.“

Das wird hinter allen Grenzen sein!

Es gibt Augenblicke, die kurze Zeit eines Blicks unserer Augen, in denen eine Ahnung dessen aufblitzt, was „dahinter“ sein könnte: Grenzerfahrungen des Glücks und der Liebe gleichermaßen wie Erfahrungen des Unglücks und der Lieblosigkeit. Sie muss man aushalten – auch wenn sie einen vor Glück oder Unglück, vor Einsamkeit und Gemeinsamkeit „fast vergehen“ lassen, wenn sie einem den Verstand rauben und fast das Herz brechen.

Es ist unerlässlich, immer wieder einmal an einer Grenze entlangzugehen, dahinter zu schauen, was sich dort abspielt und dem Blick darbietet. Sooft man davon heil – oder mit Wunden – heimkommt, erwächst daraus ein innerer und äußerer Ertrag, der mit nichts in der Welt aufzuwiegen ist.

Ich

Willigis Jäger

Wir suchen das Leben in seiner höchsten Intensität. Der Westen meint es in der Individualität zu finden. Er hat das Ich glorifiziert und sucht es zu verewigen. Ewig ist jedoch nur jene Dimension des Göttlichen, die sich in immer neuen individuellen Formen ausdrückt – auch als unser Ich. Es setzt sich langsam die Erkenntnis durch, dass eine objektive kosmische Ordnung mit unserer menschlichen Intelligenz nicht begriffen werden kann und dass wir damit auch nicht zu einer objektiven metaphysischen Anschauung der Welt gelangen. Das Wort von der Suche nach einem neuen Paradigma für unsere Zeit und unsere Gesellschaft ist in aller Munde. Was ist dieses neue Paradigma? Dass eine Spezies Ich sagen kann, war ein gewaltiger Fortschritt in der Evolution. Das Ich macht uns zu Menschen. Aber das Ich ist nur das Instrument unseres wahren Wesens. Wir müssen es gebrauchen lernen.

Vom psychologischen und spirituellen Standort aus ist das Ich ein Konglomerat von Konditionierungen, die wir uns im Laufe des Lebens angeeignet haben. Über viele Jahre hin bauen wir eine Identität auf. Es sind erlernte Konstrukte, die eine Persönlichkeit prägen. Elternhaus, Schule, Religion, Gesellschaft, Partner/Partnerin, Freunde und Freundinnen, Ideale, Ängste,

Wünsche, Vorurteile und Illusionen trugen dazu bei. Mit dieser Ansammlung von Mustern identifizieren wir uns. Wir verteidigen unser Ich mit Wut und Angst. Wir beurteilen es, verurteilen es bei uns und bei anderen. Wir sind stolz darauf und machen uns Schuldgefühle. Dadurch wird diese Illusion des Ich verstärkt. Im Grunde gibt es aber keine individuelle Wesenheit, die nicht eingebettet wäre in das Ganze und Eine.

Wer einen spirituellen Weg geht, stellt bald fest, dass er nicht Herr im eigenen Haus ist. Was wir unser Ego nennen, zerrt uns hierhin und dorthin. Viele Menschen merken das zum ersten Mal, wenn sie sich zum Meditieren niedersetzen. Sie erkennen, dass dieses Ich sich verselbständigen kann. Es kommt immer mit neuen Angeboten von außen und von innen. Es lässt uns nicht zur Ruhe kommen. Wir werden durch diese Impulse wie von einer anderen Kraft gelebt. Im Alltag denkt und arbeitet das Ich nur für sich. Sorgen, Intentionen, Erinnerungen, die Arbeit, die Partei, die Familie, Haus, Auto, Aktien, Konto, Probleme besetzen uns. – Wir setzen dieses Getrenntsein vom Gegenüber, sei es gedanklich oder physisch, einfach voraus, so, als seien wir von allen anderen getrennte Wesen. Was immer die Herrschaft des Ich bedroht, bekämpft es, und was seine Macht erweitert, ergreift es begierig. Wir erkennen, dass dieses Ich unsere Würde als Menschen ausmacht, wir erkennen aber noch nicht, dass es sich in der Art und Weise, wie es uns beherrscht, zu einer schlimmen Krankheit entwickelt hat, zum Egozentrismus und Narzissmus.

Die spirituellen Wege erheben den Anspruch, dem Ich seinen richtigen Standort zuweisen zu können. Sie wagen es, uns zu sagen: Dieses Ich ist nichts Festes, ja es ist ein Phantom. Es besteht aus Abläufen, die durch unser Gedächtnis zusammengehalten werden und uns Stabilität vorspiegeln. Es ist ein Organisationszentrum, das zu unserem Menschsein gehört, wie der Instinkt. Ohne dieses Zentrum wären wir keine Menschen.

Wenn dieses Zentrum bei einem psychisch kranken Menschen ausfällt, vegetiert er nur noch dahin. Dieses Instrument kann gehörig verstimmt sein. Es ist die Aufgabe der Psychotherapie, dieses Instrument lebensfördernd zu stimmen.

Die meisten Psychotherapien sind auf Stabilisierung des Ich aus. Der Mensch braucht es, um in der Gesellschaft zu funktionieren. Die spirituellen Wege führen über die Eingrenzung des Personalen hinaus. Sie führen zum „Tod des Ich". Das Ich löst sich nach einer solchen Erfahrung nicht auf. Aber es hat nun seinen wahren Stellenwert. Es erkennt sich als Instrument, auf dem der Urgrund spielt. Der Weg führt oft durch das, was in der Mystik als „horror vacui" wohl bekannt ist. Aber der „Horror der Leere" ist nur eine Zwischenstufe. Wer aushält und sich der Leerheit überlassen kann, dem wird sich dieser Horror als Tor ins Eine erweisen.

Dieses Eine ist eine meta- oder suprakosmische Leerheit. Aber in dieser Leerheit sind alle Potenzen. Es ist der Ursprung der Schöpfung. „Sunyata", „Nada", Eckharts „Nichts" sind Bezeichnungen dafür. Die Leerheit hat eine Qualität. Es ist damit etwas anderes gemeint als ein Zustand ohne Gedanken, als ein leerer Kopf. Es entsteht die Erfahrung einer Ebene, auf der es keine eigenständigen Individuen mehr gibt. Dort ist nichts als diese schöpferische kosmische Einheit, die identisch ist mit dem absoluten Bewusstsein. Alle Erscheinungsformen haben nur einen Akteur, nur einen Spieler, der alle diese Rollen spielt. Selbständige Individuen sind eine Illusion. Es ist das Spiel von Maya, der großen Täuscherin, die alles Substantielle nur vorspiegelt.

Die größte Angst des Ich ist es, ausgelöscht zu werden. Wenn das Ich ausgelöscht wird, bleiben die Funktionen der Skandhas (dessen, was die Persönlichkeit konstituiert) übrig, aber sie sind leer. Die Substanzlosigkeit des Ich zu erkennen, ist das eigentliche Ziel der Mystik des Zen, des Vipassana, des Dzogchen und mancher Yoga-Wege. Es ist der Kern des spirituellen Erwachens.

Die Leerheit ist das Verbindende. Es gibt kein individuelles Ich und auch keinen Anderen. Alles besteht aus der gleichen leeren Einheit. Das Ich bleibt aktiv, aber die wirklich handelnde Kraft dahinter ist die Leere. Warum ist das so? Darauf gibt es keine rationale Antwort. Wir wissen es nicht.

Es bringt die Erfahrung, dass man angekommen ist: Zeit und Raum sind entschwunden. Die Polarität ist aufgehoben. Manchmal stellt sich diese Leerheit als ein „Licht" dar. Aber dieses Wort ist wieder nur der Versuch, das auszudrücken, was erfahren wird. Die Mystik spricht vom dunklen Licht oder vom lichten Dunkel. Diese Leerheit ist nichts Absurdes. Es ist die Ordnung der Schöpfung. Es ist Kommen und Gehen darin. Aber die Dinge sind nun anders da. Der Mensch erfährt sich dann mit dem Universum als eins. Er erfährt sich als das Universum. In dieser Erfahrung ist kein Ich mehr. Für den, der sie hatte, ist der vorausgehende Satz falsch, wenn er aus dem Ich heraus gesprochen ist. Für ihn gilt: Das Universum, das Eine, erfährt sich als diese Form und sagt Ich.

Die Mystik bringt dazu viele Beispiele. Die theistische Mystik spricht von der *unio mystica*. Diese wird als eine Erfahrung des Sterbens des Ich beschrieben. In der östlichen Mystik gibt es kein Ich, das Permanenz hat. Johannes vom Kreuz drückt es in einem seiner Gedichte auf seine Weise aus: „Ich trat ein und wusst' nicht wo, und ich blieb auch ohne Wissen, alles Wissen übersteigend ... Jeder, der dorthin gelangt, wird ganz irre an sich selbst. Alles, was er vorher wusste, scheint ihm jetzt verschwindend klein. Und sein Wissen wächst so sehr, dass er ohne Wissen bleibt, alles Wissen übersteigend."

Teresa von Avila beschreibt in ihrem Buch *Die Innere Burg* zwei Möglichkeiten der Einheit. Die erste Einheit löst sich auf, wenn der Mensch ins Tagesbewusstsein zurückkehrt. Die wirkliche Einheit hingegen beschreibt sie mit folgenden Worten: „Hier jedoch ist es, wie wenn Wasser vom Himmel in einen

Fluss oder eine Quelle fällt, wo alles nichts als Wasser ist, so dass man weder teilen noch sondern kann, was nun das Wasser des Flusses ist und was das Wasser, das vom Himmel gefallen" (*Die Innere Burg*, S. 170). – Dies ist der Zustand, den die Mystik *unio mystica* nennt.

Die leere Einheit ist immer da, wird aber nicht immer erfahren. Sobald das Ich dazwischenkommt, erscheint die Dualität. Aber die Grundstruktur ist Einheit. Nur unser Ich spaltet sie auf. Eckhart würde hier von der „Empfänglichkeitsanlage" sprechen, die der Mensch erweitern muss – über sein Ich hinaus, damit er das Eine, das immer der Grund ist, erfahren kann. Im Erfahren dieser Einheit liegt die Überwindung der Hypertrophie des Ich, unter der wir so sehr leiden. Unser Ich spiegelt uns die Trennung vor.

Eckhart spricht von dieser Einheit, wenn er vom Innersten des Menschen spricht. Er nennt es „Bürglein": „... dieses einige Eine ist ohne Weise und ohne Eigenheit. Und drum: Soll Gott je darein lugen, so muss es ihn alle seine göttlichen Namen kosten und seine personhafte Eigenheit; das muss er allzumal draußen lassen, soll er je darein lugen. Vielmehr, so wie er einfaltiges Eins ist, ohne alle Weise und Eigenheit, so ist er weder Vater noch Sohn noch Heiliger Geist in diesem Sinne und ist doch ein Etwas, das weder dies noch das ist" (Predigt 2, zit. nach Meister Eckhart, *Deutsche Predigten und Traktate*).

Es ist nichts dagegen zu sagen, unsere Persönlichkeit zu entwickeln, unseren Verstand, unsere Gefühle, einen Beruf zu ergreifen, zu heiraten und Geld zu verdienen. Dazu brauchen wir ein stabiles Ich. Falsch aber ist es, wenn wir glauben, dass wir unser Körper, unsere Gefühle, unser Verstand sind. Wir identifizieren uns mit unserer Person und sagen: Ich bin Arzt, Mutter. Wir sagen: ich bin schön, gescheit, reich. Aber das ist nur eine Rolle. Aus dieser falschen Identifikation herauszutreten, bedeutet ein ständiges Verlassen des Selbstbildes. Das Selbstbild, das ein Mensch von sich hat, grenzt ihn ein. Ein großer Anteil unserer Persönlichkeit wird von uns in der Kindheit und Jugend eingeprägten Glaubenssätzen und Vorstellungen ausgefüllt, die uns am Leben hindern.

Sie bestimmen unser religiöses Leben, unsere Beziehungen, unsere Emotionen, unser Verhalten, im Beruf und in der Gesellschaft. Wer diese Eingrenzungen durchleuchten und ablegen kann, erfährt die eigentliche Natur des Geistes, die keinerlei Formen enthält, sich aber in alle Formen ergießt und non-dual, als Wirklichkeit mit zwei Aspekten erscheint. „Leerheit ist Form und Form ist Leerheit" (Zen). – Das Selbstbild ist gleichsam eine Maske, die im Theater der Griechen eine wichtige Rolle spielte. Durch die Maske, hinter der sich der Schauspieler verbarg, tönt das Eigentliche, das Wahre hervor.

Kampf

Joachim Kunstmann

Der Kampf muss als eines der Urthemen spirituellen Lebens gelten. Das mag überraschend klingen; denn der Kampf weckt Assoziationen wie Krieg, Zerstörung und Grausamkeit, die mit spirituellem Leben völlig unvereinbar scheinen. Wer sich um Spiritualität bemüht, der zählt in aller Regel zu jenen Menschen, die Empfindsamkeit mitbringen und sich um Harmonie bemühen. Scheinbar ganz natürliche Gründe legen es nahe, den Kampf zu meiden. Der Kampf stellt in dieser Sicht neben der Bequemlichkeit das zweite große Hindernis auf dem spirituellen Weg dar.

Die Bedeutung des Kampfes für das spirituelle Leben lässt sich bereits aus seiner bedeutsamen Rolle für Mythologie und Religion ersehen. Weniger sind hier die mythologischen Götter-

und Drachenkämpfe gemeint, die den Sieg neuer Prinzipien beschreiben, sondern eher die Kämpfe der mythischen Helden und der großen religiösen Gestalten. Die Kämpfe des Herakles und des Odysseus zeigen exemplarisch, dass das Leben die Form eines Kampfes annehmen kann, in dem eine Herkunft verteidigt und in dessen wechselhaftem Verlauf eine Heimat und ein bedeutender Name – modern gesprochen: ein Selbst – gefunden werden kann. Deutlich wird dies auch in der zentralen Szene der Bhagavadgita, in der der Held Arjuna durch Krishna dazu aufgefordert wird, seinen Kampf auch gegen die eigenen Verwandten zu richten. Was für moralische Bewertung untragbar scheint, erschließt sich der spirituellen Sicht: Nicht der strahlende Sieg ist das Ziel; der Kampf trägt seinen Sinn in sich selbst und wird zu einem Synonym für waches, bezogenes und engagiertes Leben. „Kämpfen ist ein Akt der Liebe", schreibt Paolo Coelho (*Jakobsweg*, S. 207).

Eine weitere Urszene des Kampfes findet sich in der Bibel. Dort wird in Gen 32, 23ff der geheimnisvolle Kampf des Jakob am Jabbok erzählt. Jakob ringt mit einem Boten Gottes, der als „Angesicht Gottes" bezeichnet wird. Jakob wird an der Hüfte verletzt, geht also nicht siegreich, sondern hinkend aus dem Kampf hervor. Dennoch ist er der Stärkere. Seine Überlegenheit ist die des Mannes, der nicht flieht und loslässt, sondern der durchhält und ganz zum Kämpfer wird, bis hin zur drängenden Forderung: „Ich lasse dich nicht, du segnest mich denn." Der Sinn des Kampfes ist weder der Sieg, noch eine Eroberung oder eine Belohnung, sondern Bewährung und „bezogene Selbstbehauptung" (Peter Schellenbaum, *Aggression*, S. 202).

Das Motiv des Kampfes in spiritueller Bedeutung wurde in neuerer Zeit durch die Gemeinschaft von Taizé aufgegriffen, die für viele zum Inbegriff moderner christlicher Spiritualität geworden ist. Sie lebt unter dem Motto „Kampf und Kontemplation". In dieser Formel sind die zwei großen, oft widerstrebenden Seiten der Religion zusammengeschaut: die Besinnung auf Beheimatung, Orientierung, Trost, Gewissheit auf der einen Seite und Aufbruch, Umkehr, Lebendigkeit, Begeisterung, ja: Provokation auf der anderen. Dabei steht der „Kampf“ für die tiefe Einsicht, dass Kontemplation und Beheimatung in der Religion zur Sedimentierung und zur Erstarrung führen können; Erfahrungswissen hat die innere Tendenz, sich an die Stelle des gelebten Lebens zu setzen. Der kämpferische Protest dagegen ist in der Religion selbst lebendig, wie die Propheten, die Provokationen des Jesus von Nazaret und die ungezügelten Begeisterungen der Ketzer immer wieder vor Augen führen.

Damit wird deutlich, dass der Kampf etwas anderes meint als Krieg und brutale Destruktion. Echte Kämpfer sind keine Befehle ausführenden Soldaten. Zur Unterscheidung dient die Rede vom „guten“ Kampf (so in 1 Tim 6, 12; 2 Tim 4, 7 u. a.). Der Kampf hat eine innere Verwandtschaft mit dem Wortsinn von „Aggression“ (lateinisch *ag-gredi* = angehen). Zupacken, Bereitsein und Hingabe sind seine Kennzeichen, im Gegenüber zu Lust- und Interesselosigkeit sowie Depressivität. Ein guter Kämpfer zu sein bedeutet, über Entschlossenheit zu verfügen und Stolz für sich selbst empfinden und in angemessener Weise auch *zeigen* zu können. Der hinduistische Gott Shiva, der die Einheit von Schöpfung und Zerstörung symbolisiert, wird als Tänzer dargestellt.

Der Kampf begleitet und fördert also den eigenen inneren Lebens-Impuls. Wo er nicht gekämpft wird, besteht die Gefahr, dass dieser Lebens-Impuls selbstzerstörerisch wird. „Die Odyssee besagt, dass es in unserem Inneren Freier gibt, die die Seele heiraten wollen. Diese betörenden Freier haben Pläne für unser Leben. Wenn ein Mensch nie das Schwert hebt, dann bekommt er vielleicht gute Noten für Freundlichkeit, aber am Ende könnte er zum Sklaven dieser Freier werden, oder das Ziel einer arrangierten Ehe“ (Robert Bly, *Eisenhans*, S. 248). Zur Versinnbildlichung kann die Figur des „inneren Kriegers“ dienen, die eher Züge des Ritters annimmt und die sich als Spiegel der eigenen Einstellung zum Kampf eignet: Welche Haltung nimmt mein eigener innerer Krieger ein? Steht er heroisch-selbstgefällig in seiner blanken Rüstung da? Sieht er ängstlich drein? Oder liegt er dösend in der Sonne, ohne Bereitschaft und ohne Auftrag?

Sinn und Geheimnis des Kampfes ist die Bewährung, nicht die Eroberung. Sie steht der nach außen gerichteten Sehnsucht nach Ehre und Beachtung gegenüber. Der Kampf steht darum vor allem jeder Form der *Beschämung* gegenüber. Ein echter Kämpfer ist fähig, Beschämer wahrzunehmen, ihnen ins Auge zu sehen und sie zu benennen. Er ist bereit, seine eigene Grenze zu verteidigen – durch Klarheit und innere Autorität und durch eine Form von Entschlossenheit, die deutlich zu erkennen gibt, dass sie zur Tat bereit ist. In diesem Sinne bezeichnet das Motiv der Suche nach dem Schwert, wie es etwa Coelho in *Auf dem Jakobsweg* beschreibt, die Suche nach der eigenen Kraftquelle. Dies zeigt noch einmal: Kein äußeres Ziel ist zu erkämpfen; der Kampf und die Kampfbereitschaft sind selbst das Ziel, das eigene Leben auf der eigenen Kraft zu gründen. Kopp sagt sogar: „Der einzige Sieg liegt in der Hingabe an dich selbst“ (*Triffst Du Buddha unterwegs*, S. 195). Dass diese Kraft immer eine geschenkte ist, die eher zur Freude Anlass gibt als zum selbstgefälligen Stolz, bestätigt auch von dieser Seite die spirituelle Dimension des Kampfes. Dostojewskij meinte entsprechend, nicht in der Wahrheit, sondern in der Kraft sei Gott zu finden.

Höchst bedeutsam für spirituelles Leben ist, dass die Bewährung den Kämpfer niemals unberührt lässt. Jakob geht aus seinem Kampf als Verwundeter hervor. Hier muss das Bild des strahlenden Ritters korrigiert werden, das zu Idealisierungen Anlass gibt. Zu den tiefsten Geheimnissen des spirituellen Lebens gehört wohl die Erfahrung, dass aus der Verwundung Wandlung und Heilung entspringen können. Die alten Völker wussten um dieses Geheimnis; Schamanen, Priester und Heiler waren immer Verwundete. In den Riten der Initiation, die uns heute verloren gegangen sind, wurden Verwundungen bewusst zugefügt.

Der Kampf als Bereitschaft und Entschlossenheit bedeutet Wachheit und Präsenz. Er ist Ausdruck eines befreiten Selbst. Im Bewusstsein der eigenen Kraft und Besonnenheit ist der Sieg ein Sieg über die eigene Ängstlichkeit. Der Kampf ist darum ein grundlegender und unverzichtbarer Aspekt von Lebendigkeit. Er verbindet den Glauben mit der Hingabe an die Welt und das Leben.

Kontemplation

Peter Lengsfeld

Jeder kennt Momente tiefer Ergriffenheit, in denen er oder sie das Gefühl hat, durch die Stille im eigenen Inneren Kontakt zu erhalten mit einer jenseitigen Wirklichkeit. Plötzlich ist da ein innerer Friede, von dem nichts und niemand ausgeschlossen ist, eine Präsenz des göttlichen Urgrundes, der Himmel und Erde durchdringt. Auslöser kann ein zufälliges Erleben in der Natur sein, ein Sonnenauf- oder -untergang, ein Strahl des Mondlichts in dunkler Nacht, eine Waldwiese im Sonnenschein, ein Kunstwerk, ein Musikstück oder eine menschliche Begegnung, in der das Göttliche präsent wird wie in einem Sakrament. Solche Momente, die wir „zufällig" erleben, können schon eine Ahnung von dem vermitteln, um was es in der Kontemplation geht. Kontemplation ist ein bewusst gewählter Übungsweg, um sich zu öffnen für Erfahrungen der göttlichen Wirklichkeit.

Das Wort *con-templatio* ist abgeleitet vom heiligen Bezirk im Inneren eines Tempels. In ihm kamen die Priester zusammen, um den Willen der Gottheit zu erschauen, welcher der Tempel geweiht war. Kontemplation wurde oft mit „Beschauung" übersetzt, Beschauung des Göttlichen im eigenen Inneren. Man unterschied zwischen einer (durch eigene Anstrengung)) *erworbenen* Beschauung und einer (von der göttlichen Gnade) *eingegossenen* Beschauung. In der Neuzeit bekam auch im Gebetsleben das diskursive Denken (mit analytischem Verstand, bewusster Gefühlsregung und vorsätzlicher Willensanstrengung) einen solchen Vorrang, dass das kontemplative Gebet weitgehend vergessen, ja auch bisweilen (als anmaßend) verunglimpft wurde.

Erst um die Mitte des 20. Jahrhunderts erlebte es einen neuen Aufschwung, nicht zuletzt durch die Begegnung mit östlichen Meditationspraktiken wie Yoga, Zen und Vipassana.

Kontemplation ist eine gegenstandsfreie Art der Meditation, eine Verstand und Sinne, Gefühl und Eigenwille hinter sich lassende Versenkung in den göttlichen Urgrund alles Seienden. In ihr findet der Mensch Antwort auf die tief eingewurzelte Sehnsucht nach Geborgenheit, Heimat und letztgültiger Sicherheit über den Tod hinaus. Grundvoraussetzung für die Übung der Kontemplation ist die Stille, das Schweigen, das Loslassen aller Gedanken, Bilder, Gefühle, Phantasien und Vorstellungen, auch der Gedanken und Vorstellungen über Gott.

Wie schon Meister Eckhart sagte, muss der Mensch innerlich frei und aller Dinge „ledig" sein, nichts haben, nichts wissen, auch nichts haben oder wissen wollen. Im 14. Jahrhundert beschrieb der (unbekannte) Autor der sog. *Wolke des Nichtwissens* in seinem später verfassten *Brief* die kontemplative Grundhaltung so: „Halte dein Denken leer, dein Fühlen unabhängig und dich selbst in reiner Gegenwärtigkeit, damit Gnade dich anrühren und dich kräftigen kann mit der Erfahrung der wirklichen Gegenwart Gottes" (35). Und, „lieber Freund, gib das ruhelose bohrende Fragen deines Verstandes auf!" (43). „Höre auf zu überlegen, was gut oder schlecht, natürlich oder übernatürlich, göttlich oder menschlich ist. Nichts ist jetzt wichtig außer dem einen, dass du jetzt Gott in freudiger Liebe die dunkle Wahrnehmung deines reinen Seins hinhältst, damit er dich mit seiner Gnade an sich ziehen und dich im Innersten mit sich einen kann, dein Sein mit seinem Sein" (40). Kontemplation ist im Grunde diese Erfahrung des Einsseins, ja der Identität des eigenen Seins mit dem göttlichen Sein.

Andere Stufen des Gebets und der Meditation können der Übung der Kontemplation vorausgehen, den Weg eröffnen und den Geist konzentrieren helfen – beginnend etwa mit dem Bemühen, vorformulierte Gebetstexte (wie das Vaterunser) „andächtig" zu beten oder eigene Worte, die an Gott gerichtet werden, zu formulieren (etwa in einem persönlichen Bitt-, Lob- oder Dankgebet). Auch das Betrachten von religiösen Bildern, Gegenständen (Blumen oder Kerzen), Passagen der Bibel, Stationen des Lebens Jesu (wie in den Ignatianischen Exerzitien) oder Liedtexte können Vorstufen der Kontemplation sein. Eigentliche Kontemplation aber ist wortlos, frei von Gedanken und Gegenständen und besteht in reiner Offenheit für den göttlichen Urgrund. Da gibt es auch keinen Dialog mit symbolischen Gestalten (wie „Frau Weisheit" bei Heinrich Seuse), keinen kontrollierten Dialog mit Traumgestalten (wie bei der „Aktiven Imagination" nach C. G. Jung), kein Gespräch mit Elfen oder Engeln, die dem Menschen Weisungen oder Weissagungen vermitteln wollen. Alle diese Formen der (noch gegenständlichen) Ausrichtung auf die göttliche Wirklichkeit können zwar nützliche Durchgangsstationen auf dem kontemplativen Weg sein. Sie können der Konzentration auf das Eigentliche dienen und zum Weitergehen ermutigen. Wer aber Kontemplation im eigentlichen Wortsinn sucht, sollte auf keiner früheren Stufe stehen bleiben, sei sie auch noch so einladend und verlockend. Selbst Wahrnehmungen feinstofflicher Art (wie Visionen und Stimmen) gehören nicht zur höchsten Stufe, zum Eigentlichen der kontemplativen Einheitserfahrung, auch wenn die Faszination groß sein mag. Manchmal ist gerade das Nichtwissen ein Zeichen echter Erfahrung, so wenn Teresa von Avila ihr Erleben der Einheit mit dem göttlichen Urgrund vergleicht mit dem Seewasser nach einem Regen: Man sieht nur noch den See und weiß nicht, welche Wassertropfen von oben kamen und welche von unten. Was sich jenseits des Denkens ereignet, lässt keine Unterscheidungen mehr zu.

Gleichwohl gibt es Entwicklungsphasen auf dem kontemplativen Weg, die zu beachten sind. Manche beginnen mit der Konzentration auf den Atem (in einer Sitzhaltung auf dem Boden), fügen ein kurzes Leitwort hinzu und verweilen einfach lauschend in der Stille der göttlichen Gegenwart. „Sieh nur zu, dass alles wirklich bildlos ist, sonst ist es falsch!", mahnt der Autor des zitierten *Briefes*. Der Wandlungsprozess ergibt sich ganz von selbst, wenn alle Vorstellungen losgelassen werden und das eigene Ego-Denken nicht mehr im Wege steht. Dann können freilich auch schwierige Zeiten kommen.

Johannes vom Kreuz spricht zum Beispiel von der dunklen Nacht der Sinne, in der man lange Zeit ohne fühlbaren Trost bleibe, und der dunklen Nacht des Geistes, in der auch der glaubensmäßige Bezug zu Gott erloschen scheine. Solche Phasen dienen der Reinigung von allen irdischen Anhänglichkeiten, die der Erfahrung Gottes entgegenstehen. Nur anfangs kann der Mensch noch aktiv mitwirken, muss sich dann aber der passiven Reinigung und damit ganz der göttlichen Führung überlassen. Weil sich der eigene Kompass in derart schwierigen Phasen oft (noch) nicht auskennt, ist es ratsam, die Gemeinschaft mit anderen, die den gleichen Weg gehen, und die Führung eines erfahrenen Menschen, der schon ein Stück voraus ist, zu suchen. Seit der Begegnung mit den östlichen Meditationsformen ist die Zahl der Lehrer/innen und Übungsgruppen auch außerhalb der Klöster stark gewachsen. Kontemplation ist nicht mehr das Privileg von Ordensleuten. Sie hat Raum im Alltag von jedermann. Die alte Forderung, dass Kontemplation und mystische Erfahrung sich im Alltag zu bewähren haben, realisiert sich heutzutage mehr als früher auch in alltäglichen Situationen von Beruf und Familie.

Körper

Pieter Loomans

Karlfried Graf Dürckheim unterschied zwischen dem Körper, „den man hat" und dem „Leib, der man ist". Heute ist ein pragmatischer Körperbezug weit verbreitet: Der Körper wird durchtrainiert, hat zu funktionieren, wird regelmäßig durchgecheckt. Mit Hilfe von Kosmetika, Schönheitsoperationen, Mitteln gegen Haarausfall, Potenzmitteln und vielem mehr wird dem natürlichen Alterungsprozess entgegengesteuert und der Illusion von ewiger Jugend nachgejagt. Krankheit wird vielfach als Kränkung erlebt, und die Vergänglichkeit und Endlichkeit der menschlichen Existenz wird verdrängt. Trotz Sport, Jogging und Fitnesstraining ist der Bezug zum Körper oft eher narzisstisch geprägt. Der wohltrainierte Körper dient als Mittel zum Zweck.

Den vielen körperfeindlichen Aspekte unserer abendländischen Kultur steht das Hofieren des Körpers in Form von zahllosen „Wellness-Erlebnissen" entgegen. Die neue Körperbezogenheit ist somit auch als Antwort auf eine zunehmende Entfremdung von der eigenen Natur zu sehen. Diese Verfremdung und Entwurzelung, die viele Zeitgenossen erfahren, hat sicherlich mit dem verloren gegangenen Bezug zur Natur generell zu tun. Hier kann eine spirituelle Praxis – eventuell auch in Kombination mit der transpersonalen Psychotherapie – Abhilfe leisten.

Nun steht auch Spiritualität immer wieder im Verdacht, leibfeindlich zu sein und zu einer sterilen Geisteshaltung zu führen. Dies geschieht insbesondere dann, wenn die Möglichkeiten zur Integration von triebhaften, sexuellen, vitalen und animalischen Kräften, wie sie viele Meditationstechniken bieten, unterschätzt werden.

Dieses Potenzial können Meditationstechniken allerdings nur freisetzen, wenn sie mit der richtigen inneren Haltung praktiziert werden. So liegt etwa beim Zazen – beim kontemplativen Sitzen –, aber in unterschiedlichem Ausmaß auch bei anderen meditativen Praktiken, eine Gefahr darin, die Übung krampfhaft, „preußisch" pflichtgemäß und ohne innere Freude zu verrichten. Unter Umständen werden aufkommende Gefühle unterdrückt und „weggesessen". Zwar kann die von außen auferlegte Disziplin bei Schülern und Schülerinnen heilsam und erforderlich sein, wenn sie die Übungen zu locker nehmen. Wenn sie hingegen ohnehin zu einer zu großen Strenge und Rigidität neigen, dann empfiehlt es sich, zur Ergänzung bestimmte körperbezogene Übungen wie Aikido oder Tai-Chi zu praktizieren. Einige Zen-Lehrer und -Lehrerinnen erlauben auch das Zulassen spontaner Bewegungen (Kryas) oder das Tönen während des Zazen. Dies stellt allerdings eine Ausnahme da. Darüber hinaus ermöglichen Leibarbeit und kreative Medien wie Tonarbeit und „geführtes Zeichnen" den Ausdruck und die Verarbeitung von Gefühlen als Beitrag zu einem inneren Reifungsprozess.

Eine Spiritualität, die den Leib nicht als „Gefängnis" oder als „Bruder Esel" betrachtet, sondern als „Tempel des Geistes", ist in der Lage, Menschen mit gezielten Übungen zur In-Korporation zu verhelfen. Voraussetzung dafür ist ein Annehmen des Leidens, das mit der irdischen Existenz zusammenhängt. Nicht Weltflucht, sondern ein Durcharbeiten und Aushalten von seelischem (und zu einem bestimmten Grad auch körperlichem) Schmerz führt zur Lebensbejahung und damit zum Leibbezug.

Ein Schüler in der Initiatischen Therapie hatte einen Traum, in dem sein Begleiter ihm eine Leibbehandlung gab. Während der Leibbehandlung verlor er im Traum den Kontakt zum Leib. Daraufhin gab ihm der Therapeut zwei alte chinesische Karten. Auf der einen stand geschrieben: Der direkte Weg zum Himmel ist dem modernen Menschen nicht mehr gemäß. Auf der zweiten Karte stand: Aber wenn dieser Weg schon gewählt wird, dann genieße ihn voll. Dieser Traum entspricht auch den leibtherapeutischen Ansichten der Initiatischen Therapie: Die so genannten Astralreisen oder andere Weisen der Flucht aus dem Leib führen nicht zu einer wirklichen Verwandlung.

Als ein Schüler von einem anderen Schüler eine Leibbehandlung unter Supervision des Therapeuten bekam, meinte der Therapeut zu sehen, wie sich dreimal der Kontakt des Behandelten zu seinem Leib verflüchtigte. Dreimal fordert er deshalb den Behandelnden auf, die Erdung des Behandelten zu berücksichtigen, das heißt dessen Hara-Zentrum (den Bauch-Becken-Bereich) zu berühren und vor allem auch die Beine und Füße. Nach der Behandlung erzählte der Behandelte, er hätte sich in einer Art Imagination mit Teufeln kämpfen sehen, die mit Knüppeln bewaffnet gewesen seien. Dreimal habe er kurz davor gestanden zu resignieren. Genau in diesen Momenten habe der Leibtherapeut interveniert.

Dieses Geschehen zeigt, dass eine Annahme des menschlichen Leidens zu einer Verleibhaftigung oder auch „Verirdischung" führt. Nicht von ungefähr taucht in solchen Prozessen häufig die Kreuzsymbolik auf. Die Annahme des „Kreuzes" ist eine Vorbereitung für die innere Befreiung, gewissermaßen für eine „Auferstehung", die sich auch im Leib bemerkbar macht:

in einem besonderen Gefühl von Durchlässigkeit, von Transparenz für die „immanente Transzendenz" (Dürckheim).

Körper(psycho)therapien und vor allem transpersonale Körperpsychotherapien wie die prozessorientierte Psychotherapie von Arnold Mindell, die Psychodynamische Körpertherapie von Gerda Boysen, die Biosynthese von David Boadella, die erwähnte Initiatische Leibarbeit nach Graf Dürckheim, die Core-Energetik von Pierrakos oder die psychoanalytische Körpertherapie von Tilmann Moser sind in der Lage – auch in Kombination mit meditativen Übungen wie Yoga, tibetischer Meditation, Zazen und christlicher Kontemplation –, Menschen einen intensiveren und heilsamen Leibbezug zu vermitteln.

Krise

Wunibald Müller

Carl Gustav Jung vergleicht einmal die Depression mit einer Dame in Schwarz. Wenn diese Dame in unser Leben eintrete, solle man sie nicht wegschicken, sondern zu Tisch bitten und fragen, was sie einem zu sagen habe. Was Jung von der Depression sagt, gilt auch für die Krisen in unserem Leben.

Eine Krise erfahren wir, wenn in unserem Leben etwas aus den Fugen gerät, wenn wir uns mit einer Situation konfrontiert sehen, die unsere übliche Fähigkeit und Kompetenz überfordert. Der Verlust eines geliebten Menschen, der Verlust des Arbeitsplatzes, der Vertrauensbruch eines Menschen – all das können Anlässe sein, in eine Krise zu geraten. In diesen Fällen wäre das eine *akute* Krise. Im Unterschied dazu gibt es auch *normative* Krisen, die jeder von uns im Verlauf seiner psychischen Entwicklung erfahren wird.

Die bekanntesten und für unsere Entwicklung entscheidendsten normativen Krisen sind die *Identitätskrise* und die *Krise in der Mitte* unseres Lebens.

Bei der Identitätskrise, gewöhnlich in der Zeit zwischen dem Vorerwachsenenalter und frühen Erwachsenenalter, geht es um die äußere und innere Ablösung von Elternhaus und den bisher bestimmenden Einflüssen, Einstellungen, Überzeugungen und Wertvorstellungen. Wir müssen in dieser Phase zunehmend unser eigenes Fundament finden, auf dem wir dann *unser* Lebensgebäude errichten, zu dem unter anderem die Entscheidung gehört, wie wir leben wollen und was wir tun werden. Diese Zeit ist gekennzeichnet von Unsicherheit, Trauer und Orientierungslosigkeit.

Unsere eigene Identität kristallisiert sich am deutlichsten heraus, wenn wir bereit sind, diese Krise in unserem Leben bewusst auszuhalten. Wer sich dieser Krise nicht stellt, läuft Gefahr, nicht zu seiner wahren Identität zu finden.

Der Prozess der Identitätsfindung wirkt sich auch auf die spirituelle Entwicklung aus. „Das bedeutet für die Person manchmal einen schmerzlichen Bruch mit ihrer innersten, aber bislang unüberprüften Weltanschauung und ihrem Überzeugungssystem. Das Vertraute und Selbstverständliche muss fremd werden" (J. W. Fowler, *Glaubensentwicklung*). Das Ergebnis ist im günstigen Fall eine größere Autonomie und eine Stärkung des eigenen Selbst, möglicherweise in Abhebung und Absetzung von der Gruppe, von der her der junge Mensch sich bisher stark definierte und zu der er gehörte. Schließlich kann sich ein Glaube herauskristallisieren, der die vielfältigen Gegensätze im Leben und Glauben in eine spannungsvolle Synthese zu bringen vermag.

Bei nicht wenigen geschieht das erst in der Krise in der „Mitte" des Lebens, die viele, wenn sie sich darauf einlassen, als besonders intensiv erleben. Was hier vor sich geht, veranschaulicht C. G. Jung einmal so:

> „Denken Sie sich eine Sonne, von menschlichem Gefühl und menschlichem Augenblicksbewusstsein beseelt. Am Morgen entsteht sie aus dem nächtlichen Meere der Unbewusstheit und erblickt nun die weite, bunte Welt in immer weiterer Erstreckung, je höher sie sich am Firmament erhebt. In dieser Erweiterung ihres Wirkungskreises, die durch das Aufsteigen verursacht ist, wird die Sonne ihre Bedeutung erkennen und ihr höchstes Ziel in größtmöglicher Höhe und damit auch in größtmöglicher Erstreckung ihres Segens erblicken. Mit dieser Überzeugung erreicht die Sonne die unvorhergesehene Mittagshöhe – unvorhergesehen, weil ihre einmalige individuelle Existenz ihren Kulminationspunkt nicht vorherwissen konnte. Um zwölf Uhr mittags beginnt der Untergang. Und der Untergang ist die Umkehrung aller Werte und Ideale des Morgens. Die Sonne wird inkonsequent. Es ist, wie wenn sie ihre Strahlen einzöge. Licht und Wärme nehmen ab bis zum schließlichen Erlöschen."

Diese Wende vom Aufstieg hin zum Niedergang gilt es innerlich mitzuvollziehen. Es ist leichter gesagt als getan, sich in der Mitte des Lebens darauf einzustellen, dass einem nicht mehr alle Zeit der Welt zur Verfügung steht, weil der Nachmittag des Lebens längst angebrochen ist. Wer aber verzichtet schon gern auf etwas, was ihm lieb geworden ist? Wer ist bereit, Schmerzen zu erleiden über einen Verlust, solange er glaubt, den Verlust vermeiden zu können? So versuchen wir die Wahrheit zu überspielen. Für eine Weile sogar mit Erfolg, doch nicht auf Dauer.

Wenn wir an dieser Stelle in unserem Leben nicht schrumpfen, sondern wachsen wollen, müssen wir uns der Krise stellen. Sie erweist sich oft als eine Zeit des Übergangs, vergleichbar mit einer Fähre, die uns von der einen Seite des Flusses zur anderen Seite bringt. Bei entsprechenden Außenbedingungen kann es dabei sehr stürmisch zugehen. Vor allem aber zwingt uns diese Zeit, innezuhalten, um uns endlich zu trennen: von einer Person, einer Idee, einer Vorstellung, wie Leben ist und was Leben heißt.

Der Weg, auf dem wir bisher glaubten, zum Ziel, zur Erfüllung dessen, was uns vorschwebte, zu gelangen – und was uns vielleicht sogar als Gottes Wille erschien –, läuft auf sein Ende zu. Gefühle von Einsamkeit, Trauer und Ärger machen sich breit. Aber der Anspruch lautet: beenden, sich verabschieden von dem, was nicht mehr ist; all die Trauer und den Ärger zulassen, die tatsächlich da sind. Das ist unerlässlich, um einen wirklichen Abschied schaffen zu können.

Die Phase des Beendens geht über in eine Zeit, in der wir viel Dunkelheit und Unsicherheit erfahren, Zweifel, Einsamkeit und Traurigkeit. Je bereitwilliger wir uns auf diese Phase einlassen, desto offener werden wir dafür, uns neu zu orientieren, bis dann tatsächlich mit dem langsamen Neubeginn die Phase der Dunkelheit und Unsicherheit zu Ende geht. Das geschieht in der Regel nicht plötzlich. Es ist eher vergleichbar mit dem vorsichtigen Vorwärtstasten auf einem Untergrund, dem man noch nicht ganz zutraut, dass er einen zu tragen vermag.

Was lehren uns die Krisen, was wollen sie uns sagen? Wie können wir auf sie eingehen? Zunächst sollten Krisen als Hinweise verstanden werden, dass sich in unserem Leben etwas Entscheidendes tut bzw. geschehen sollte. Die Krisen können als eine Chance betrachtet werden, mit dem Wesentlichen von uns wieder mehr in Kontakt zu kommen und gegebenenfalls Korrekturen in unserem Leben vorzunehmen, um dem, was uns letztlich ausmacht, mehr gerecht zu werden. Eine solche Sichtweise von Krise kann helfen, die Krise anzunehmen und durchzutragen, statt sie durch Ablenkungen oder Verdrängung zu beseitigen oder anscheinend aufzulösen. Würden wir versuchen, die Krise zu überspielen, würde das den von der Krise beabsichtigten Verwandlungsprozess beeinträchtigen. Rainer Maria Rilke schreibt in seinem Büchlein *Briefe an einen jungen Dichter*:

> „Ich glaube, dass fast alle unsere Traurigkeiten Momente der Spannung sind, die wir als Lähmung empfinden … weil uns alles Vertraute und Gewohnte für einen Augenblick fortgenommen ist; weil wir mitten in einem Übergang stehen, wo wir nicht stehen bleiben können. Darum geht die Traurigkeit auch vorüber. Das Neue in uns, das Hinzugekommene, ist in unser Herz eingetreten. Ist in seine innerste Kammer gegangen und ist auch dort nicht mehr – ist schon im Blut. Und wir erfahren nicht, was es war. Man könnte uns leicht glauben machen, es sei nichts geschehen, doch haben wir uns verwandelt, wie ein Haus sich verwandelt, in welches ein Gast eingetreten ist."

Das Leiden, das wir in der Krise erfahren, kann sich oft als ein *kreatives* Leiden erweisen. Dieses Leiden lässt uns Schmerz empfinden über etwas, was wir nicht haben oder nicht mehr haben – den geliebten Menschen, die Unbefangenheit der Jugendzeit, Gesundheit –, so dass wir im Trauern darüber uns von Illusionen, Wünschen, Vorstellungen frei machen können, die unerfüllbar sind. Wir landen am Ende dieses schmerzlichen Prozesses auf dem Boden der Wirklichkeit, unserer Wirklichkeit, um endlich sie und ihre Möglichkeiten zu entdecken. Wir sehen dann Dinge und uns selbst mit anderen Augen, können z. B. das, was war, als Schatz weiter mit uns und in uns tragen und das, was jetzt noch oder überhaupt erst möglich ist, zum ersten Mal richtig würdigen.

Eine Krise kann uns manchmal auch veranlassen, ja geradezu zwingen, zu Grunde zu gehen. In uns muss dann erst etwas zu Grunde gehen, zerstört werden, einstürzen, was uns bisher getragen hat. Wollen wir einen neuen Sinn, einen neuen Halt finden, müssen wir uns aufmachen, tiefer in unseren Grund vorzudringen. Der Weg dorthin kann manchmal nahezu unerträglich sein. Doch wenn wir diesen Weg gehen, werden die Erfahrungen, die uns am Ende geschenkt werden, von der Art sein, dass wir es nicht bereuen, diesen schweren Weg der Auseinandersetzung und Anfechtung gegangen zu sein.

Wer sich auf diese Erfahrung des Zu-Grunde-Gehens einlässt, dem können sich auch ganz neue tiefe spirituelle Erfahrungen erschließen, vergleichbar mit den Erfahrungen der dunklen Nacht, von denen Menschen, die sich auf einen intensiven spirituellen Weg eingelassen haben, immer wieder berichten. Lassen wir uns auf den Prozess des Zu-Grunde-Gehens ein, haben wir eine gute Chance, verwandelt aus dieser Erfahrung hervorzugehen. Wir erleben uns dann als Menschen, die mit ihrer Tiefe in Kontakt gekommen sind und sich jetzt als tief-gründiger erfahren. Wir sind dann liebevoller uns selbst und unserer Umwelt gegenüber und verspüren eine innere Stärke, die wir bisher so bei uns nicht kannten. Wir trauen unserem eigenen Grund, nachdem wir mit unserem Ur-Grund in Berührung gekommen sind. Hermann Hesse sagt:

„Der Weg der Erlösung
führt nicht nach links und nicht nach rechts,
er führt ins eigene Herz,
und dort allein ist Gott,
und dort allein ist Frieden.“

Um dem Leben wieder einen Sinn abgewinnen zu können, müssen wir lernen, tiefer zu sehen. Die Krise kann so zur Chance werden, uns die Augen zu öffnen für das, was wir bisher nicht oder nicht so gesehen haben. Elisabeth Kübler-Ross schreibt: „Es ist traurig, dass erst dann, wenn eine Tragödie uns trifft, die meisten von uns beginnen, tieferen Aspekten des Lebens ihre Aufmerksamkeit zu widmen. Es ist erst dann, dass wir versuchen, über die äußerlichen Bedürfnisse – wie wir aussehen, wie viel Geld wir verdienen usw. – hinauszugehen, um zu entdecken, was wirklich wichtig ist … Krisen können uns helfen, sehr vieles über uns selbst zu entdecken und so unser Leben bereichern … Wenn eine ‚Katastrophe' unser Leben bereichert mit Geschenken, die üblicherweise für selbstverständlich betrachtet werden, ist das dann wirklich eine Katastrophe? Oder ist es ein Geschenk in Verkleidung?" (vgl. Kübler-Ross, *Soul Gifts in Disguise*).

Eine Krise kann auf ganz unterschiedliche Unausgeglichenheiten, Störungen, Diskrepanzen in unserem Leben hinweisen. Sie kann uns daran erinnern, dass wir zu wenig für uns selbst tun, die Sorge um uns selbst vernachlässigen. In der Krise kann sich auch unsere Seele melden, die uns so lange nicht in Ruhe lässt, bis wir z. B. der spirituellen Welt wieder mehr Aufmerksamkeit schenken und uns auf die Suche machen nach dem, was uns wirklich trägt und hält. Manchmal kann das erfordern, sich von einem Glauben zu lösen, der in den Kinderschuhen steckengeblieben ist, um z. B. in der Erfahrung von Verlust, von Scheitern und Krankheit zu einem Glauben zu finden, der geerdet ist – zu einem Glauben, der wie die Wurzeln eines Baumes tief in die Erde hineinreicht und sich gut mit dem Wasser des Lebens versorgt, damit er nicht entwurzelt wird und überlebt, wenn die Wirklichkeit des Lebens über uns hinwegfegt.

Leiden

Johannes Brantschen

„Wenn Gott diese Welt erschaffen hat, möchte ich nicht Gott sein, denn das Elend der Welt würde mir das Herz zerreißen" – so der Seufzer des großen Pessimisten Arthur Schopenhauer.

Aber auch wer mit wachen Sinnen die Schönheiten und das

Gute dieser Erde wahrnimmt und angesichts des wunderbaren Wirkens der Natur aus dem Staunen nicht herauskommt, muss bekennen: Menschengeschichte ist Leidensgeschichte. Das offene (und mehr noch das versteckte) Leiden folgt dem Menschen wie sein Schatten. Es durchzieht sein Leben wie ein roter Faden und prägt die Weltgeschichte über den Menschen hinaus: „Wir wissen, dass die gesamte Schöpfung bis zu heutigen Tag seufzt und in Geburtswehen liegt“ (Röm 8, 22).

Diese Leiderfahrung hat in der Moderne eine Verschärfung erfahren: einerseits durch Auschwitz, diesen Ort unvorstellbaren Grauens und Leidens; andererseits durch die dank der Naturwissenschaften neu gewonnene Einsicht in die Schrecken der Evolution. Schon Reinhold Schneider war hypnotisiert von der phantastischen Zweckmäßigkeit der Natur, die letztlich auf das eine hinausläuft: einander besser fressen zu können. „Des Vaters Antlitz hat sich ganz verdunkelt; es ist die schreckliche Maske des Zerschmeißenden, des Keltertreters.“ Inzwischen wissen wir, dass die Entwicklung von den Hominiden hin zum *Homo sapiens sapiens* eine grauenvolle Geschichte war: Nur wer von den Opfern dieser Geschichte abzusehen vermag, kann diese Leidensgeschichte als „Preis für das Wunder des Lebens“ oder – wie französische Molekularbiologen und Astrophysiker – als „die schönste Geschichte der Welt“ betrachten.

Zweifelsohne hat Leiden mehr als ein Gesicht. Schreiend erblickt der Mensch das Licht (oder das Dunkel) der Welt – und doch besteht Grund zur Freude bei einer glücklichen Geburt. Im jüdisch-christlichen Verständnis ist der Mensch nun einmal Geschöpf. Dieses Geschöpfsein ist kein Übel, schließt aber ein, dass der Mensch nur durch Geburtswehen hindurch Mensch wird und Mensch bleibt. Zu diesen lebenslangen Geburtswehen gehören Enttäuschungen, Verzichte, Opfer, Frustrationen, schmerzende Abschiede (durch Trennung, Scheidung und Tod) und angstmachende Neuanfänge. Wer diese Schmerzen, die zur *conditio humana* gehören, verdrängt oder verleugnet, bleibt lebenslang in seinem beleidigten Narzissmus gefangen.

Der Skandal des Leidens liegt vielmehr im *Übermaß* des Leidens, zumal für Christinnen und Christen, die Gott als Macht der Liebe bekennen. Das Leiden der Unschuldigen bleibt das Problem. Warum müssen so viele Kinder an Hunger und Krankheit sterben – eine Frage, die Schriftsteller wie Fjodor Dostojewskij und Albert Camus ein Leben lang verfolgt hat. Warum sind so vielen Menschen Würde und Hoffnung fast ganz versagt?

Keine Religion hat das Leiden bagatellisiert. In ihren jeweiligen Kontexten haben vielmehr alle Religionen mit ganz verschiedenen Kategorien versucht, mit den menschlichen Leiderfahrungen theoretisch und vor allem praktisch zu Rande zu kommen. So formuliert zum Beispiel der Buddhismus, zu dessen frühen Fürsprechern in Europa Schopenhauer gehört, in der ersten seiner „Vier edlen Wahrheiten" ganz radikal: „Alles Menschenleben ist Leiden". In der ersten Predigt des Buddha heißt es: „Dies, ihr Mönche, ist die edle Wahrheit vom Leiden: Geburt ist Leiden, Alter ist Leiden, Krankheit ist Leiden, Tod ist Leiden, mit Unliebem vereint sein ist Leiden, von Liebem getrennt sein ist Leiden, nicht erlangen, was man begehrt, ist Leiden." Leiden ist für den Buddhisten – zusammen mit der Vergänglichkeit – die große Grunderfahrung des Lebens. Damit ist es auch Dreh- und Angelpunkt eines persönlichen Befreiungsweges, für den die buddhistische Tradition – wie das Judentum und Christentum – einen umfassenden ethischen Kanon, vor allem aber eine Vielzahl praktischer Methoden und Hinweise bereitstellt. Leiden wird überwunden, indem die Leidenschaften überwunden werden und dadurch dem Leiden gleichsam der Nährboden entzogen wird. Ziel ist die Befreiung aus dem Kreislauf der Wiedergeburten und der Eingang in ein leidfreies Nirwana.

Im Abendland sahen die Griechen im Leiden eine Lernschule der Weisheit. Die Römer wussten: *per aspera ad astra* (durch

Dunkel zum Licht). Die Christen haben dann sowohl aus der Antike die Idee vom Leiden als Schule der Weisheit als auch aus dem Judentum die Vorstellung vom Leiden als göttlicher Züchtigung übernommen („Wen der Herr liebt, den züchtigt er wie ein Vater seinen Sohn, den er gern hat“: Spr 3, 11–12; Dtn 8, 5; Hebr 12, 4–11; 1 Petr 1, 6–7; 2 Kor 7, 8–11). Dabei geriet ihnen ihr eigener Gott nur allzuoft zum schwarzen Pädagogen.

Das existentiell erlebte Leiden fragt nicht nach Konfession und Religion; es trifft den Christen wie den Nichtchristen, den Atheisten wie den Agnostiker – und glücklich zu preisen ist, wer einsieht: Aus Leiden kann man lernen; auch in einer schlimmen Krankheit liegt eine Chance.

Der Mensch, den schweres Leid trifft, quält sich zuerst einmal mit der bitteren Frage: Warum? Warum gerade ich? Ohne diese notwendige Phase der Klage droht der leidende Mensch von der dumpfen und stummen Apathie verschluckt zu werden. Erst wenn es dem Leidenden allmählich gelingt, die Frage nach dem *Warum* in die Frage nach dem *Wozu* zu verwandeln, beginnt der Horizont sich aufzuhellen und können „Sinn-Inseln“ in Sicht kommen. Der Leidende fängt an, an seinem Leiden zu arbeiten, und am Ende dieses Kreuzweges hat er vielleicht etwas von jener geheimnisvollen Wahrheit erfahren: Wir werden nur reich, indem wir loslassen. Auf jeden Fall hat der Leidende in Abgründe geblickt und Tiefendimensionen hinzugewonnen, die den „glücklichen Machern“ ewig verborgen bleiben.

Allerdings ist unsere Zeit diesem „Lernen aus Leiden“ nicht gerade förderlich, weil wir an einer verborgenen Krankheit leiden, nämlich der, nicht leiden zu können (H. E. Richter). Im gegenwärtigen Klima der Leidensflucht ist es schwierig, Verständnis dafür zu wecken, dass auch im Leiden eine Chance liegen kann. Zudem wissen wir alle, dass man am Leiden auch zerbrechen kann. Trotzdem bleibt wahr: Es gibt Tore, die einzig das

Leiden öffnen kann. Wir alle sind schon großartigen Menschen begegnet, die durch tiefe Leiden hindurchgegangen sind: Sie besitzen wahre Weisheit und weise Menschlichkeit. Weil sie sich ihrer Gefühle nicht mehr schämen, sind sie sensibler für die Gefühle anderer, kennen Betroffenheit und Gelassenheit, Zärtlichkeit und Verletzbarkeit. Ihr Mitleiden demütigt die anderen nicht und ihre Mitfreude ist ohne Falsch. Großartige Werke – gerade in der Kunst – werden oft im Leiden geboren, so etwa bei van Gogh, Mozart und bei Kleist.

Nicht nur am eigenen Leiden kann ein Mensch wachsen, sondern auch in der Begleitung Leidender und Sterbender. Das setzt voraus, dass der Gesunde nicht mit Besserwisserei und fertigen Antworten an ein Krankenbett tritt, sondern ein verstehendes Mitgehen an den Tag legt, das die Zweifel und Ängste des Leidenden ernst nimmt, seine stummen Signale zu sehen weiß, sein Schweigen und seine Tränen teilt. Durch geduldiges Zuhören kann er dann verstehen lernen, wie anders ein Schwerkranker die Welt erfährt und wie sie manchmal einen Reichtum birgt, von dem wir bisher nichts geahnt haben. Auch schwerstbehinderte Menschen haben in unserer grausamen Leistungsgesellschaft eine prophetische Aufgabe. Sie erinnern uns an unser eigenes Menschsein, indem sie allen – besonders den Erfolgreichen, Starken, Gesunden und Schönen – die Begrenztheit und Hinfälligkeit des Menschen vor Augen führen. Schwerstbehinderte zeigen uns, dass wir nur dann als Menschen bestehen können, wenn wir von einem bedingungslosen Ja getragen werden, das uns unabhängig von Erfolg und Leistung zugesagt wird! An dieses unbedingte Ja – in jeder Situation – glauben heißt, an den christlichen Gott glauben.

Dieses tief menschliche „Lernen aus Leiden“ hat in der christlichen Tradition eine letzte Tiefendimension erreicht. Das sei am dunklen Wort von der Kreuzesnachfolge (Mk 8, 34) kurz illustriert: ein Wort, in dem die Spiritualitäten des *Wi-*

derstands und der *Ergebung* ineinander übergehen, das aber oft auch für eine ungute Leidensmystik herhalten musste. Dies letztere geschah immer dann, wenn man *die historischen* Gründe, die Jesus ans Kreuz gebracht haben, vergessen hat. Jesu Tod am Kreuz ist *Folge* seines Verhaltens und seiner Botschaft. Weil Jesus Gott als Feind des Leidens und als Freund des Lebens in seiner leidüberwindenden Praxis – also im *Widerstand* – resolut zum Zuge gebracht hat, wurde der Bote der Liebe als *Gotteslästerer* von den Vertretern der offiziellen Orthodoxie mit Hilfe der Römer liquidiert. Als Jesus einsehen musste, dass er der Botschaft seines Vaters nur noch treu bleiben konnte, indem er sich kreuzigen ließ, willigte er freiwillig in den Märtyrertod ein, d. h. in die schwierige Ergebung (Mk 14, 36). Am Kreuz schreit die Liebe. Übersieht man dies, gerät man in Gefahr, Jesu Kreuz als von Gott ausdrücklich gewollt hinzustellen. Was aber wäre das für ein Gott, der durch Blut und Schmerzen gefüttert werden müsste? Leiden ist nicht „an sich" etwas Gutes.

– Kreuzesnachfolge heißt folglich für Christen zuerst einmal dies: bereit sein, in der Nachfolge Jesu das Leiden auf sich zu nehmen, das uns dann widerfährt, wenn wir versuchen, Leiden zu überwinden. Der Theologe und Märtyrer Dietrich Bonhoeffer – um nur ihn zu nennen – steht in dieser Nachfolge.

– Kreuzesnachfolge heißt zweitens auch: das eigene nicht abschaffbare Leiden (eine unheilbare Krankheit, eine schwere Behinderung) anzunehmen. Dieses angenommene Leiden ist dann (für Familie, Freunde und Pflegepersonal) Trost, Ermutigung und Hilfe zugleich. Wo immer es Menschen gelingt, durch Weinen, Klagen und Beten hindurch anzunehmen, was nicht zu ändern ist, da ereignet sich christliche Ergebung. Wo sie möglich wird, geschieht immer ein Wunder, vor dem wir uns nur bewundernd verneigen können.

Widerstand *und* Ergebung sind die menschlichen und christlichen Haltungen dem Leiden gegenüber. Der Christ und die

Christin haben in der Nachfolge Jesu das Leiden nicht in erster Linie gescheit zu erklären und geistreich zu systematisieren, sondern – soweit möglich – zu lindern, zu mindern und zu überwinden, ohne allerdings der Illusion zu verfallen, alles Leiden und jeder Schmerz seien abschaffbar. Dabei dürfen wir die unglückliche These, Leiden sei Strafe Gottes, vergessen; denn sie hat nur die selbstzerstörerischen Schuldgefühle vergrößert. Wenn Gott das Böse nicht ertragen kann, so nicht deshalb, weil dadurch seine vermeintliche Ehre verletzt würde, sondern weil er nicht will, dass die Menschen, die er liebt, durch Bosheit und Dummheit einander zerfleischen.

Weisheit und Gnade ist es, zu wissen, wann es Zeit ist zu *widerstehen* – und wann es Zeit ist, sich zu ergeben.

Leidenschaft

Anselm Grün

Das deutsche Wort „Leidenschaft" wird seit dem 17. Jahrhundert als Übersetzung für das griechische *pathos* bzw. das lateinische *passio(nes)* gebraucht. Leidenschaft bezeichnet einen starken Drang, der den Menschen antreibt, etwas zu tun: Leidenschaft hängt zusammen mit den Trieben des Menschen. Zunächst ist Leidenschaft ethisch wertfrei – sie ist eine starke Motivationskraft und kann sowohl positiv wie negativ genutzt werden. In der Psychologie spricht man weniger von Leidenschaften als vielmehr von Affekten und Emotionen. Eine Ausnahme ist Philipp Lersch, der das Thema in seiner Persönlichkeitspsychologie bewusst aufgreift. Für Lersch sind Leidenschaften starke Bestrebungen, die den Menschen über sich hinaus führen, zum andern Menschen hin, zu einem Einsatz für eine Sache und auf Gott hin. So hat auch der Philosoph G. W. F. Hegel die Leidenschaft gesehen: „Es ist nichts Großes ohne Leidenschaft vollbracht worden, noch kann es ohne solche vollbracht werden."

Was haben Leidenschaft und Spiritualität miteinander zu tun?

Die frühen Mönche sahen in der Auseinandersetzung mit den Leidenschaften (den *pathe*) den Mittelpunkt spirituellen Ringens. Danach sieht der Mensch sich mit neun Leidenschaften konfrontiert. Evagrius Ponticus (345–399), der wohl wichtigste Mönchsschriftsteller, nennt die Leidenschaften *logismoi*: das sind gefühlsbetonte Gedanken, Antriebe und Kräfte. Solche Leidenschaften können einen Menschen ganz mit Beschlag belegen und ihn am spirituellen Weg hindern. Daher gehört es entscheidend zum spirituellen Leben, mit den Leidenschaften gut umzugehen: sie für den Weg zu Gott zu nutzen. Die Lehre des Evagrius wurde im Laufe der Kirchengeschichte immer stärker moralisierend verstanden. Sie wurde zur so genannten Acht-Laster-Lehre und schließlich zur Lehre von den sieben Hauptsünden. Ursprünglich war sie eine Lehre, die dem Mönch zeigen sollte, welchen Kräften er auf seinem Weg zu Gott begegnet.

Für Evagrius wie in der griechischen Philosophie setzt sich der Mensch zusammen aus drei Anteilen: dem begehrlichen (*epithymia*), dem emotionalen (*thymos*) und dem geistigen (*nous*). Jedem dieser drei Bereiche ordnet er drei Leidenschaften zu.

Der *begehrliche* Anteil wird von drei Grundtrieben bestimmt: dem Essen, der Sexualität und der Suche nach Besitz. Es sind Triebe, die der Mensch zum Leben braucht. Aber sie können ihn auch beherrschen. Dann wird das Essen zur Völlerei, die Sexualität zur Unzucht und die Suche nach Besitz zur Habsucht. Auf keinen Fall auf dem Blick geraten sollte aber die spirituelle Dimension dieser Triebe: Im Essen kommt letztlich unsere Sehnsucht zum Ausdruck, mit Gott eins zu werden. In der

Sexualität steckt die Sehnsucht nach Ekstase – das Ziel des spirituellen Weges ist es, in der Ekstase der Liebe eins zu werden mit Gott. Und Besitz ist die Sehnsucht nach Ruhe; wahre Ruhe erleben wir aber nur in Gott.

Im *emotionalen* Bereich kann die Lebensenergie der Aggression, die eigentlich das gesunde Verhältnis von Nähe und Distanz regeln möchte und den Menschen antreibt, etwas anzupacken, zur zerstörerischen Emotion des Grolls und der Bitterkeit werden. Die Trauer, in der es um die Begegnung mit unserer eigenen Wahrheit geht, kann zur Traurigkeit, zum Selbstmitleid, zum narzisstischen Kreisen um das verletzte Ego werden. Die größte Gefährdung besteht für Evagrius in der *akedia*, dem Überdruss: Es ist die Unfähigkeit, sich auf den Augenblick einzulassen. In diesem Zustand haben wir unsere eigene Mitte verloren. Wir sind mit allem unzufrieden und schieben die Schuld auf andere, auf Gott, auf den Ort, auf die Umstände. *Akedia* zerreißt den Menschen.

Auch im *geistigen* Bereich gibt es die drei Leidenschaften: Ruhmsucht, Neid und Hybris. Die Ruhmsucht, so Evagrius, kann den jungen Mönch – wie jeden anderen Menschen – durchaus dazu drängen, eine gesunde Disziplin zu entwickeln und sich mit Eifer auf den richtigen – den geistlichen – Weg zu begeben. Nur wenn jemand sich völlig von der Anerkennung der andern her definiert, lebt er oder sie nicht mehr selbst, sondern wird von andern gelebt. Ähnlich kann der Neid dazu motivieren, Ja zu sagen zu den eigenen Fähigkeiten und dankbar zu genießen, was Gott schenkt. Doch wenn wir im Neid stecken bleiben, dann leben wir nicht selber, sondern nur im Vergleich mit anderen. Und im Vergleich mit andern nehmen wir immer nur wahr, wo wir zu kurz gekommen bin. Hybris schließlich ist die Weigerung, sich der eigenen Wirklichkeit zu stellen. Man hat sich so sehr mit seinem Idealbild identifiziert, dass man die blinden Flecken übersieht.

Die frühen Mönche raten nicht dazu, die Leidenschaften abzuschneiden. Denn wer sie unterdrückt und abtötet, dem fehlen wichtige Lebensenergien, ohne die das Leben blass wird. Ohne Leidenschaften geht keine Kraft von uns aus. Unser Leben wird langweilig. Leider haben viele Christen vor lauter Fixiertsein auf ihre Fehlerlosigkeit wichtige Kräfte in sich übersprungen, so dass sie sich – nach einem Wort des Pastoraltheologen Exeler – vor allem durch Langweiligkeit auszeichnen. Evagrius gibt dem Mönch den Ratschlag, sich mit den Leidenschaften vertraut zu machen. Er soll sie kennen lernen. Aber er soll aktiv mit ihnen umgehen und sich nicht von ihnen beherrschen lassen.

Interessanterweise kommt das deutsche Wort Leidenschaft von „leiden". Und das bedeutete früher: gehen, fahren, reisen. Wer fährt, der macht Erfahrung, der macht etwas durch, der erleidet etwas. Und so nahm das Wort „leiden" immer mehr die Bedeutung an von: dulden, Schmerz empfinden. Leidenschaft hat also mit Erfahrung zu tun. Wer sie abschneidet, verliert an Erfahrung. Wer sich auf sie einlässt, der wird erfahren, der erlebt Neues und Ungeahntes. Aber wie jede Reise auch beschwerlich sein kann, so auch der Umgang mit den Leidenschaften. Es ist immer eine Gratwanderung. Und allzuleicht kann eine Leidenschaft stärker werden, als uns gut tut. Dann bestimmt sie uns, anstatt dass wir mit Leidenschaft das Leben angehen.

Jeder und jede Heilige war von einer großen Leidenschaft für Gott bestimmt. Künstler widmen sich leidenschaftlich ihrem Werk. Die Wissenschaftlerin wird von der Leidenschaft zu kreativen Lösungen motiviert. Jedes große Werk – da hat Hegel recht – braucht die Leidenschaft. Wir können die positive Kraft der Leidenschaft wieder für unsere Spiritualität entdecken. Nur dann wird von uns Christen etwas ausgehen, was auch andere Menschen fasziniert und was diese Welt verwandelt. Es ist ein lebenslanger Prozess, mit den Leidenschaften so umzugehen, dass sie zu unserem Weg zu Gott und zu den Menschen als positive Kraft gehören und dass sie uns nicht beherrschen, sondern antreiben zum Leben – und letztlich zu Gott hin treiben.

Liebe

Dorothee Sölle

Das ursprüngliche Christentum hat, um seinen Grundbegriff und seine Praxis von Liebe zu beschreiben, nicht auf den Eros zurückgegriffen, sondern ein sehr viel unscheinbareres griechisches Wort namens „Agape" gewählt. Dieser Begriff stammt aus der Tradition des geschwisterlich geteilten Essens, der Feier des Abendmahls. Agape bedeutete: Sklavinnen und Herren, Färberinnen, die den Gestank der Tierhäute nicht loswurden, und Geschäftsinhaber, jüdische und griechische Menschen, Ortsansässige und Fremdlinge teilten miteinander, was sie zu essen hatten, in der Feier des Glaubens. Das Essen war der sinnliche Ausdruck des Miteinanders, das Liebesmahl verband sie. Der Leib war ihnen nicht eine lästige Nebensache, die den Aufstieg zum Höheren erschwert, sondern er gehörte mitten hinein in das neue befreite Leben.

In der späteren theologischen Reflektion versuchten Kirchenväter und Bischöfe säuberlich zu trennen zwischen einer Liebe von oben und einer Liebe von unten. Die eine Liebe sollte von Gott ausgehen, und die andere unter den Menschen sollte bestenfalls Gott spiegeln, aber alle sexuellen Konnotationen möglichst ausschließen. Diese Trennung von „göttlicher" und „irdischer" Liebe ist von Beginn an in der Jesusbewegung unterlaufen worden. Vor allem das Johannesevangelium erzählt Liebesgeschichten, die von Jesus und seinen Beziehungen zu

Menschen wie Maria, Martha, Lazarus und dem Lieblingsjünger Johannes handeln, ohne Scheu vor erotischen Zügen. Es sind wunderbare Beispiele für die schöpferische Kraft, die dort aufleuchtet, wo das, was wir Eros und Agape nennen, eins geworden sind.

„Wer nicht liebt, hat von Gott nichts verstanden, denn Gott ist Liebe" (1 Joh 4, 8). In diesem kleinen Satz „Gott ist Liebe" gibt das Neue Testament seine einzige „Definition" des nicht definierbaren Gottes an. Und gerade hier sind die beiden Qualitäten der Liebe, zu geben und zu nehmen, neu zu werden und neu zu machen, Leben zu schenken und lebendig zu werden, zusammen gegenwärtig. Sie sind untrennbar. Das patriarchale Verständnis von Sexualität, das genitale Sexualität abspaltet von dem großen Geflecht der Beziehungen unserer Körper und Seelen zu anderen Menschen und zur Welt, hat hier nichts zu suchen.

Agape ist die Fähigkeit der Selbsthingabe des Ego. „Im Anfang war die Beziehung", so drückt der jüdische Religionsphilosoph Martin Buber dieses Grunddatum menschlicher Existenz aus. Wir sind nicht einfach der wirtschaftsfähige Mensch, für den es genügt, seinem erleuchteten Selbstinteresse zu folgen, wir brauchen etwas mehr zum Leben als *self interest*. „Am Anfang" war nicht der *homo oeconomicus*, dieses geschäfts- und genussfähige Einzelwesen, zu dem wir gemacht werden sollen, sondern die Selbsttranszendenz der Liebe.

Geliebt zu werden, ruft unsere Fähigkeit zu lieben hervor. Aber ist, um das zu verstehen, eigentlich Religion notwendig? Genügt nicht die rationale Analyse? Leistet nicht die Psychologie das, was da zur Aufarbeitung der Eltern-Kind-Beziehung notwendig ist? Inwiefern ist da mehr notwendig? Ist die *religio*, die Rückbindung, zumal in ihren institutionalisierten Formen, nicht eher ein verkrustetes Gewebe um diesen glühenden Kern herum, das eher ablenkt als aufzubauen? Ich denke, dass unsere

Beziehungsfähigkeit eine Sprache braucht, die mehr ist als die der Argumente. Das Geheimnis des Lebens, dem Menschen in den verschiedenen Religionen Namen wie der Ewige, der Dreieinige, Allah, die Energie, die Gütekraft, das Unaussprechliche gegeben haben, will geteilt werden. „Gott ist das Allermitteilsamste“, sagt Meister Eckhart – ein Satz, der mich oft in Verzweiflung stürzt, weil es häufig absolut unmöglich scheint, auch nur das Mindeste von diesem Geheimnis weiterzugeben. Die Religion erwächst aus der Notwendigkeit, eine Sprache zu finden, die aufs Ganze geht, die mehr einklagt und herbeiruft als das, was ablesbar ist und machbar ist.

Es liegt im Interesse der Liebe, auf die Notwendigkeit einer Sprache hinzuweisen, die uns mit anderen und mit einer Tradition verbindet, die über die reine Subjektivität hinausgeht. Wir sind alle „unheilbar religiös“, wie Nicolaj Berdjajew gesagt hat. Sich von dieser Krankheit zu verabschieden, ist zugleich eine Aufgabe der Erotik Gottes, ohne die Leben nicht lebt. Meine Zweifel an den Menschen, die sich von dieser Krankheit „geheilt“ glauben, die mit Religion „nichts am Hut“ haben, sind mit der Totalisierung unserer Ökonomie immer mehr gewachsen. Können wir denn ohne „die Liebe Gottes, die höher ist als alle Vernunft“ leben? Ist nicht der Verzicht auf Religion ein Verzicht auf Eros? Von einem Menschen zu sagen, er oder sie sei „unerotisch“, scheint mir eine Art Todesurteil. Die Zerstörung unserer anderen Wünsche und Träume vom Leben aller auf diesem Planeten schreitet mit der Erübrigung von Religion voran. Ist nicht das, was viele für eine Art aufgeklärterer Intelligenz halten, eher nach dem Muster „Behandlung (der Krankheit Religion) erfolgreich, Patient leider tot“ zu beschreiben?

Das „Reich der Himmel“, von dem das Evangelium spricht, meint etwas ganz anderes. Es will uns beteiligen an diesem Reich, in dem die Letzten die Ersten werden. Wir sollen den Ewigen lieben, indem wir Anteil haben an seinem Sein. Am klarsten wird das im Neue Testament in den Schriften des Johannes, der als der Apostel der Liebe gilt und traditionell für das mystische Element in der christlichen Religion steht. „Das von Gott in uns“, von dem die Quäker als neuzeitliche Mystiker sprechen, ist in der Tat nichts anderes ist als die radikale Annahme des jüdischen Grundgebotes, das sich auf die Liebe zu Gott bezieht. „So liebe denn Ihn deinen Gott, mit all deinem Herzen, mit all deiner Seele, mit all deiner Macht“ (Dtn 6, 5, übersetzt von Martin Buber).

Wann tun wir denn etwas ganz, ohne Vorbehalte, ohne Wenn und Aber, ohne Lohnerwartung oder Strafbefürchtung, ohne Zwänge und ohne dieses tödliche „und dann?“, das den Augenblick zerstört? Wann leben wir denn etwas, das reines Jetzt wird und in dem wir ganz das sind, was wir tun? „I am what I do“ ist eine klassische mystische Formulierung für dieses Ganzsein. In der Liebe fallen Sein und Handeln zusammen.

Der buddhistische Mönch Thich Nhat Hanh drückt das gleiche Grunddasein mit der Formel aus: „Das Geschirr spülen, um das Geschirr zu spülen“. Es ist ein Akt unabgelenkter Hingabe – und sie setzt die Fähigkeit des oder der Einzelnen, sich an das Ganze zu binden, voraus. Das Ego ist nicht der letzte Horizont des Selbst. Wir können aus uns selbst herausgehen, die Wolke werden, die wir vorüberziehen sehen, das Lied werden, das wir singen. Wir sind nicht nur das begrenzte und berechenbare Produkt, zu dem wir uns oft machen. Im Anfang war die Beziehung, die uns konstituiert. Wir existieren, wie Emmanuel Levinas das ausgedrückt hat „im Akkusativ“, angesprochen, angehaucht, angesehen und gebraucht. Ganzsein bedeutet dieses Glück des „Siehe da!“.

Loslassen

Sylvia Wetzel

In einem sind sich alle Hochreligionen und auch die meisten kosmischen Religionen einig: „Loslassen ist gut, festhalten tut weh.“ – Hans Jedermann meditiert seit neuestem und leidet kaum noch unter Einsamkeit. Seine Freundin hat sich gerade von ihm getrennt, und er hat beschlossen, sich vorläufig nicht mehr auf Beziehungen einzulassen, da das nur „Anhaftung weckt“. Marie Jedefrau überlegt, ob sie dieses Jahr auf ihren Urlaub verzichtet und das gesparte Geld lieber einer tibetischen Schule im nordindischen Ladakh spendet, denn: „Geben ist seliger als nehmen.“ – Werden wir endlich glücklich, wenn wir Beziehungen aufgeben und unseren Besitz verschenken? Was sollen wir loslassen? Welche Art des Festhaltens tut weh?

Die Faust öffnen – es gibt eine kleine Übung, die den Unterschied verdeutlicht zwischen zwei Arten des Loslassens: Nehmen Sie einen Kugelschreiber in die Hand und halten Sie ihn fest. Jetzt öffnen Sie die Hand und lassen ihn los. Fällt er auf den Boden, verwechseln Sie Loslassen mit Verlieren. Bleibt er in Ihrer nach oben geöffneten Hand liegen, halten Sie nicht fest, können den Stift aber weiter verwenden. Erklärungen nützen wenig, wenn wir sie nicht auf unsere Erfahrungen beziehen können. Nur was wir am eigenen Leib erlebt haben, verstehen wir. Wiederholen Sie die Übung einige Male und schreiben Sie „große“ Dinge auf einen Zettel. Halten Sie fest und öffnen Sie dann die Hand, einmal nach unten und einmal nach oben geöffnet. Spüren Sie den Unterschied.

Sinn und Unsinn des Festhaltens können wir gut vom Atem lernen. Ich möchte Ihnen eine nicht-traditionelle Übung vorstellen, die uns die innere Dynamik des Festhaltens und Loslassens leicht verstehen lässt. Sie funktioniert sehr gut, wenn man sie durchführt – darüber nachdenken allein nützt wenig. Setzen Sie sich auf einen Stuhl oder auf das Sofa. Atmen Sie ein, zwei Minuten normal ein und aus. Dann denken Sie an etwas, was Sie im Moment auf keinen Fall loslassen wollen: den Ärger über die unfreundliche Nachbarin; die Meinung, dass die vierzehnjährigen Tochter abends um zehn zu Hause sein muss; die Liste der Dinge, die Sie heute unbedingt erledigen wollen. Dann atmen Sie lang und tief ein und weigern sich, wieder auszuatmen. Halten Sie den Atem so lange wie möglich fest. Nach kurzer Zeit geht das nicht mehr, und Sie atmen schnaufend aus. Das machen Sie zwei, drei Mal. Danach kehren Sie zum natürlichen Atemrhythmus zurück und genießen das sanfte Ein- und Ausatmen. Jedes Mal, wenn ich an etwas festhalte, was ich nicht beeinflussen kann, führe ich diese kleine Übung durch. Bald kann ich über mein vergebliches Festhalten lächeln. Dann schmerzt das Loslassen nicht mehr so sehr. Noch leichter können wir loslassen, wenn wir verstehen, wie innere und äußere Bedingungen zusammen wirken.

Was ist es, woran wir festhalten? Wir mögen bestimmte Menschen und Dinge, Umstände und Ansichten. Wir möchten sie um uns haben, weil sie angenehme Gefühle wecken. Wir treffen uns mit Freundin Gabriele, weil wir uns in ihrer Gegenwart lebendig fühlen. Den Sonntagmorgen verbringen wir mit einer Zeitung und einer Tasse Cappuccino im Bett, weil uns das entspannt. Das tägliche Joggen weckt unsere Lebensgeister, und der Ausblick auf einen blühenden Baum beim Arbeiten streichelt die Seele. Was genau ist es nun, was uns die guten Gefühle beschert? Wir glauben, dass es die Menschen und Dinge, Umstände und Abläufe sind. Stimmt das wirklich? „Gute" äußere Umstände können wunderbare Aufhänger für angenehme Gefühle sein. Aber wir sind alle auch hin und wieder unangenehm überrascht, dass sie das nicht immer tun. Normalerweise „fallen" wir völlig „ins Objekt" und übersehen unseren eigenen Beitrag zu angenehmen Gefühlen. Nur weil wir jetzt Lust auf Kaffee haben und

Cappuccino mögen, schmeckt er uns gut. Wer sich gerade zerschlagen fühlt und Joggen nicht mag, dessen Lebensgeister kann Joggen nicht wecken.

Vielleicht ist es gut, zwischen einer Stimmung und ihrem Hintergrund zu unterscheiden. Die aktuelle Stimmung und besondere Vorlieben und Einstellungen tragen meiner Schätzung nach etwa neunzig (!) Prozent zu unseren angenehmen Gefühlen bei. Die äußeren Bedingungen fungieren als gute oder schlechte Aufhänger und tragen in den meisten Fällen nur rund zehn Prozent zu unseren Gefühlen bei. Um das Prinzip zu verstehen, lassen wir für den Moment dramatische äußere Umstände wie Krieg, Gewalt, Hungersnöte und Naturkatastrophen außer Betracht. Wir können einige angenehme Erfahrungen der letzten Tage mit dieser These überprüfen. Was war der Aufhänger? Wie war unsere Stimmung unmittelbar zuvor? Welche Vorlieben haben mitgespielt? Wir stellen schnell fest, dass die Außenwelt nicht alleinige Ursache für angenehme Gefühle sein kann. Schon dadurch fühlen wir uns wohler, weniger abhängig, selbstständiger und sicherer. Dann halten nicht mehr so verkrampft fest und können das, was gehen will, leichter loslassen.

So erfahren wir den Geschmack der Freiheit. Wir werden staunen, wie häufig wir angenehme Gefühle erleben, wenn wir entspannt sind. Dann kann uns auch ein dünner, lauwarmer Kaffee die Stimmung nicht wirklich verderben. Loslassen wird noch leichter, wenn wir bemerken, wie sehr wir an Meinungen und Ansichten, Erwartungen und Befürchtungen hängen. Wir brauchen uns nicht den Kopf zu zerbrechen, wie „die Dinge wirklich sind“. Es genügt, überzogene Erwartungen und einseitige Ansichten als Gedankenkonstrukte zu erkennen. Dann können wir sie leichter loslassen. Wir müssen materielle Dinge und Menschen nicht aufgeben oder loswerden, damit wir freier atmen können. Merken wir, dass Erwartungen Gedanken sind und nicht „die“ Wirklichkeit, entdecken wir den „Raum, in dem alles geschieht“.

Gedanken, Menschen, Gefühle, Erfahrungen kommen und gehen, ohne dass wir sie besitzen oder kontrollieren können. Wer das ganz tief begreift, „legt die Bürde ab“ und ist frei. Vom Ein- und Ausatmen lernen wir, Dinge und Umstände, Menschen und Gefühle, Ansichten und Meinungen kommen und gehen lassen. Das gibt uns einen „Geschmack“, eine Ahnung von Freiheit, denn „eine Sekunde Loslassen ist eine Sekunde Freiheit“.

Mann sein

Dirk Rademacher

Es gab einmal eine Zeit, da wusste ein Mann, was ein „Mann“ ist: Er trug halbhohe Lederstiefel, Jeans und einen Dreitagebart, marschierte meilenweit durch den Dschungel, selbstverständlich alleine, keine Frau störte ihn, und am Ende zündete er sich genüsslich eine Zigarette an. Der Mann war eins mit sich und der Natur. Doch dann verschwand dieser Mann – erst aus dem Fernsehen, dann aus den Zeitungen, schließlich aus dem Kino. Zurück blieben Männer, denen gesagt wurde, dass das verschwundene Vorbild ein egozentrischer Macho gewesen sei, auf den nie eine Frau, sondern bestenfalls Lungenkrebs oder Herzinfarkt warten würden. Fortan ging der Mann nur noch in seinen Träumen und ohne die zwar geliehene, aber doch lieb gewonnene Identität des Camel-Mannes durch sein verlorenes Dschungel-Paradies: Zurück blieb – ein Mann ohne Eigenschaften.

So mussten wir Männer bis 1984 warten, um uns von Herbert Grönemeyer sagen zu lassen, was uns auszeichnet: Wir sind furchtbar stark, allzeit bereit, bestechen nicht nur durch unser Geld, sondern auch durch unsere Lässigkeit, müssen durch jede Wand und immer weiter, können alles, ja, wir sind auf dieser

Welt einfach unersetzlich. So etwas hören wir gerne. Dass wir heimlich weinen und keine Kinder, dafür aber dünnes Haar kriegen, können wir unter solchen Zusagen verschmerzen. Doch die nagende Skepsis bleibt: Wie lange werden diese Merkmale unserer Identität dem Zweifel standhalten können? Hat man uns nicht schon einmal den Camel-Mann weggenommen? Wann ist denn nun ein Mann ein „Mann"? Und wenn die Wahrheit die Ewigkeit zur Gefährtin hat: Was sichert ihm seine frisch gewonnene Erkenntnis zur Männlichkeit in Ewigkeit?

Auch in unserem Kulturkreis verbindet sich manchmal der Himmel mit der Erde, das Unendliche mit dem Endlichen. Ist es bloßer Zufall, dass just wir Männer diesen Tag als den unsrigen feiern? An Himmelfahrt inszenieren Männer trotz „Vatertag" selten ihre Vaterschaft; häufiger vergesellschaftet sich der Camel-Mann zum Zwecke der Verdrängung seiner eigenen Identität. Er zieht nicht allein in die Natur, um aus den treibenden Wogen seiner Lebenswelten – auch als Vater – zu sich zu finden, sondern zieht mit Gleichgesinnten, durch berauschende Getränke auf mitgeführten Handkarren sich selbst immer mehr vergessend, durch Wiesen und Wälder. Doch diese (zugegebener Maßen überspitzt dargestellte) Vatertagsstour wird selber mehr und mehr zum Mythos, denn die gesellschaftliche Wandlung hat auch vor ihr nicht Halt gemacht: Immer mehr Frauen und Kinder ziehen mit, der Vater, der vordem zum Mann unter Männern geworden war, wird wieder zum Vater und zum Mann unter der Bestimmung der Geschlechterperspektive. Das Alpha-Tier auf Familienausflug – denn wenigstens am Vatertag muss hierfür Zeit sein.

Archaische Gesellschaften haben uns vorgemacht, wie sich die neuzeitlichen Verunsicherungen vermeiden und der Zuspruch männlicher Identität vergewissern lässt. Sie besaßen noch wirksame Rituale, in denen der Übergang zum Mann-Sein mit einer Bindung an das Unbedingte religiös inszeniert wurde. Im Ritual wurde dem Jüngling seine Identität als Mann schlicht zugesprochen. In der Regel ging dem eine Phase der Einsam- und Enthaltsamkeit voraus, eine Zeit, in der er sich fallen ließ bis auf den Boden seines Ich-Bewusstseins. Was er dort fand, war eine religiöse, beinahe unaufhebbare Gewissheit der eigenen neuen Existenzweise.

In unserer zivilisierten Gesellschaft gibt es ein vergleichbares Ritual nicht. Meine Eltern sagten mir, die Konfirmation sei ein solcher Schritt – allerdings war der nur von begrenzter Reichweite. So lernte ich, dass es nicht den einen großen, sondern viele kleine Trippelschritte in die Welt des „Mannes" gibt. Weder der Beginn der Strafmündigkeit noch die Volljährigkeit konnten daran etwas ändern. Doch schließlich – durch zwei Jahre körperlicher Arbeit gereift – war es soweit: Mit der symbolischen letzten Ohrfeige und der ersten realen Zigarre wurde ich bei der Gesellenfeier in die Männerwelt der Handwerker aufgenommen. Leider hatte dieses Ritual nur Wirksamkeit auf dem Bau. Der Wechsel in eine andere Lebenswelt machte vieles, was mühsam errungen worden war, zunichte. In der neuen Welt hielt man nicht körperliche, sondern geistige Männlichkeitsformung für wesentlich. Und wieder erhob sich drohend die Frage, ob dieser Prozess jemals zur Ruhe kommen wird.

Entscheidend in diesen Phasen wurden für mich männliche Vorbilder. Männer, die in ihrem jeweiligen Bereich als Meister ihres Faches souverän auftraten und sich doch verletzlich wussten, die sich selbst herausforderten und zugleich auch alle anderen, die so kraftvoll waren, dass ich mit ihnen kämpfen musste, um nicht unterzugehen, die sich auf Kämpfe einließen und mich trotz mancher Niederlage nicht als Verlierer dastehen ließen – Männer, die trotz des schon Erreichten noch leidenschaftliche Sehnsüchte hatten.

In manchem waren sie zugleich Negativfolie einer rücksichtslosen, andere verletzenden Männlichkeit – jedoch auch und gerade dies kann helfen, seinen Weg zur eigenen Bestimmung von Männlichkeit zu finden. Ein Mann wurde für mich zum Mann, wenn er das Konzept seiner Männlichkeit in seiner Gesamtheit authentisch lebt. Was für ein Typ „Mann" Mann ist, sagt einem kein Ritual. Ein Ritual spricht einem Menschen ein Dass zu, es enthebt ihn aber nicht, seinen authentischen Gehalt selber zu suchen und zu erproben. Die Versenkung in das eigene Ich erfordert den Abstand von allen äußerlichen Ansprüchen, erfordert Ein-samkeit.

So kam ich zum Angeln: Es war das Alibi, um stundenlang auf den hingeworfenen Steinhaufen am Meer zu sitzen und hinaus zu starren. Die Wellen kommen und gehen, die Gedanken steigen von alleine hinauf und wieder hinab. Vom Ich bis zum Horizont ist es nur ein Augen-Blick. Diesen Augenblick mag man als Gründung von Ich-Bewusstsein beschreiben, für mich ist es männliches Ich-Bewusstsein: ein Punkt im All und doch unendlich, allein und doch vereint. Darum ging der Camel-Mann allein durch den Dschungel. Doch eines frage ich mich noch immer: Wusste er, wohin er wollte? Vielleicht folgte er auch einfach Nietzsche: „Sei ein Mann und folge mir nicht nach – sondern dir! Sondern dir!"

Meditation

Peter Wild

Mit Meditation ist ein Bewusstseinszustand gemeint, der sich als Geschenk einstellen kann – „einfach so" als das intensive Erleben eines Augenblicks, wobei diese Intensität meistens keinen sprachlichen Ausdruck findet –, den man aber auch mit Hilfe von methodischen Schritten herbeiführen kann. Die methodischen Schritte betonen das Spezielle der Meditation: Im Gegensatz zu verwandten Methoden ist die Meditation geeignet, den ganzen Menschen in die Erfahrung mit einzubeziehen, gerade auch seine körperliche Seite und über sie seine konkrete Biographie. Wer meditiert, hebt nicht ab, sondern kommt in seinem Leben an.

Im Sinne dieser Tendenz schaffen die methodischen Schritte einen bewussten Bezug zum Körper, etwa in Form einer Körperreise, der Wahrnehmung der Empfindungen, die von den Nahsinnen (Sensoren in der Haut und im Muskelgewebe, Gleichgewichtssinn) ausgehen, in Form der Atembeobachtung, in Form einer körperfokussierten Stille. Auf der Basis dieses ausgeprägten Körperbezugs entfaltet sich dann die Aufmerksamkeit, die für die Meditation typisch ist: ein waches Wahrnehmen der ganzheitlichen Reaktionen.

Es gibt heute vor allem drei Grundformen der Meditation: die gegenständliche oder thematische, die nicht-gegenständliche beziehungsweise nicht-thematische und die strukturelle Meditation. Diese drei Formen unterscheiden sich in der Ausrichtung der Aufmerksamkeit.

Bei der *gegenständlichen Meditation* wird die Aufmerksamkeit auf einen Gegenstand oder auf ein Thema gelenkt. Ihm gehört der durch die methodischen Schritte aufgebaute Raum der Aufmerksamkeit. Während im Alltag die Aufmerksamkeit selten längere Zeit auf dem selben Gegenstand ruht, ist dies in der Meditation möglich. So können Menschen in der Meditation „neue Zusammenhänge aufgehen“, „Dinge einleuchten“, „Gegenstände eine unerahnte Kraft gewinnen“. Was zum Gegenstand der Meditation wird, ist letztlich beliebig. Die spirituellen Traditionen richten ihre Aufmerksamkeit allerdings vor allem auf Gegenstände wie: Texte aus den heiligen Schriften, Erfahrungsberichte von Mystikern und Mystikerinnen, Symbole, Bilder, eigene spirituelle Erfahrungen, die ausgekostet werden.

Im Gegensatz dazu setzt die *nicht-gegenständliche Meditation* methodische Hilfen ein, die verhindern sollen, dass sich die

Aufmerksamkeit an irgendeinen Gegenstand bindet. Die Aufmerksamkeit soll offen bleiben. Die nicht-gegenständliche Meditation ist von der mystischen Erfahrung geprägt, dass Gott durch unsere Sprache (und darum Gedanken, aber auch Bilder) nicht einzufangen ist. Gott entzieht sich unserem Verstehen. Deshalb liegt ihr die Überzeugung zugrunde, dass es besser ist, sich erst gar nicht um ein solches Verstehen zu bemühen. Bei der nicht-gegenständlichen Meditation bleibt man methodisch bei den eingangs skizzierten Schritten (Wahrnehmung der Empfindungen, Atembeobachtung) oder bindet die Aufmerksamkeit an ein Leitwort, das wiederholt wird, ohne dass es zum Gegenstand der Reflexion wird. Eine weitere methodische Möglichkeit liegt im Auftrag, paradoxe Aussagen oder Geschichten zu meditieren, Aussagen und Geschichten, die sich einem rationalen Verstehen verschliessen.

In der christlichen Mystik ist über das Verhältnis zwischen der gegenständlichen und nicht-gegenständlichen Meditation viel nachgedacht worden, meistens unter folgendem Gesichtspunkt: Wie weit kann der Mensch in seinem spirituellen Bemühen selber gehen, und wann beginnt die göttliche Aktivität? Inwiefern kann das menschliche Bemühen zum Hindernis für die göttliche Aktivität werden? Zum klassischen Schema der mystischen Erfahrung gehört die Vorstellung, dass jeder Mensch früher oder später in ein Dunkel geführt wird, in dem er nicht mehr nachvollziehen und verstehen kann, was in seinem Innern an göttlichem Wirken geschieht. Ob der Mensch den Zugang zu diesem Dunkel selber fördern kann oder soll, wird unterschiedlich beantwortet.

In der *strukturellen Meditation* spielen, ähnlich wie bei der gegenständlichen Meditation, die Sinne eine wichtige Rolle. Die Aufmerksamkeit ist dabei auf die Struktur des Gegenstands gerichtet, in der Annahme, dass diese Struktur einen wesentlichen Schlüssel zum Verständnis der eigenen Person bildet. Bestimmte Symbole zum Beispiel werden in ihrer Struktur wahrgenommen und aufgenommen: der Kreis, das Kreuz, die Gerade. Bekannt ist die kabbalistische Meditation der hebräischen Buchstaben, die im *Aleph*, im ersten Buchstaben des Alphabets, eine ganze Kosmologie und Theologie enthalten sieht. Auch die im Hatha-Yoga vollzogenen Körperstellungen können als strukturelle Meditation verstanden werden: In einer bestimmten Körperhaltung zu verweilen ruft bestimmte innere Haltungen hervor. Rituale und Liturgie beruhen auf einem ähnlichen Verständnis. Zur strukturellen Meditation gehören auch die Mantren. Die christliche Tradition hat die strukturelle Meditation wenig genutzt – vielleicht aus Scheu, weil sie oft mit magischen Vorstellungen einhergeht. Am ehesten kann sie vielleicht in der Meditation der Lebensstationen Jesu entdeckt werden, wenn sie als Grundmuster jeder menschlichen Biographie betrachtet werden.

Von *Erholung* bis *Schulung*: Die Meditation ist heute sehr vielfältig präsent. Sie kann Teil eines Entspannungsprogramms sein, ein Ausklinken aus den inneren Zwängen und Programmierungen; sie kann als Erlebnis eingesetzt werden, bei dem mehr oder weniger vorgegeben wird, zu welcher Erfahrung es kommen soll; sie wird heute aber auch als spiritueller Schulungsweg wieder gefördert. Nicht zu unterschätzen ist die Meditation zudem als Begegnungsebene im ökumenischen und interreligiösen Dialog. Wenn Menschen sich auf ihre zentralen inneren Erfahrungen einlassen und einander in diesen Erfahrungen respektieren, im Wissen um das Ungenügen der Sprache und im Vertrauen auf die Kraft der gemeinsamen Sprachlosigkeit, haben Religionen einander wieder etwas zu schenken.

Metaphysik

Christoph Quarch

Der Mensch ist ein metaphysisches Wesen. Er ist es deshalb, weil er unausweichlich nach Sinn sucht. Metaphysik ist Fragen nach Sinn – und die metaphysischen Systeme und Gebäude, die Menschen über die Jahrhunderte entwickelt haben, sind ihre Versuche, auf diese Frage eine Antwort zu geben. Sie sind die – teils bewusst, teils unbewusst erfolgten – Versuche, einen Sinnhorizont einzurichten, ein geistiges Koordinatensystem, das über die Art und Weise des Weltgewahrens und die jeweiligen Wertsetzungen ebenso entscheidet wie darüber, was als wahr oder unwahr zu gelten hat. Metaphysik ist, um es metaphorisch zu sagen, die Einrichtung der Bühne, auf der sich das Drama sowohl der individuellen als auch der Menschheitsgeschichte abspielt.

Nun liegt es auf der Hand, dass die Menschheit eine Vielzahl solcher Bühnen eingerichtet hat, die unterschiedlichen Kulturen und Religionen ihr jeweiliges Gepräge verliehen haben. Es gibt also nicht „die Metaphysik", sondern es gibt und gab zu verschiedenen Zeiten an verschiedenen Orten verschiedene Metaphysiken. Viele von ihnen sind in Vergessenheit geraten, manche von ihnen können rekonstruiert werden, einige wenige haben sich durchgesetzt und fortan das Welt- und Selbstverständnis der Menschen bestimmt.

Die Grundfrage, die sich dem Menschen als metaphysischem Wesen stellt, ist die Frage nach dem Sinn des Seins: Was ist Sein? Warum ist Sein? Was bedeutet „Sein"? Die uns bekannten Antwortversuche auf diese Fragen reichen weit zurück. Im alten China lehrte im dritten oder vierten vorchristlichen Jahrhundert Laotzi, das Sein sei die kosmische Urenergie des Dao und begründete damit den Daoismus, der später zur metaphysischen Grundlage des fernöstlichen Buddhismus wurde.

Das westliche Denken fand seine Metaphysik im Griechenland des 6. bis 4. Jahrhunderts v. Chr. Anaximander, Heraklit und Parmenides waren die ersten europäischen Denker, die sich die Frage nach dem Sinn des Seins vorlegten und Antworten fanden, die sich bei näherem Hinsehen gar nicht so sehr von der östlichen Weisheit unterscheiden. Dies gilt auch für die erste voll entwickelte „metaphysische“ Lehre. Wir verdanken sie Platon, der in seinen Dialogen die These entwickelte, der Sinn von Sein sei Lebendigkeit – *psyché*.

Diese Antwort wurde jedoch überschattet durch diejenige seines Schülers Aristoteles. Von ihm stammt nicht nur der Begriff „Metaphysik“, in der gleichnamigen Textsammlung hat er darüber hinaus diejenige Deutung des Seins entwickelt, die für das europäische Denken bis auf den heutigen Tag maßgeblich geblieben ist. Ausdrücklich fragt Aristoteles in dieser Schrift nach der Ursache des Seins – und seine Antwort lautet: Sein im eigentlichen Sinne ist substanzielle Anwesenheit (*ousía*) – die Präsenz eines bestimmten oder doch bestimmbaren Etwas.

Nun hat Martin Heidegger gezeigt, inwiefern diese Antwort auf die Frage nach dem Sinn von Sein die „Seinsgeschichte“ der westlichen Welt vorgezeichnet hat. Auf dem durch sie gelegten Fundament wurde nicht nur der Bau der gesamten christlichen Theologie mit ihrem personal-substanziellen Gottesbild errichtet, sondern auch unsere politischen Systeme und vor allem das Gebäude einer an Messbarkeit und Empirie orientierten Naturwissenschaft und Technik wurden darauf gegründet. Die aristotelische Auslegung des Seins als Anwesenheit von Substanz wurde, um es noch einmal mit Heidegger zu sagen, zum „Schicksal“ Europas.

Aber Metaphysik ist nicht nur Schicksal, sondern auch die Chance, diesem Schicksal zu entkommen. „Die Metaphysik gehört zur ‚Natur des Menschen‘“, lehrt Heidegger, „sie ist weder ein Fach der Schulphilosophie noch ein Feld willkürlicher Einfälle. Die Metaphysik ist das Grundgeschehen im Dasein. Sie ist das Dasein selbst" (*Was ist Metaphysik?* in: *Wegmarken*, S. 121f). Wenn dies zutrifft – und alles spricht dafür, dass es zutrifft –, dann hört das metaphysische Denken so lange nicht auf, wie Menschen auf der Suche nach dem Sinn des Seins sind. Und wo immer Menschen sich auf diese Suche begeben, wird Metaphysik zu einem spirituellen Weg par excellence.

Sie ist es sicher nicht, wenn in philosophischen Seminaren die Metaphysiken früherer Zeiten studiert werden. Metaphysisches Denken beginnt vielmehr dort, wo diese Lehrgebäude befragt, nach-gedacht und kritisch durchleuchtet werden. Metaphysik als spiritueller Weg ist die Anstrengung des Denkens, das seine eigenen Grundvoraussetzungen reflektiert und durchdringt, um auf diese Weise die begrifflichen und geistigen Filter zu Bewusstsein bringen, die „schicksalhaft" unser ganzes Wahrnehmen, Werten und Urteilen vorzeichnen. Indem sie diese Filter freilegt, befreit sie das Denken von deren Diktat und schafft damit die Voraussetzung für eine ursprüngliche Unmittelbarkeit des Weltgewahrens, in der die Sinnhaftigkeit des Seins auf unverstellte Weise einleuchten kann. Metaphysik ist die Schule des Denkens, die unseren Sinn für den Sinn zu wecken vermag, indem sie unsere intellektuellen und kognitiven Schablonen, Raster und Fesseln enttarnt. Sie ist der Weg zur geistigen Freiheit.

Das tiefste und eindrucksvollste Bild für diesen Weg hat Platon in seinem Höhlengleichnis gezeichnet. An Beinen und Füßen gefesselt sitzen Menschen in einer Höhle und starren auf die Schatten, die durch ein rückwärtiges Feuer auf die Wand vor ihren Augen geworfen werden. Diese Höhlenmenschen kennen nur diese Wirklichkeit – ein Bild dafür, dass wir Gefangene unserer metaphysischen Konditionierung sind – ohne alle Kenntnis davon, dass wir uns in einer Schattenwelt bewegen, die nicht einmal von der wahren Lichtquelle – der Sonne – erhellt wird, sondern lediglich von deren schwachem Substitut, einem Feuer.

Das Gleichnis erzählt weiter von dem Aufstieg eines Gefangenen, der unter größten Schmerzen zunächst ins Feuer zu blicken genötigt wird und dann – nachdem er widerwillig den Schattencharakter seiner bisherigen Welt durchschaut hat – aus der Höhle hinaus in die sonnenbeschienene wahre Wirklichkeit geführt wird. Platon beschreibt diesen Weg als äußerst mühsam – so mühsam, wie ein spiritueller Weg nun einmal ist, wenn er uns aus der für selbstverständlich gehaltenen Weise des Weltgewahrens hinausführt in eine lichte Offenheit, die uns zunächst blendet und ängstigt, dann aber mit der innigen Freude dessen erfüllt, der nach langer Wanderschaft in seine Heimat zurückkehrt. Zuletzt blickt er in die Sonne selbst und versteht diese in ihrer Funktion als Lebensspenderin und alles durchwaltende, göttliche Quelle des Seins und Werdens – als Sinn.

Metaphysik ist der spirituelle Weg des Denkens. In einer Zeit, in der Leiblichkeit und Ganzheitlichkeit zu Recht groß geschrieben werden, droht er in Vergessenheit zu geraten. Das wäre schade, denn der Sinn für den Sinn braucht vor allem diese Schule des Geistes.

Mitgefühl

Leonardo Boff

Mitgefühl ist mehr als ein Akt von Nächstenliebe, mehr als die Gesamtheit von Handlungen, die von diesem tiefen Gefühl für den anderen getragen sind. Es ist eine grundlegende Haltung, und als solche innere Einstellung wird sie zur Quelle für die von Mitgefühl gekennzeichneten Handlungen. Sogar die brutalste Person, und sei sie noch so sehr gegen jede Gemeinschaft eingestellt, so Adam Smith, ist nicht immun gegen Mitgefühl. Mitgefühl gehört zum Wesen oder zur Natur des Menschen als Person, zu seiner Art, konkret zu sein. Deshalb können wir sagen, dass der Mensch von Natur aus ein Wesen des Mitgefühls ist.

Tatsächlich ist das ursprüngliche Merkmal des Menschseins nicht die Vernunft und die Verstandesstrukturen, sondern Pathos: das Gefühl, die Fähigkeit, sich dem anderen zuzuwenden und für ihn zu sorgen. Alles fängt mit Pathos (Gefühl) an. Es macht uns sensibel und offen für alles, was uns umgibt. Aufgrund dieser Fähigkeit leiden wir und freuen uns mit denen, die leiden oder sich freuen, was bei uns wiederum Mit-Gefühl auslöst. Durch dieses Pathos schließen wir Menschen in unser Herz oder weisen sie ab. Es ruft in uns Freude über die Großartigkeit des Universums hervor, es ist aber auch der Grund für die Verehrung der Komplexität und Schönheit unserer Mutter Erde und für unsere Rührung angesichts der Zerbrechlichkeit eines neu geborenen Kindes. Erinnern wir uns an einen Satz des Kleinen Prinzen von Antoine de Saint-Exupéry: „Aber die Augen sind blind. Man muss mit dem Herzen [Gefühl] sehen."

Viel eher als der Ausspruch von René Descartes *„cogito, ergo sum"* („Ich denke, also bin ich") gilt: *sentio, ergo sum* (ich fühle, also bin ich). Daniel Goleman hat in seinem Bestseller *Emotionale Intelligenz* aufgrund von empirischen Studien zur Neurologie und zur Funktionsweise unseres Gehirns nachgewiesen, was seit Platon über Augustinus, Schleiermacher bis zu Heidegger bekannt war: dass die Dynamik der Menschen Pathos ist, also das Gefühl und die Logik des Herzens, nicht etwa der Vernunft. „Der rationale Verstand braucht ein oder zwei Elemente mehr, um alles registrieren und um reagieren zu können, als der emotionale Verstand; der erste Impuls kommt vom Herzen, nicht vom Kopf ..., deshalb müssen Rationalität und Mitgefühl in einem ausgewogenen Verhältnis zueinander stehen."

Mitgefühl ist kein frommes Gefühl, sie ist keine Gefühlsduselei den Leidenden gegenüber. Der Buddhismus und auch

Gandhi – im Politischen – zeigen, dass Mitgefühl nicht passiv, sondern aktiv ist. Mit-Gefühl – das Wort an sich suggeriert dies schon – ist die Fähigkeit, die eigenen Gefühle mit anderen zu teilen. Man muss aus sich selbst und aus seinem eigenen Kreis herausgehen und in das Universum des anderen eintreten, um mit ihm zu leiden, für ihn zu sorgen, sich mit ihm zu freuen und ihn auf seinem Weg ein Stück weit zu begleiten. So entsteht ein Leben in Synergie und Solidarität.

In erster Linie bringt diese Art zu sein eine Bereitschaft mit sich, für den anderen zu sorgen, sich ihm zu widmen, um ihm so sein Leid zu erleichtern oder ihn davon zu erlösen. Mit-Gefühl heißt: Sorge für das Leben des anderen empfinden. Es setzt das vollständige Fehlen eines Willens zur Macht über den anderen voraus. So kann es sogar letzten Endes bedeuten, dass wir es ablehnen, Lebewesen zu töten oder der Natur Gewalt anzutun. Albert Schweitzer hat dies in seiner auf Mitgefühl aufbauenden Ethik sehr eindeutig und positiv formuliert. In zweiter Linie verfolgt Mitgefühl die Absicht, eine Verbindung mit denen herzustellen, die am meisten leiden, die aus irgendwelchen Gründen vom Schicksal getroffen worden sind. Nur wenn man anfängt, eine solche Verbindung wirklich herzustellen, öffnet sich die Tür zu einer „inklusiven“, integrativen Gemeinschaft, in der die Kooperation stärker sein wird als die Konkurrenz.

Historisch gesehen ist es der Buddhismus gewesen, der mit seinem Verständnis von Mitgefühl als Grundprinzip eines umfassenden Lebenssinns einen großen Beitrag für die Menschheit geliefert hat. Mitgefühl gilt als höchste Tugend Siddharta Gotamas, des historischen Buddhas. Mitgefühl (Karuna) ist die zentrale und grundlegende Erfahrung des Buddhismus. In ihm drücken sich zwei verschiedene, einander ergänzende Bewegungen aus: die totale Abkehr von der Welt und die Sorge um die Welt. Das erste, die Abkehr, wird durch Askese realisiert. Das zweite, die Fürsorge, durch Mit-Gefühl. Durch die Abkehr befreit sich der Mensch von der Sklaverei des Gefühls, besitzen und anhäufen zu wollen. Durch Mitgefühl verbindet er sich emotional mit der Welt, indem er Verantwortung für sie übernimmt. Die Wesen der Natur werden nicht als Konkurrenten in einem Überlebenskampf gesehen, sondern als Partner, mit denen wir uns den Lebensraum teilen.

Im jüdisch-christlichen Kontext drückt sich Mitgefühl in dem Begriff „Rahamim" als Barmherzigkeit aus. Der hebräische Ausdruck heißt so viel wie: „ein Innerstes zu haben" und deshalb den anderen zu verspüren; gemeint sind vor allem aber die Bedürfnisse desjenigen, der leidet. Es bedeutet also: mit-fühlen (nicht: verstehen). Es ist die Fähigkeit zur Identifizierung mit dem anderen. Barmherzigkeit wird als die wesentliche Grundlage der spirituellen Erfahrung Jesu gesehen. Er verband Passion für Gott mit Passion für die Armen. Sein Gott, den er als Vater bezeichnet, hat Eigenschaften einer Mutter, die vergibt und ihr Kind in die Arme schließt. Die Gleichnisse vom barmherzigen Samariter (Lk 10, 30–37) und vom verlorenen Sohn (Lk 15, 11–31) zeigen die Zielrichtung der göttlichen Barmherzigkeit: Es ist ein Aus-sich-Heraustreten und ein Auf-den-anderen-Treffen. Heinz Zahrnt hat dies in Bezug auf die Geschichte vom verlorenen Sohn auf den Punkt gebracht: „Die entscheidende Kehre liegt nicht in der Umkehr des Sohnes zum Vater, sondern in der Hinkehr des Vaters zum Sohn."

Jesus gründet seine Ethik auf die Barmherzigkeit eines als Vater-Mutter erfahrenen barmherzigen Gottes. Und in dieser Barmherzigkeit finden auch die Menschen den Weg zur Erlösung. Vor dem Jüngsten Gericht zählt nur die Barmherzigkeit. Ohne Barmherzigkeit und Mitgefühl gibt es für niemanden ein ewiges Leben (vgl. Mt 25, 36–41).

Psalm 103 drückt die zentrale Bedeutung des barmherzigen Gottes aus: „Barmherzig und gnädig ist der Herr, geduldig und von großer Güte. Er wird nicht für immer hadern noch ewig zornig bleiben ... Wie sich ein Vater über Kinder erbarmt, so erbarmt sich der Herr über die, die ihn fürchten. Denn er weiß, was für ein Gebilde wir sind; er gedenkt daran, dass wir Staub sind ... Die Gnade aber des Herrn währt von Ewigkeit zu Ewigkeit" (8–17).

Nüchternheit

Bernardin Schellenberger

Verhielten sich die meisten Menschen nüchtern, so wäre das für unsere Wirtschaft verheerend, und es hätte für unsere Politik unabsehbare Folgen. Daher scheint eine gigantische Maschinerie in Gang gesetzt worden zu sein, die in erster Linie dem Zweck dient, die Menschen emotional aufzureizen und in Rausch zu versetzen, in Kaufrausch zum Beispiel, also in Besinnungslosigkeit, denn Besinnungslose lassen sich leichter manipulieren und ausbeuten. Folglich wird heute fast nichts mehr nüchtern präsentiert.

Die modernen Medien fördern diese Entwicklung. Der Umstand, dass sie sich zunehmend vom Wort auf das Bild verlagern, vom Beschriebenen auf das Gezeigte, drängt das nüchterne Denken zurück. An die Stelle des schriftlichen Symbols, auf das man mit nüchterner Analyse eingehen kann, tritt immer öfter das visuelle Bild, das sofort eine emotionale Antwort provoziert und einem gar keine Zeit zu nüchterner Auseinandersetzung lässt: *Raison* wird durch *sensation* ersetzt, wie ein französischer Autor (Georges Charpak) formuliert hat, wobei das französische Wort *sensation* die entscheidende Doppelbedeutung von Sinneswahrnehmung und emotionaler Erregung enthält.

Diese Verlagerung wirkt sich auch auf das Gebiet der Spiritualität aus: Denken wird immer öfter als kalte, seelenlose Rationalität abgewertet, Erfahrungen und Gefühle stehen im Vordergrund. Das Kriterium, ob eine bestimmte Tradition oder Methode richtig sei, ist, ob man ein gutes Gefühl dabei hat und ob sie einem wohl tut.

Dagegen muss man sagen: Bei allen Stimmungen, Erfahrungen und Bewusstseinszuständen, die sich methodisch regelmäßig herbeiführen lassen (sei es mittels der zahlreichen Spielarten der Meditation oder in „charismatischen" Gottesdiensten) handelt es sich höchstwahrscheinlich *nicht* um eine Wahrnehmung des grundsätzlich unverfügbaren „Ganz Anderen" und folglich nicht um „Spiritualität" im strengen Sinn, sondern bestenfalls (sofern man sich dabei darum bemüht, alle seine Erwartungen und sogar „Erfahrungen" loszulassen) um die Einübung in die Bereitschaft, für diesen „Ganz Anderen" offen und empfänglich zu sein, normalerweise aber um Zustände der eigenen Psyche. Man mag sie genießen – warum auch nicht? –, sollte sie aber nicht vorschnell als „spirituelle" Erfahrungen deklarieren.

Die Nüchternheit, griechisch *nepsis*, galt den frühen Pionieren der christlichen Spiritualität, den Wüstenvätern, als hohes Ideal. Weil sie aus praktischer Erfahrung wussten, wie subtil und raffiniert sich der Mensch immer wieder selbst an der Nase herumführt, verstanden sie darunter ein kategorisches Misstrauen gegen alle „schönen" Erfahrungen und Gefühle und betonten, was zähle, sei die Praxis des Lebens, gemäß dem Wort im Evangelium: „An ihren Früchten werdet ihr sie erkennen" (Mt 7, 16). In der Neuzeit nahm dieser Grundsatz namentlich in einer Richtung des Protestantismus die Form der Polemik gegen die „Erleberei" (Friedrich Gogarten) an. Auch der katholische Theologe Hans Urs von Balthasar betonte immer wieder, die christliche Mystik sei nicht eigentlich eine *Erfahrungs-*, sondern eine *Gehorsams*mystik im Sinn einer Haltung totaler Offenheit und Bereitschaft für eine „innere" Führung, die den Menschen nicht unbedingt alsbald in erfreuliche äußere und innere Zustände versetze.

Tatsächlich kennen alle großen spirituellen Traditionen lange Phasen der „Wüste“ oder „Nacht“ oder des „Zunichtewerdens“, in denen der Mensch seinen selbst konzipierten Gott „um Gottes willen verlieren“ muss (Meister Eckhart), oder seine „Erfahrung“ oder „Erleuchtung“ um der tatsächlichen Erfahrung oder Erleuchtung willen. Der um Nüchternheit bemühte Mensch nimmt solche „trockenen“ oder „dürren“ Phasen als eine Art Meta-Erfahrung wahr, an deren Sinn er glaubt und den er spürt, und er widmet sich in Frieden seinen Alltagsaufgaben.

Die *sobria ebrietas,* das „nüchterne Trunkensein“ von der Erfahrung des „Ganz Anderen“ gilt in der christlichen Tradition nicht als Ziel und Dauerzustand, sondern eher als selten kurz aufblitzendes Geschenk auf dem Weg, auf dem der Mensch allmählich ein Anderer wird und sich gelassen dem widmet, was ihm als Tagesaufgabe ansteht. Ganz ähnlich endet die berühmte Zen-Parabel von der „Suche nach dem Ochsen“ damit, dass der Erleuchtete „mit helfender Hand in der Stadt wirkt“. „Er denkt nur noch daran, anderen Freude zu machen. Und was trägt er in seiner Trinkflasche? Vielleicht den Wein des Lebens“ (Katsuki Sekida).

Nun ist lange über der Betonung von Praxis und (vorwiegend institutionellem) Gehorsam die lebendige Erfahrung sträflich vernachlässigt und die Religion veräußerlicht oder in Aktivismus umgewandelt worden – und man muss nüchtern sagen, dass auch manche Spielarten der „Nächstenliebe“ eher Äußerungen eines ungezügelten „Helfersyndroms“ als praktizierte Spiritualität sind. So dürfte im Pendelschlag dieses dringende Bedürfnis nach Erfahrung entstanden sein. Dennoch – oder gerade deshalb – darf darüber nicht die Nüchternheit vernachlässigt werden, denn der Verlust wäre verheerend, würde sogar „Spiritualität“ die Menschen nicht mehr über sich selbst und ihre Psyche in eine faszinierendere andere Wirklichkeit hinausreißen.

Reisen

Ilija Trojanow

Noch nie zuvor sind so viele Menschen freiwillig gereist wie heute. Kaum ein Fleck der Erde ist vor unserer postmodernen Mobilität sicher. Nicht nur überfallen wir heuschreckenhaft die Sonnenländer, wir tauchen zur Titanic, wir schweben im Heißluftballon über die Savanne, wir brechen uns einen Weg durch das ewige Eis. Unsere Reise beginnt auf Landkarten und Prospekten, ist schraffiert mit den Farben des Sonderangebots, des Geheimtipps, der Drei-Sterne-Sehenswürdigkeit.

Wenn wir ankommen, überprüfen wir, ob die Fremde den Fernsehbildern entspricht. Oft sind wir enttäuscht angesichts einer lauten Reisegruppe, eines aufdringlichen Straßenverkäufers, eines jegliche Gotik verdeckenden Gerüsts. Der Stau nervt, ebenso die kalten Füße oder der obligate Durchfall. Aber auch diese Enttäuschungen entsprechen meist unseren Erwartungen – schließlich wurden wir vom Reiseführer vorgewarnt. Also ziehen wir uns in jene Höhle zurück, die uns die Sicherheit der Gewohnheit bietet: den klimatisierten Bus, das renommierte Hotel, das erfrischende Schwimmbecken. Wieso also überhaupt reisen?

Wir fahren durch die Welt, aber wie viel erfahren wir von ihr? Fast jeder ist unterwegs, aber wer ist wirklich auf Reisen? Denn Reisen ist keine Produktlinie des ADAC, Reisen geht über die Veränderung der Lokalität hinaus – Reisen kann ein metaphysischer Akt des Erkennens und Erfahrens sein. Nur der Reisende, sagt ein arabisches Sprichwort, kennt den wahren Wert des Menschen.

Vielleicht erfahren wir etwas von den Ur-Gründen des Reisens von unseren bewegten Ahnen. Ein solcher Reisender war der frühe deutsche Dichter Heinrich von Morungen, ein Zeitgenosse Walters von der Vogelweide, der um 1200 einer Einladung ins Heilige Land folgte. Bis dahin hatte er auf der Wartburg provenzalische Poesie übersetzt und seine eigenen Gedichte, wie bei den Minnesängern üblich, in Musik gefasst. Da er im Wesentlichen von den Troubadouren beeinflusst war, flossen arabische (Sufiya), jüdische und osteuropäische (Katharer) Elemente in seine Lieder ein. Nun reiste er diesen Einflüssen entgegen. Doch seine ziellose Reise führte ihn weit über Jerusalem hinaus.

Überall fand er Entsprechungen zu seiner Kunst, Inspirationen. Er reiste nach Süden und dann nach Osten. Viele Jahre lang, auf der Suche nach dem Klang und dem Wort, das seiner Sehnsucht nach Liebe gerecht werden würde. Er tauchte ein in die Welt der Templer, er tauschte sich aus mit äthiopisch-koptischen Sängern. In Vorderasien traf er auf die Mystik der Sufis, die sangen: „Ich bin du, und du bist ich". In Indien begegnete er dem Bhakti-Kult, mit seinen ekstatischen Hymnen, die die Grenze zwischen Gott und Mensch verwischen. Vermutlich endete seine Reise im indischen Madras, wo sich das Grab des heiligen Thomas befindet. Kaum eine Reise ist so prototypisch für die Möglichkeiten des Reisens. In sieben Jahren auf staubigen Wegen entwickelte Heinrich von Morungen seine Kunst, bereicherte er seinen Glauben.

In den meisten Religionen gilt das Reisen als richtige Lebensführung, als Instrument der Katharsis, als Mittel zur Erleuchtung. In dem hinduistischen Lehrbuch *Aitareya Brahmana* steht: „Es gibt kein Glück für den Menschen, der nicht reist. In menschlicher Gesellschaft wird auch der Beste zum Sünder. Gott ist der Freund der Reisenden. Also breche auf." Ähnlich den christlichen Wandermönchen von einst ziehen noch heute die indischen Asketen, *Sadhus* genannt, durch das Land. Die Orthodoxeren unter ihnen verbringen keine zwei Nächte am selben Lagerplatz. Denn die Sesshaftigkeit trägt potenziell alle Sünden in sich, sei es Gier, Egoismus, Materialismus oder Gewalt.

Ähnlich im Islam. Reisen gehörte zu der Lebensform der

Gelehrten, *ulama* genannt. Al-Ghazzali, einer der bedeutendsten Theologen, der den Sufismus in den Islam integrierte, verließ seine persische Heimat, um nach Bagdad, Damaskus, Jerusalem zu reisen, von der obligatorischen Pilgerreise nach Mekka und Medina ganz zu schweigen. Ibn Al-Arabi reiste – wie auch Ibn Khaldun – von Cordoba über Sevilla, Fez, Tlemeen, Tunis, Kairo, Jerusalem, Mekka, Bagdad, Mossul und Konya nach Damaskus, wo er als Ketzer umgebracht wurde.

Was unterscheidet unsere unergiebige Rastlosigkeit von einer Reise, die den Menschen verändert? Ich möchte versuchen, einige Elemente eines anderen Reisens zu skizzieren: alleine Reisen, ohne Gepäck, zu Fuß, hinter der Fassade des Offensichtlichen!

Allein Reisen: In Mopti am Fluss Niger begegnete ich einer großen Reisegruppe, die sich schwer tat, durch die Gassen zu schlüpfen und den Schmuck an den Ohren der Pheul-Frauen klirren zu hören. Und die nahe zusammenrückte, um sich in der milchigen Luft des Harmattan nicht zu verlieren. Ich musste an Mungo Park denken, den jungen Schotten, der von mehr als 200 Jahre alle Geheimnisse des Niger lüften wollte. Bei seiner ersten Expedition begleitet ihn nur ein Dolmetscher und ein Diener. Es war eine erlebnis- und erfolgreiche Reise, über die er einen aufregenden Schmöker verfasst hat. Bei seiner zweiten Expedition führte er dreißig britische Soldaten ins westafrikanische Inland. Er kehrte nie wieder zurück. Denn wer in großer Gruppe reist, stellt per se eine Bedrohung für die anderen dar. Nur wer alleine reist, setzt sich völlig aus: einer unbekannten Welt, einer unverständlichen Sprache. Alleine ist man beständig wach und aufmerksam, biegsam und zugleich angespannt wie eine Bogensehne.

Ohne Gepäck: Wenn dein Gepäck in Gefahr ist, schreibt V. S. Naipaul, hast du einen Hinweis erhalten, dass du in Indien angekommen bist. Im Gepäck befinden sich nicht nur die materiellen Garanten der Bequemlichkeit und Vertrautheit, sondern auch das eigene System von oft unerschütterlichen Paradigmen, von Annahmen, Vorurteilen und Erwartungen. Genau das also, was man beim Reisen in Gefahr bringen sollte. Wenn man mit leichtem Gepäck reist, legt man irgendwann einmal auch seine Sorge, seine Befangenheit ab.

Zu Fuß: Die rasanten Fortbewegungsmittel fressen den Horizont auf. Anstatt Triumph verspürt der Reisende Ermattung. Entfernung wird in Stunden gemessen, in Jetlags wahrgenommen. Weit entfernt sind wir von der berühmt gewordenen Gewohnheit mancher Naturvölker, eine Rast einzulegen, damit die Seele nachkommen kann.

Hinter der Fassade des Offensichtlichen: Der starre Blick erfolgt durch die Linse des Reiseführers. Man gleitet dahin auf der Autobahn des Offensichtlichen und Allgemeinbekannten. Man cremt sich ein, um sich vor Überraschungen zu schützen. Selbst der beste Reiseführer hat einen Sonnenschutzfaktor, der die vornehme Blässe der Ignoranz zurücklässt. Dabei ließen sich die Entdeckungen so einfach machen: eine „falsche" Biegung, ein Blick in die „falsche" Richtung, schon fällt man aus den virtuellen Schauplätzen des Tourismus heraus.

Und noch etwas zum Schluss: Reise nicht von der Heimat in die Fremde und wieder zurück, sondern verwandele die Fremde in Heimat. Stelle dir vor, du müsstest ein Leben lang an dem fremden Ort verbringen. Wurzeln können auch in die Zukunft wachsen. Definiere deine eigenen Wurzeln. „Unternimm eine Reise", sagt der Sufi-Dichter Rumi, „vom Ich zum Selbst." – So eine Reise verwandelt die Welt in eine Goldmine.

Rituale

Pierre Stutz

Ein heißer Sommerabend am Neuenburgersee. Wir stehen im Kreis, ganz nah am Ufer. Philippe will hier Abschied von uns nehmen, nachdem er einige Monate in unserem „offenen Kloster" gelebt und gearbeitet hat. Wie viele von uns tut er sich schwer mit Abschieden: „Bis jetzt habe ich mich meistens einfach davongeschlichen." Neben dem Schmerz macht ihm Mühe, dass er beim Abschied im Mittelpunkt steht. Wir reden vorher darüber, und er sah in der Möglichkeit eines Abschiedsrituals eine Gelegenheit, bei der ihm und uns nochmals mit Leib und Seele bewusst wird, was in dieser gemeinsamen Zeit wachsen konnte. Nun stehen wir aufrecht im Kreis, jede und jeder hält eine Kerze in der Hand und ist eingeladen, sich für einen Moment in die Mitte des Kreises zu stellen, um von den anderen „erleuchtet" zu werden.

Was ich in diesen einfachen Gesten und Bewegungen erleben durfte, gehört zum Eindrücklichsten dieses Sommers. Beschreiben lässt sich die Kraft eines Rituals kaum; nur im Erleben wird spürbar, wie sich das Leben verdichtet, wie Tränen und Lachen, Dankbarkeit und Schmerz ganz nahe beieinander sind. Beim Liebhaber des Lebens aus Nazaret habe ich gelernt, wie heilende Kräfte geweckt werden können, wenn Menschen zugemutet wird, sich in die Mitte zu stellen. Rituale berühren drei menschliche Urwünsche, die sich in allen Kulturen, Märchen und Religionen finden lassen:

– An-sehen und An-erkennung zu erhalten; zu erahnen, dass ich vor aller Leistung von Gott anerkannt bin.

– Räume der Verwandlung zu eröffnen, damit die Spirale der Angst und der Gewalt durchbrochen wird und der solidarische, aufrechte Gang eingeübt werden kann.

– Beheimatung und Verwurzelung zu finden, weil ich nie Einzelne, Einzelner bin, sondern Teil eines Ganzen, eingebunden in Schöpfung und Kosmos.

Ein Ritual ist kein magischer, sondern ein symbolischer Akt. Ein Akt der Erinnerung daran, dass das Wesentliche im Leben schon da ist. Ich kann diesen Geschenkcharakter des Lebens mit Ritualen nicht heraufbeschwören – Gott kommt all unseren Ritualen mit seiner Zuwendung, seiner Gnade zuvor. Im Ritual er-innern wir uns an diese Wirklichkeit, indem das äußerlich Dargestellte zur inneren Realität wird. Was Leonardo Boff als Merkmale für sakramentales Denken umschreibt, gilt auch für ein Ritual:

– Ein Ritual braucht eine ganzheitlich-sinnliche Erfahrung. Es geschieht wirklich etwas: im Kreis stehen, Ringe austauschen, einander segnen, eine Rose ins Grab legen, mit Weihrauch durch die Wohnung gehen, bewusst aufstehen. Ein Ritual ist *immanent*.

– Ein Ritual übersteigt aber gleichzeitig die Erfahrung, es weist über sich hinaus, es hat einen *transzendenten* Sinn. Da „Außenstehende" diesen Charakter, der Erde und Himmel verbindet, oft nicht verstehen, braucht es als drittes eine sinnstiftende Deutung.

– Ein Ritual wird verstanden, wenn es *transparent* ist: Wir ziehen am Ostermorgen mit nur einer Kerze in die dunkle Kirche, weil wir damit unserer Hoffnung Ausdruck verleihen, dass unser Dunkel, unser Schatten durch das göttliche Licht erhellt und so jedem Menschen Verwandlung zugestanden wird. Damit ein Ritual wirklich gefeiert werden kann, braucht es die offensichtliche Deutung vorher und auf keinen Fall während der Feier, weil sonst die Tiefendimension zerredet würde.

Nicht immer wirken Rituale befreiend; sie können zwanghaft und krank machend wirken und religiösen Leistungsdruck ausüben. Damit sie nicht nur Gewohnheit werden, braucht es zwei existenzielle Grundhaltungen, die durch den wiederholenden Vollzug belebt werden: Geborgenheit und Freiheit.

In der Geborgenheit begebe ich mich hinein in ein Geschehen und lasse mich mit Geist-Leib-Seele berühren. In der Freiheit erneuern auch kritische Worte uralte Gesten.

Besonders wichtig sind Rituale in Situationen des Überganges – der Geburt, dem Übertritt ins Erwachsenenalter, der Eheschließung und der Beerdigung. Dazu kommen im Kreislauf des jahreszeitlichen Geschehens Übergangsrituale wie Schulbeginn, Erntedank, Nationalfeiertage, Geburtstage, Gedenktage, religiöse Feiern wie Divali (hinduistisches Lichterfest), Chanukka (jüdisches Lichterfest), Advent-Weihnachten (christliche Lichterfeste), Ramadan (islamischer Fastenmonat), Rohatsu (Feier des Todestages des Buddha im Mahayana-Buddhismus).

Hat ein Ritual keinen spirituellen Hintergrund, sollten wir von Gewohnheiten, Traditionen oder Bräuchen sprechen – nicht als Wertung, sondern als klärende Zuweisung, auch, um niemanden zu vereinnahmen. Das bedeutet jedoch nicht, dass Rituale nicht auch ihren Ort im alltäglichen Leben haben. In einer Zeit, in der wir immer mehr durch Hektik und Ansprüche von außen gelebt werden, entdecken viele Menschen den Zugang zu einem wohltuenden Rhythmus in ihrem Alltagsleben, wie Rituale ihn schaffen können. Indem ich mich entscheide, eine Gewohnheit, eine Geste, die sowieso zu meinem Alltag gehört, bewusster, achtsamer, langsamer, entschiedener zu tun, schaffe ich ein Alltagsritual und spüre seine Kraft. Für mich selbst ist das achtsame Aufstehen wichtig geworden. Darin verdichtet sich die Aufgabe eines jeden Menschen: geradestehen für das eigene Leben, aufstehen und Widerstand leisten für eine zärtliche Gerechtigkeit. Diese

Gewohnheit verwandelt sich für mich als christlichen Menschen in ein Ritual, weil ich diese Geste in Verbindung bringe mit der Auferstehungskraft. Wenn ich auf den Bus warte, wenn ich anstehen muss beim Einkaufen, wenn ich aufstehe in der Kirche, schließe ich für einen Moment die Augen und erinnere mich, dass in diesem Moment überall – auch in schlimmsten Kriegsgebieten – Frauen und Männer widerstehen und einstehen für Frieden. Durch mein bewusstes Dastehen verstärke ich die Friedenskraft auf der Welt, die zusätzlich durch Protestbriefe, Demonstrationen, solidarisches Teilen glaubwürdig gefördert wird.

Ein Ritual ist ein mystischer Moment, in dem Raum und Zeit wie aufgehoben erscheinen und ich in Berührung komme mit dem Atem Gottes, der mich mit Schöpfung und Kosmos verbindet.

Ein Ritual ist eine heilende Erfahrung, weil die Seele als das Lebendige im Menschen (C. G. Jung) aufatmen kann und ich meine Erfahrungen rückverbinden kann (*re-ligere*) an Gott, die Quelle des Lebens. An jenem Abend im Kreis am See, im Horchen auf die Wellen, erfuhr ich, was jeden Tag zum Leben gehört: kommen und gehen; sterben und werden.

Schweigen

Raimon Panikkar

In Anlehnung an die Mandukya-Upanishad (1–7) können wir ein Geviert im Schweigen unterscheiden:

Erstens die Repression der Worte. Man schweigt, obwohl man vieles zu sagen hätte. Man schweigt aus Vorsicht, Klugheit oder Angst.

Zweitens die Verblüffung der Worte. Man schweigt aus Mangel an passenden Worten. Man schweigt aus Verlegenheit, Unfähigkeit oder Unkenntnis.

Drittens die Unfähigkeit der Worte. Man schweigt, weil man erkennt, dass es sich um etwas Unaussprechbares handelt. Man schweigt aus der Unmöglichkeit, das Erfahrene auszusprechen. Man spürt das Unsagbare, und man ist sich dessen bewusst.

Und viertens die Abwesenheit der Worte. Man schweigt nicht, weil man nichts zu sagen hat, sondern weil es nichts zu sagen gibt – oder, wie eine dritte Upanishad (Ken U I, 5) erklärt, „das, was das Wort nicht sagt". Das Wort ist hier der Wucht der Wirklichkeit nicht gewachsen. Dies ist das Schweigen des Wortes. Das Wort ist nicht mehr da. Es bleibt allein das Schweigen. Es ist dies nicht die Verneinung des Wortes, sondern seine Abwesenheit – weil es keine Wesenheit ist. Von dieser vierten Art des Schweigens ist fortan die Rede: „Wovon man nicht sprechen kann" (Wittgenstein), das muss man als das Schweigen erfahren.

Dieses Schweigen übt keine Gewalt über das Wort aus. Es tritt erst auf, wenn es nichts (mehr) zu sagen gibt. Es spricht, wenn man keinen Urteilssatz mehr zu bilden imstande ist, weil nichts Sagbares da ist – und infolgedessen auch nichts Unsagbares. Das Unsagbare ist mindestens als Unsagbares sagbar. Schweigen ist nicht nur „Stille halten"; inmitten des größten Tumults können wir schweigen. Das Schweigen ist nicht das, was wir als das Unsagbare entdecken, sondern das, was wir als das Ungesagte nur nachträglich einholen können. Diese Wiederholung gehört zum „Logos des Schweigens", wie Plotin schreibt (Enneaden III, 8, 6, 11). Aber was wir dort wieder-holen – mit dem *logos* allerdings – ist nicht das Wort, sondern das Schweigen. Auf dieser tiefsten Ebene gehören Wort und Schweigen zusammen – sonst könnten wir nicht einmal darüber reden.

Einige Meditationsschulen sprechen von der Abwesenheit der Gedanken, die freilich nur vorübergehend sein kann, weil der Mensch ein denkendes Wesen ist. Ein leeres Bewusstsein ist ein Bewusstsein ohne gedankliche Inhalte, aber immer noch ein Bewusst-Sein. Das echte Schweigen hat mit dem Sein nichts zu tun. Das ist die größte Herausforderung und gleichzeitig die höchste Offenbarung des Schweigens. Christlich gesprochen schweigt das Sein nicht. Das Sein ist der *logos*, das Wort, und das Wort ist Wort, weil es spricht. Der *logos* schweigt deshalb nicht, weil er aus dem Schweigen kommt. Diese innerliche Beziehung ist das, was uns ohne Widerspruch über das Schweigen reden lässt.

Innerhalb eines strengen Monotheismus ist dieses Schweigen das Nichtsein, eine Gotteslästerung, weil Gott *ist* – und letzten Endes eine Unmöglichkeit. Das mag erklären, weshalb das mystische Schweigen so oft als verdächtig, wenn nicht gar als bedrohlich erscheint. Nur innerhalb einer trinitarischen Anschauung der Wirklichkeit kann man von diesem Schweigen sinnvoll – widerspruchlos – reden.

„Am Anfang war das Wort", sagen die Veda, das Evangelium und einige afrikanische Traditionen. Aber das göttliche Wort war – ist – nicht der „Anfang", der Ursprung, die *arche*. Die Quelle des *logos* ist nicht das Sein. Der *logos* ist das Sein, weil „durch ihn alles geworden ist" (Joh 1, 3). Er ist das Sein, das er allem Dasein erst zuteilt. Die Quelle des Flusses ist nicht der Fluss; die Quelle des Seins ist das Nichts, aus dem das Wort geboren wird. Aus dem Schweigen des Vaters ist das Wort entsprungen. Wie Ignatius von Antiochien sagt, „ist Christus, der *logos* Gottes, aus dem Schweigen gekommen" (Ad Magn. 8, 2-PG 5, 669). Wort und Schweigen stehen also nicht in dialektischer, sondern in dialogischer, in trinitarischer Beziehung. Sie schließen sich nicht gegenseitig aus, sondern gerade ein. Das ist die *Perichorese* der Patristik: das Ineinandersein. Das Nichts ist nicht das Nicht-sein (trotz des Ausdrucks „ne-wicht": „nicht-Ding"). Das Nichts ist nicht *niente*, *néant*, *nothingness*, sondern eher das *Noch-nicht*, wie das spanische Wort *nada* etymologisch andeutet: das *non natum*, noch nicht geboren, eine ur-sprüngliche Abwesenheit des Seins.

Nur eine trinitarische oder a-dualistische (*advaita*) Erfahrung kann das „einsehen". Das Nichts ist nicht das Nicht-Sein, die Verneinung des Seins, nicht sein Widerspruch, sondern seine Abwesenheit. Es ist der andere Pol, der andere „Drehpunkt" (*polus*), ohne den es den ersten nicht gibt. Wir können einen Pol nicht ohne den anderen „sehen". Das heißt, dass die *reductio ad unum*, die Rückführung der Vielfalt in die Einheit, als bloße Forderung des Intellekts nicht vollziehbar ist. Deshalb sprechen so viele Traditionen von der Notwendigkeit eines „dritten Auges", um die Wirklichkeit nicht zu verzerren. Das erst ermöglicht die a-dualistische (*advaita*) Erfahrung der ganzen Wirklichkeit – ohne die die Erfahrung der Trinität nicht mitvollziehbar ist.

Das Schweigen ist die Erfahrung des „Nichts", der Quelle „vor" der Geburt des Logos. Diese Erfahrung kann nur im Heiligen Geiste geschehen, das heißt im trinitarischen Beziehungsreichtum des Ineinanderseins – denn jenes „vor" der Geburt des Logos ist gewiss nicht zeitlich zu verstehen.

Die Vermählung von Schweigen und Wort ist gerade heute die vielleicht wichtigste Herausforderung für eine fruchtbare Begegnung zwischen den abrahamischen und den asiatischen Formen der Spiritualität. Die „Anstrengung (Anspannung) des Begriffes" bedarf einer Ent-spannung des Geistes, um viele Missverständnisse wegzuräumen und einer gegenseitigen Befruchtung dieser zwei großen Traditionen der Menschheit zu dienen. Diese ontologische Abwesenheit ist eine homöomorphe Ent-sprechung der ostasiatischen *Sunyata*. Diese „Leere" hat nichts mit dem westlichen Nihilismus zu tun. Nur im Schweigen kann man das Göttliche spüren, darin sind sich fast alle spirituellen Traditionen einig. „Die Worte der Weisen sind im Schweigen vernommen", übersetzt die Septuaginta Koh 9, 17. Die christliche Überlieferung fasst die hier beschriebene Haltung mit Worten der Bibel zusammen: „Als tiefes Schweigen das All umfing und die Nacht bis zur Mitte gelangt war, da sprang dein allmächtiges Wort vom Himmel ... herab“ (Weish 18, 14–15, Vulgata) – und die christliche Liturgie bezieht das auf Weihnachten. Das Schweigen ist der leere Raum innerhalb unseres Selbst, der der *Theosis*, der Vergöttlichung, freien Raum lässt. „Im Schweigen und in der Hoffnung wird eure Stärke liegen“, sagt das lateinische Jesajabuch (30, 15 Vulgata). Das Schweigen ist die Kraft der Mystik – ohne sie ist der Mensch nur ein rationales Tier, und die Religion nur ein Gedankensystem.

Spiel

Christoph Quarch

Rechtzeitig zur Fußballweltmeisterschaft 2002 in Japan und Korea startete die Evangelische Kirche in Deutschland eine groß angelegte Werbekampagne, in der sie zum Gespräch über die Frage einlud: „Sind Fußballer unsere wahren Götter?“ – eine fragwürdige Frage, weil sie, oberflächlich verstanden, natürlich nur mit „nein“ beantwortet werden kann (und wohl auch soll), bei näherem Hinsehen aber doch in die Tiefe des Denkens zu locken vermag. Denn warum wird so eine Frage überhaupt gestellt? Offenbar doch deshalb, weil tatsächlich ein Zusammenhang zwischen Fußball und Gott besteht, der dadurch problematisiert werden soll. Es lohnt sich, über diesen Zusammenhang nachzudenken.

Nun wäre es zu weit gegriffen, wenn man mit Dirk Schümer behaupten wollte: „Gott ist rund“. Und doch ist es nicht abwegig zu vermuten, dass Gott beim Fußball mit im Spiel ist – nicht in dem Sinne, dass er ins Spiel eingreift (wie fromme brasilianische Fußballer meinen), aber doch so, dass im Spiel – und zwar in jedem – etwas von der Wirklichkeit Gottes in Erscheinung tritt. Fußballer sind zwar nicht unsere wahren Götter, aber der wahre Gott zeigt in ihrem Spiel sein Gesicht – oder wenigstens ein Augenzwinkern. Dies wäre zumindest eine plausible Erklärung dafür, warum 1,5 Milliarden Menschen auf der ganzen Welt ein WM-Finale im Fernsehen verfolgen.

„Der Mensch ist nur da ganz Mensch, wo er spielt", notierte einst Friedrich Schiller. Und schon lange vor ihm wagte Nikolaus von Kues in seiner Schrift über das Ballspiel (*De ludo globi*) die These, dass die eigentliche Würde des Menschen in seiner Fähigkeit zum Spiel zu finden sei: in seiner kreativen Potenz, eigene Welten zu erfinden. Darin bewähre er sich als wahres Ebenbild Gottes. Wenn dies zutrifft, dann wäre das Spiel eine Praxis, in deren Vollzug der Mensch – vielleicht ohne es recht zu wissen – mit der Wirklichkeit Gottes in Berührung kommen kann; dann wäre das Spiel ein spiritueller Weg und Gottesdienst zugleich.

Tatsächlich hat das Spiel über Jahrhunderte hinweg unbefragt diesen Charakter besessen. Die großen Spiele der alten Welt – vom Mysterienspiel über das Drama bis zu den olympischen Spielen – waren selbstverständlich kultische Veranstaltungen, die zu Ehren eines Gottes oder mehrerer Götter stattfanden. Ähnliche Befunde lassen sich aus allen Kulturen der Welt zusammentragen, so dass Johan Huizinga in seinem Buch *Homo Ludens* feststellen konnte, dass man mit gutem Grund die „heilige Handlung als Spiel bezeichnen" könne. Damit ist freilich noch nicht gesagt, dass auch umgekehrt das Spiel eine heilige Handlung ist. Aber die strukturelle Nähe und historische Identität beider legt doch den Verdacht nahe, dass einem jeden Spiel zumindest latent eine religiöse Potenz innewohnt.

Was ist ein Spiel? Der Philosoph Hans Georg Gadamer gibt folgende Antwort: Ein Spiel ist „eine Selbstbewegung, die durch ihre Bewegung nicht Zwecke und Ziele anstrebt, sondern die Bewegung als Bewegung – die sozusagen ein Phänomen des Überschusses, der Selbstdarstellung des Lebendigseins, meint". Diese Definition entspricht im Kern der Erfahrung eines jeden Spielers: Im Spiel fühlen wir uns in einem höheren Grade lebendig; und dies um so intensiver, je mehr wir in das Spiel eintauchen und uns von ihm mitnehmen lassen. Für Fußballer, Zocker und Schachspielerinnen gilt gleichermaßen: Je mehr es gelingt, das Wollen des eigenen Ich auszuschalten und sich der Dynamik des Spiels zu überlassen, desto sicherer wird das Spiel gelingen. Am Ende spielt das Spiel durch den Spieler hindurch: „Es kämpfte um den Ball, es schoss, es spielte" – wie der fußballbegeisterte Zen-Lehrer Willigis Jäger gerne von einem mystischen Erlebnis auf dem Klosterbolzplatz berichtet. Ähnliches erleben Schauspieler und Musikerinnen, wenn in ihrem Spiel jener wundersame Wechsel stattfindet, nach dem nicht mehr sie eine Rolle oder eine Symphonie spielen, sondern sie selbst zum Instrument des Spiels werden. Ja, selbst für gewiefte Glücksspieler gilt – wie Paul Auster auf wunderbare Weise in seinem Roman „Die Musik des Zufalls" erzählt –, dass sie nur dann gewinnen, wenn sie sich ganz und gar in das Spiel versenken können und diese Versenkung durch nichts gestört wird.

Diese Art der Versenkung oder Einlassung in das Spiel ist nicht zu erzwingen. Sie gelingt nur demjenigen, der sich dem Spiel anvertraut. Das aber bedeutet zu allererst, seiner Logik zu folgen und kein Spielverderber zu sein – indem er das Spiel entweder zu ernst oder zu wenig ernst nimmt. Spielverderber zerstören das Spiel, weil dessen Wesen in einer eigentümlichen Mischung aus Spiel und Ernst besteht. Diese Mischung lässt sich nur deshalb durchhalten, weil das Spiel, wie in der Definition Gadamers dargestellt, zwecklos ist. Es hat seinen Sinn ausschließlich in seinem eigenen Vollzug. Selbst Fußballprofis verfolgen, während sie im Spiel sind, nicht das Interesse des

Geldverdienens, sondern sie folgen der Logik des Spiels und versuchen Tore zu schießen (wenn es anders ist, dann sind sie schlechte Fußballer). Diesem Ziel folgen sie mit allem gebotenen Ernst, aber es ist doch ein Ziel, das durch das Spiel selbst gesetzt ist und sich in ihm erschöpft. Nach dem Ende des Spiels hat dessen Ziel und Zweck ein Ende – und Fußball ist wieder die schönste Nebensache der Welt. Wirklich?

Das Spiel ist vollkommen zwecklos, aber genau darin ist es überaus sinnvoll. Es hat seinen Sinn allein in seinem eigenen Vollzug – und dieser Vollzug hat das Vermögen, dem Leben eine Intensität und Tiefe zu geben, die es so lange nicht freisetzt, wie es in zweckhafte Kontexte eingebunden ist. In dieser sinnvollen Zwecklosigkeit ist das Spiel eine Einübung ins Leben überhaupt, da ja auch dieses seinen Sinn und Zweck einzig in seinem eigenen Vollzug hat. „Das Leben ist ein spielendes Kind" (*Aion pais esti paizon*), lehrte einst Heraklit und brachte damit die Wahrheit zum Ausdruck, dass wir dem Leben dann am ehesten gerecht werden, wenn wir es spielerisch nehmen: uns seiner Dynamik anvertrauen, unser Wollen loslassen und es gerade darin doch mit allem Ernst leben. Bei Kindern können wir es beobachten, im Spiel können wir uns darin üben – und wo ein Spiel gelingt, wird es zur Metapher auf das gelingende Leben überhaupt. Da sind wir ganz Mensch, und eben darin blitzt etwas von der Wirklichkeit Gottes in unserem Leben auf. Das sicherste Indiz dafür ist das Glück, das das Spiel uns bereitet.

Dieses Glück erfasst nicht nur den aktiven Mitspieler, sondern auch den Zuschauer. Er ist mehr als ein Beobachter, denn er nimmt ebenso wie der Spieler am Spielgeschehen teil. Sofern er sich wirklich auf das Spiel einlässt, transzendiert auch er darin sein Wollen und seine Zwecke. Auch ihm wird damit das gesteigerte Gefühl der Lebendigkeit zuteil – vorausgesetzt, er bewahrt sich die erforderliche Balance zwischen Spiel und Ernst. Nicht umsonst heißt es: Dabei sein ist alles. Wer nicht im Spiel sein, sondern nur gewinnen will, dem wird sich die spirituelle Kraft des Spiels nicht erschließen. Er wird in seinem ichhaften Wollen gefangen bleiben – und wo es nicht erfüllt wird, schlimmstenfalls zum Hooligan mutieren. Wer sich hingegen sich selbst loslassend ins Spiel einlässt, vermag auf diese Weise kathartische Prozesse zu durchleben, wie sie auch anderen spirituellen Wegen eignen: er wird zittern, bangen, trauern, jubeln … Am Ende wird er sich lebendiger fühlen, und vielleicht sogar wird etwas von der Gelassenheit in seinem Leben Raum greifen, die einen großen Spieler auszeichnet – und vom Wissen darum, dass am Ende alles „nur" ein Spiel ist.

Stille

Silvia Ostertag

Es ist längst gesagt, aber man achtet es kaum. In Ausführlichkeit wird von denkenden Menschen der verschiedensten spirituellen Richtungen erörtert und abgehandelt: woher es komme, dass das Leid in der Welt wächst und wächst, bis es lauter nicht mehr schreien kann.

Es kommt daher, dass wir offenbar noch immer nicht den Sinn gefunden haben, den Sinn des Aus-dem-Paradies-gefallen-Seins. Es kommt daher, dass wir darum immer noch – unbewusst – zurückkehren möchten in eine Art Paradies, so dass wir uns dieser und jener paradiesischen Illusion hingeben, als ob ein Mehr an Macht und damit an Konsum die verlorene Paradiesesfülle ersetzen könnte; als ob ein Mehr an Gleichheit – meist künstlich konstruiert – für den Verlust der Einheit stehen könnte; als ob ein Mehr an bürokratischer Regelung an der Stelle lebendiger Ordnung wirken könnte.

Aus Sehnsucht nach einstigem Ganzsein suchen wir mehr und mehr und verpassen damit den Weg zu dem Ganzwerden, das uns in allen Religionen verheißen wird. Indem wir Paradiesisches im Außen suchen, als müsse dieses ein Schlaraffenland sein, ein Selbstbedienungsladen ohne Preis, verpassen wir mehr und mehr, im Innen zu erkennen, wie wir alle nichts anderes sind als das eine Ganze, das sich ohne Unterlass in jedem von uns und in allem Einzelnen offenbart.

Oder sieht man es, ES, das Eine, sieht man es, während man seine alltäglichen Wege geht, im Büro am Computer sitzt oder im Supermarkt an der Kasse steht? Schmeckt man ES, während man isst oder ruht, während man liebt oder hasst? Während man große Pläne macht oder kleine Pflichten erfüllt?

Man achtet ES kaum. Von daher kommt es, dass wir in unbändiger Triebhaftigkeit – die man gerne „wirtschaftliches Denken" nennt und die längst Politik und Kirche und damit Schule und Erziehung durch und durch bestimmt – einer Illusion nach der anderen nachjagen; auf Kosten all dessen, was nicht ich selber bin: auf Kosten unserer Kinder, unserer Älteren, auf Kosten unserer Erde, unserer Pflanzen, unserer Tiere, und letztlich doch auf Kosten unserer selbst.

Man achtet es kaum. ES, das erfüllen und ordnen und versöhnen könnte in allem, was Pflicht und Vergnügen ist, in allem, was uns angeht. ES, das tiefste Sehnsucht stillen könnte, so dass die Sucht nach Ersatz verstillte. ES, das in allem und jedem auf uns selber wiese, so dass man nicht anders als wohlwollen könnte.

Man achtet es kaum. Wie sollte man auch, wann ist wo Zeit dafür? Man kann das Achten auf das Eine nicht einfach hinzufügen zu dem, was einem ohnehin immer schon zu viel ist. Man kann es nicht ohne weiteres hinzufügen zu dem, wie man automatisch denkt, fühlt und handelt.

Zum Achten, das mit der Zeit hineinwirken soll in alles, was man erlebt und tut, findet man nur, wenn man erst einmal nichts anderes tut als achten. Wenn man alles gewohnte Tun und Schauen und Hören – auch und vor allem das gewohnte Denken – für eine Weile beiseite lässt, für eine kleine Weile möglichst an jedem Tag. Dafür gibt es viele Möglichkeiten. Die dichteste ist wohl das Sitzen in der Stille.

Sitzen in der Stille meint, sich in aufrechter, gelöster Haltung an einen stillen Platz zu setzen und ohne die geringste Bewegung auf nichts anderes zu achten als auf den still fließenden Atem. Allerdings: Wenn man auf seinen Atem achtet, geht es dem Atem manchmal wie den Menschen, die lange nach Beachtung hungerten, so dass sie diese, wenn sie ihnen schließlich geschenkt wird, gar nicht verkraften. Kaum fühlen sie sich – endlich – angeschaut, bewegen sie sich hektisch oder scheinen zu erstarren oder wissen nicht, wohin mit Hand und Fuß.

So kann es sein, dass unser Atem, sobald wir auf ihn achten, sich beschleunigt, sich verhaspelt oder blockiert und uns in Unruhe versetzt, wo wir doch in aller Ruhe auf ihn achten wollten. Für gewöhnlich wandelt Achtung sich dann schnell in *Ver*achtung, dann eben, wenn das Beachtete nicht so funktioniert, wie wir es uns gedacht hatten. Warum geht das nicht „so wie ich will"? Genau darum geht es in der Übung: Auf den Atem achten – nicht wie ich will, sondern wie er von selber kommt und geht. Nur auf den Atem achten. Sonst nichts. In dem „sonst nichts" kommt Stille auf, mit der Zeit, mehr und mehr, wenn man bereit ist zu dem Preis, den Stille fordert.

Stille fordert einzusehen, dass ich sie nicht machen kann. Stille fordert, an der Grenze des eigenen Einsatzes und damit des Machbaren weiterzumachen, indem man aufhört mit dem Machen. Nur auf den Atem achten. Nichts machen, nicht urteilen, nicht kommentieren. Nur auf den Atem achten, wie er gerade kommt und geht. Bis man mit jedem Atemzug Stille atmet, ein und aus. Bis, Atemzug für Atemzug, die eine Stille ganz erfüllt. Bis diese eine Stille, vollkommen unabhängig von meinem

Atmen, unabhängig auch von Bewegung oder Nichtbewegung, von Laut oder Nichtlaut, alles ist. Bis man – aus Stille kommend – mehr und mehr, ohne jedes willentliche Achten, diese hört und sieht in jedem und in allem, was begegnet, als Antlitz der einen Wirklichkeit in jeder Form. So dass sie sich wiedergibt, ohne jedes Wollen, in alles, was man denkt und tut, mehr und mehr, diese Stille, deren Liebeskraft man sich kaum entziehen kann.

Auf dem Weg zu diesem „bis" und parallel zu dem „mehr und mehr", nimmt man allerdings um so schärfer wahr, wie und wodurch in einem selbst das Achten immer wieder verloren geht. Aus solchem Leid, ohne Selbstmitleid, vergeht die Verachtung für den Anderen, den man dumm und bös' gemeint. Und wenn man auf dem Grund des eigenen Verfehlens wieder und wieder die eine Stille findet, ahnt man dankbar etwas vom Sinn des Aus-dem-Paradies-gefallen-Seins – ahnt, dass sich nur vor dem Hintergrund des Dramas, das uns in dualistisches Erkennen mit der Folge fruchtbarer Entwicklung einerseits und abgründiger Vernichtung andererseits geführt hat, dass sich nur auf Grund dieses Dramas das ursprünglich Eine uns offenbaren kann.

In solcher Ahnung wird das Achten auf das Eine in allem, was einen angeht, zum Dienst am Andern – mehr und mehr.

Symbole

Uwe Wolff

Symbole sind Türöffner: Sie öffnen die Pforten der Wahrnehmung zur Innenwelt. Symbole stiften sinnhafte Erfahrungen und innere Gewissheit. Sie sind Wegbegleiter. – Am Strand haben wir eine Muschel aufgelesen und in die Hosentasche gesteckt. Jetzt ist sie mehr als eine Muschel. In ihr rauschen die Erinnerungen an warme Sommertage, Gespräche am Strand und zärtliche Stunden in der Nacht. Alles kann zum Symbol werden: die ersten Kinderschuhe, der Teddybär, ein Kieselstein oder eine Feder. Symbole erschließen eine Tiefendimension der Wirklichkeit. Sie verweisen auf etwas Geheimnisvolles, etwas, das nur angedeutet werden kann. Worte dienen der genauen Bezeichnung. Das Symbol aber ist mehr als eine Benennung. In ihm schwingt etwas mit: Lächeln, Zuwendung, eine versteckte Liebeserklärung, ein Augenblick aus Ewigkeit, das Lachen Gottes oder die Musik des Himmels. Symbole sind keine Zeichen. Zeichen sind eindeutig. Sie schenken uns Orientierung im Alltag: Verkehrszeichen oder mathematische Zeichen etwa. Das Symbol aber ist immer vieldeutig. Das Kreuz bezeichnet Leben und zugleich Tod, das Feuer wärmt und vernichtet, die Rose steht für Schönheit und Schmerz. Das Symbol ist die Sprache der Spiritualität. Es verweist aus der sinnlichen in eine geistliche Welt, vom Sichtbaren zum Unsichtbaren, aus der Immanenz in die Transzendenz. Die Sprache des Unsagbaren sind Symbole. Sie können nicht erklärt werden. Sie wollen still betrachtet und meditiert werden. Symbole wollen erlebt, getanzt, gemalt und gestaltet werden. Symbole sind sinnlich, sie schenken Erfahrungen.

Auf dem Fensterbrett steht ein kleiner Engel aus Bronze. Die Augen hält er geschlossen, als konzentrierte er sich ganz auf die Innenwelt. Er ist nur sechs Zentimeter groß. Fünf Finger können ihn mühelos umschließen. Dennoch liegt er schwer in der Hand. Er hat Gewicht. Der kleine Engel gehört zu einer Sendung von Bronzeengeln, die für eine Entlassungsfeier von Abiturienten bestellt worden waren. Was gibt man jungen Menschen mit auf den Weg ins Leben? Gute Ratschläge, kluge Sprüche, letzte Ermahnungen? Nein, all das nicht. Vielleicht den Glauben an die Zukunft, das Vertrauen auf die eigenen Kräfte und den Zuspruch: Du wirst deinen Weg nicht allein gehen. Du hast einen unsichtbaren Freund an deiner Seite. Wie in Worte fassen, was Jugendliche, Eltern, Freunde und Lehrer beim Aufbruch in ein neues Lebens bewegt? Dann standen die jungen Menschen vor dem Altar. Der Geistliche zeichnete mit dem Finger ein Kreuzzeichen in ihre geöffneten Hände und legte anschließend jedem einen kleinen Bronzeengel hinein. Warum waren die jungen Menschen von dieser Segenshandlung bewegt? Warum standen einigen Eltern die Tränen in den Augen? Kreuzzeichen und Engel haben einen spirituellen Raum erschlossen, und alle Beteiligten spürten die Botschaft, die aus seiner Tiefe erklang.

Das Wort „Symbol" kommt aus der griechischen Sprache. *Symballein* bedeutet „zusammenfügen". Ursprünglich war ein Symbol ein Erkennungszeichen, mit dem sich der Besitzer eindeutig ausweisen konnte. Seine Herstellung war einfach: Man nahm beispielsweise eine Tontafel, zerbrach sie in zwei Hälften und gab eine davon dem Freund, die andere behielt man im eigenen Besitz. Wollte nun etwa der Freund aus der Ferne eine Mitteilung schicken, so gab er dem Boten als Erkennungszeichen die zweite Hälfte der Tontafel mit. Symbole sind also wie zwei Puzzleteile. Das *symbolon* ist „das Zusammengefügte". In dem Grimmschen Märchen „Der Bärenhäuter" wird ein Ring zum Symbol. Der Bärenhäuter hat einen Pakt mit dem Teufel geschlossen – sieben Jahre darf er sich nicht waschen und nicht die Haare schneiden. Seine wahre Gestalt ist nicht mehr zu erkennen, er sieht aus wie ein Untier. Doch er findet eine Frau, die ihn trotz seiner schrecklichen äußeren Erscheinung liebt. Beim Abschied von ihr nimmt er einen Ring, bricht ihn entzwei und schreibt seinen Namen in ihre Hälfte, ihren in die seine. Als er drei Jahre später wieder zurück kommt, gewaschen, rasiert und mit ordentlichem Haarschnitt, erkennt die Braut ihren Bräutigam erst wieder, als dieser ihr seine Hälfte des Ringes zeigt.

In Träumen, Märchen, Mythen und Religionen verweisen Symbole auf etwas Unsichtbares, auf eine Wirklichkeit hinter der Oberfläche. Symbole folgen keinem *Entweder-oder*, sondern einem *Sowohl-als-auch.* Sie verknüpfen verschiedene Bereiche der Wirklichkeit. Sie sind zugleich Sprache der Seele und Sprache Gottes. Deshalb sind auch die Religionen der Menschheit voller Symbole. Baum, Garten, Berg, Wasser, Feuer, Tür, Weg, Labyrinth, Muschel, Wein, Brot gehören dazu. Wer die heiligen Texte der Religionen ohne einen spirituellen Spürsinn für Symbole liest, bleibt an der Oberfläche stehen. Beispiele aus den ersten Kapiteln der Bibel: Da ist etwa zu lesen, Gott habe in sechs Tagen die Welt erschaffen und am siebten Tag geruht. Man könnte darüber den Kopf schütteln und schmunzeln über einen erschöpften, ruhebedürftigen Gott. Doch in der spirituellen Optik erschließt sich die Tiefendimension. Dann wird deutlich: Die Zeitangaben sind Symbol für den Rhythmus des Lebens, das Gleichgewicht von *vita activa* und *vita contemplativa.* Dann liegt es klar vor Augen. Es geht gar nicht um das, was am Anfang war, sondern um das, was immer sein wird. Der Sinn des Lebens erschöpft sich nicht im tätigen Leben, sondern in der Ruhe, dem Schauen, der stillen Betrachtung, der Meditation. Auch der Garten Eden, die Sintflut oder der Turmbau von Babel sind Symbole für die Mitte des Lebens und seine Gefährdungen. Das Ursymbol aber sind wir Menschen selbst. Schon Platon erzählt, wie aus einem Urmenschen Mann und Frau geschaffen wurden. Aus der ursprünglichen Einheit wurde die Zweiheit. Das Symbol ist ein Bild für das Mysterium der Beziehung zwischen den Geliebten, für die sexuelle, erotische und spirituelle Sehnsucht nach der anderen Seite, der verlorenen Hälfte. Es ist zugleich eine Ermutigung: Für jeden Menschen gibt es eine Ergänzung. Mache dich auf und suche sie! Nur zu zweit kannst du wirklich eins sein!

In jedem Symbol stecken ungeahnte Kräfte. Erst im Zusammenleben entfalten sie sich. Symbole wollen erfahren und erlebt sein. – Nach dem Abiturgottesdienst lag ein Bronzengel allein im Körbchen. Lange Zeit stand er unbeachtet in einem Bücherregal. Doch eines Tages entdeckte ich ihn vor dem Kaninchenstall meiner Tochter Hannah. Der Marder hatte ein Kaninchen gerissen. Nun sollte der Engel das andere „bewachen" wie der Cherub das Paradies. Kinder kommen mit einem Symbolsinn zur Welt. Sie sind Meister des spirituellen Spürsinns. Der Bronzeengel ist ein Symbol für die guten Mächte, die – Mensch und Tier auf ihrem Lebensweg schützend, bewahrend und begleitend – unsichtbar zur Seite stehen. Symbole schenken Mut, sie helfen heilen, haben eine therapeutische Funktion. Deshalb werden auch andere Symbole wie das Labyrinth oder die Muschel in Kliniken und Selbsthilfegruppen mit Erfolg eingesetzt. Das Symbol bedarf keiner Erklärung. Wer sich dem Symbol gegenüber öffnet, der wird die heilende Kraft spüren, auf die es verweist.

In einer erlösten Welt wird es keine Symbole mehr geben. Deshalb münden die Erlösungswege der Religionen immer wieder in Stille und Schweigen. Vom Nirwana lässt sich auch in Symbolen nicht mehr sprechen, und der Sufi verstummt beim Anblick des Symbols der Rose, die auf den himmlischen Rosenhag verweist.

Tod

Dorothee Sölle

In unserer Kultur lernen wir nur das Siegen, darum fällt es uns schwer, mit dem Tod umzugehen. „Wenn ihr aufhören könntet zu siegen, so würde diese eure Stadt bestehen", sagt Christa Wolf in *Kassandra*. Aber gerade das ist Siegern unmöglich, nicht nur in Troja.

Wir leben in einer Welt, die alle Grenzen überwinden will. Ich besuchte einen wissenschaftlichen Kongress über „Grenzen" und wunderte mich, dass das Wort „Tod" an keiner Stelle des riesigen Programms auftauchte. Grenzen müssen fallen.

Das, was bisher das menschliche Leben wesentlich bestimmte – die Endlichkeit des Raumes –, soll abgeschafft werden. Wir stehen heute vor der zweiten Phase einer totalen Aufrüstung des Weltraums, es gab schon vor dem 11. September eine neue „*Vision for 2020*", die sich den Weltraum zu Eigen macht, kontrolliert, ausbeutet und beherrscht („to own, control, exploit and dominate outer space"). Und was ist mit der Endlichkeit der Zeit? Sollten wir etwa nicht stärker sein als der so genannte Schöpfer und auch diese Panne namens Tod abschaffen können?

In der Tradition war der Tod nie nur Feind, nur Sensenmann, und er war erst recht nicht nur ein zu verdrängendes und zu vergessendes Nebenereignis, sondern er stand „mitten im Leben", wie Luther singen konnte. Er war „Schlafes Bruder", oder gar mit einem Liebeswort der mystischen Tradition „süßer Tod" (bei Bach). Die religiöse Tradition hat den verrückten Versuch unternommen, Annahme der Endlichkeit und Ewiges Leben zusammen zu denken. Sie ist nicht notwendig jenseitssüchtig und fixiert auf die Unsterblichkeit der Seele, es ist nicht ihr Interesse, die Individualität zu einer ewigen Kategorie zu machen.

Bei uns haben die Menschen gelernt, was in anderen Welten nicht selbstverständlich ist und was auch in unserer eigenen Geschichte nicht selbstverständlich war: dass man die eigene Welt nur durch Aktivität gewinnt, durch Machen, durch Gestalten. Aber das ist eine zwiespältige Kunst, die wir uns da erobert haben. Das Freiheitsmoment in ihr ist dieses: Wir sind nicht mehr nur Erdulder unseres Geschicks. Wir brauchen uns nicht mehr in stummem Einverständnis unter alles zu beugen, was ist und was kommt. Die Menschen sind Täter geworden. Sie haben gelernt, die Gesetze von Vorgängen zu durchschauen, Distanzen zu überwinden, Einfluss zu nehmen, Rollen zu durchschauen, Krankheiten zu vertreiben, das Leben zu verlängern. Sie haben gelernt, Macher des eigenen Lebens und Schicksals zu sein, wie es für einige Generationen vorher noch undenkbar war.

Diese reine Täterschaft bringt ihr eigenes Unglück mit sich. Es verkümmern die pathischen Begabungen der Menschen, also die Begabungen, die mit dem Leiden, dem Annehmen, dem Dulden, dem Ertragen zusammenhängen, ihre Fähigkeit, das Leben anzunehmen, Grenzen zuzugeben, das Leben auch im Fragment oder auch in der Gebrochenheit „zu loben“, wie die Tradition das nennt, also als sinnvoll zu betrachten.

Wer nur gelernt hat, im Aktionsmodus zu leben, wer sich selber nur als Macher gerechtfertigt sieht, kann nicht mit Situationen umgehen, in denen er nichts mehr machen kann und in denen er als Täter an seine Grenzen stößt. Kann denn ein Macher machtlos sein? Kann er seine Humanität in den Niederlagen des Lebens behalten, wenn sich Sein in der Aktivität und der Herstellung des Lebens erschöpft? Kann er krank sein? Kann er sterben? Oder sind Krankheit und Tod nur noch die Orte dramatischer Sinnlosigkeit, an die man am besten nicht denkt, die man übersieht oder die man verleugnet? Die Verleugnung von Niederlagen, von Grenzen ist in der Warengesellschaft erwünscht. Der Tod gehört nicht in die Lebenslandschaft der Macher und Sieger. Darum stirbt es sich so schwer bei uns.

Solange wir der Welt und uns selber gegenüber keine anderen Gesten haben als die der Sieger und Macher, also die imperiale Deutung des Lebens, kann es keine Schwäche geben, die eine Botschaft für uns enthielte, dann sind Krankheit und Tod ohne Fingerzeig, sinnlos, ohne jeden Segen. Sie bleiben Feinde, und wir lernen niemals, dass wir Fragment sind und unser Sinn nicht nur in unseren Aktivitäten liegt. Vielleicht aber ist es möglich, widersprüchliche Stimmen zu hören angesichts der Schmerzen. Protest und Fügung, Rebellion und Bejahung, Aufruhr und Demut – ich brauche dieses altmodische Wort gern – gehören zusammen, sie können, so merkwürdig das klingt, Geschwister werden. Was die Demut ohne Aufruhr anrichtet, haben wir seit der Aufklärung gelernt. Ich denke, es ist jetzt an der Zeit zu lernen, was Aufruhr ohne Demut anrichtet. Der Tod ist Feind und Bruder zugleich. Wir mögen mit Hiob das Entsetzen vor den Schmerzen, den Schrecken von Krankheit und Vereinsamung fühlen und sagen: „Ausgelöscht sei der Tag, an dem ich geboren bin" – und zugleich mit dem heiligen Franz den Tod als unsere Schwester loben.

Alle Religionen sind, das ist eine Erkenntnis der Religionswissenschaft, am Totenkult entstanden, haben mit den Toten zu tun und bearbeiten diese entscheidende Erfahrung der Grenze: Totenbräuche, Essen für die Reise, Erinnerung an die Toten, Nennung der Namen, Einheit der Toten und der Lebenden als eine Einübung in die Sterblichkeit. Dies brauchen wir.

Auf einer friedensversammlung

Wir sind nicht nur zehntausend
Sagte ich wir sind mehr
Die toten der beiden kriege
Sind bei uns
Ein journalist kam fragen
Woher ich das wissen wolle
Hast du sie nicht gesehen
Frag ich den ahnungslosen
Hast du deine großmutter
Nicht jammern hören
Als sie wieder anfingen
Wohnst du denn ganz allein
Ohne dass tote mal vorbeischaun
Einen zu trinken mit dir
Bildest du dir wirklich ein
Du wärst nur du
(aus: Dorothee Sölle, *Zivil und ungehorsam*)

Diese Art von Einheit der Toten und der Lebenden ist etwas, was in unserer Kultur abwesend ist, so dass die Barbarei, diese Zunahme von Gewalt, die wir gerade erleben, eigentlich kein Wunder ist. Religion hat die Rolle, die Menschen in Grenzen einzuüben, an Grenzen zu erinnern, die Grenzen natürlichen Existierens bewusst zu machen, sie nicht zu verleugnen, und gegen die technizistischen Wahnvorstellungen an die wirklichen Grenzen von Leben und Lebenserfahrung zu erinnern.

Die Religion sagt auch, dass wir gottesfähig sind, transzendenzfähig, liebesfähig. „Nichts kann uns scheiden von der Liebe Gottes." Dass wir liebesfähig sind, ist ein im Protestantismus oft verdunkelter Grundgedanke. Vor lauter Sündenbekenntnis fiel oft nicht mehr auf, dass wir tatsächlich zur Liebe fähig sind, dass die Liebe lernbar ist, dass sie vorkommt, auch in unserem Leben.

Endlichkeit und Ewiges Leben gehören in einem tiefen Sinn zusammen, wir müssen sie nicht zerreißen. Genau das teilt uns der alte Lehrer namens „Tod" mit. Er lehrt beides, lieben und sterben, er lehrt Gehen-können und die Liebe zu dem, der nicht vergeht.

der schnitter

Ich weiß zwar nicht
wo er hingehört
der feind
mit dem ich mich aussöhnen will
und frieden machen
mit diesem entfernt verwandten
und an das ewige leben glauben
nicht meines

Aber dessen
bei dem er angestellt ist
(Aus: Dorothee Sölle, *Loben ohne zu lügen*)

Vergebung

Bert Hellinger

Vergebung, die verbindet, ist verborgen und still. Sie wird nicht ausgesprochen, sondern geübt. Im Grunde ist sie nichts anderes als Nachsicht. Sie übersieht einen Fehler, ein Unrecht, eine Schuld und vergisst sie. Auf diese Weise bleiben der Fehler oder das Unrecht oder die Schuld ohne schlimme Folgen für eine Beziehung. Im Gegenteil. Durch die stillschweigende Nachsicht vertieft sich die Beziehung. Das gegenseitige Vertrauen wächst, vor allem auf Seiten dessen, der Nachsicht erfahren durfte. Sie lässt auch ihn, wenn die Reihe an ihm sein sollte, bei anderen Fehler und Unrecht und Schuld übersehen und vergessen.

Anders ist es, wenn jemand einem anderen sagt: „Ich vergebe dir." Wenn er das sagt, spricht er den anderen zugleich schuldig. Er überhebt sich über ihn und erniedrigt ihn. Diese ausgesprochene Vergebung hebt die menschliche Beziehung von gleich zu gleich auf. Sie gefährdet die Beziehung, statt dass sie sie rettet.

Wie ist es aber, wenn der andere uns um Vergebung bittet? Wenn diese Bitte aus dem Schmerz kommt, uns betrübt oder verletzt zu haben, lässt sie den Fehler oder das Unrecht oder die Schuld leichter vergessen. Umso mehr, wenn auch wir auf unsere Weise dem anderen gegenüber schuldig wurden. Dann gestatten wir uns beide vielleicht einen neuen Anfang, ohne auf Früheres zurückzukommen. Das ist eine sehr menschliche Weise der Vergebung, bei der beide ebenbürtig und zugleich unten bleiben.

Es gibt aber Situationen, wo die Nachsicht sich verbietet, weil die Schuld so groß ist, dass sie vom Schuldigen nur anerkannt und vom Betroffenen nur erlitten werden kann. Der Extremfall einer solchen Schuld ist der Mord, denn diese Schuld kann nicht mehr gutgemacht werden. Hier muss der Schuldige zu seiner Schuld und ihren Folgen stehen, ohne Vergebung zu erwarten.

Und die Betroffenen, die Angehörigen dürfen sich nicht anmaßen, ihm zu vergeben, als könnten und dürften sie das.

Was geht in der Seele eines Schuldigen vor, wenn er nach solcher Schuld Vergebung erwartet und erbittet? Er verliert die Opfer aus dem Blick, denen er auf eine nicht mehr gutzumachende Weise geschadet hat. Er kann dann nicht mehr um sie trauern. Statt dessen sucht er den Folgen seiner Schuld zu entgehen, indem er sie anderen aufbürdet und sie in deren Verantwortung legt. Vielleicht wird er ihnen sogar böse, als schuldeten sie ihm die Vergebung. Damit verliert er seine Würde und seine Größe, und wer ihm vergibt, nimmt ihm diese Würde und Größe. Vor allem aber nimmt er ihm die Kraft, die ihm durch die Anerkennung seiner Schuld und ihrer Folgen zufließt. Wer aus dieser Kraft etwas Besonderes für andere Menschen auf sich nimmt und leistet, gewinnt seine Würde und auf gewisse Weise seinen Platz unter den anderen Menschen wieder zurück.

Und was geht in der Seele jener vor sich, die einem solchen Schuldigen Vergebung gewähren? Auch sie verlieren den Blick auf die Opfer und können nicht mehr um sie trauern oder mit ihnen leiden. Vor allem aber überheben sie sich über den Schuldigen und machen ihn erbärmlich und klein. Und sie machen den Schuldigen durch ihre Vergebung sogar böse, weil sie ihn und seine Tat nicht ernst nehmen. Dann gibt ihre Vergebung dem Bösen neue Nahrung und Kraft, statt dass sie ihm ein Ende setzt.

Vor allem aber maßt sich jemand durch solche Vergebung etwas an, was nur einer höheren Macht zukommt, der Täter und Opfer ausgeliefert sind und in deren Dienst sie stehen, alle auf ihre Weise. Wer hier vergeben will, weigert sich, dieser Macht die Ehre zu geben. Er stellt sich neben oder sogar über sie.

Wenn beide, Täter und Opfer, anerkennen, dass sie den Folgen dieser Tat nicht entrinnen können, weil sie beide an Grenzen kommen, die für sie unüberwindlich bleiben, müssen sie ihre Ohnmacht anerkennen und sich vor ihrem Schicksal verneigen.

Das verbindet sie auf eine tiefe, menschliche Weise und ebnet ihnen im Angesicht dieses Schicksals den Weg zur Versöhnung.

Und wie können andere sich den Tätern und Opfern gegenüber menschlich verhalten? Die demütige Antwort darauf ist die Barmherzigkeit. Sie ist eine Bewegung und Haltung des Herzens von Mensch zu Mensch, aber auch von Mensch zu Tier, zu jeder Kreatur. Wir fühlen sie im Angesicht von ausweglosem Leid und auswegloser Schuld, suchen sie zu lindern durch Werke der Barmherzigkeit und wissen doch, dass dieses Leid und diese Schuld im Tiefsten unaufhebbar bleiben.

Und wie können wir barmherzig werden? Wenn wir im Angesicht der eigenen Not, der eigenen Schuld, der eigenen oft ausweglosen Lage inne werden, wie sehr auch wir auf die Barmherzigkeit und Nachsicht anderer angewiesen sind. Daher teilen die Barmherzigen mit den Schuldigen und mit den Leidenden deren Ohnmacht. Aus dieser Ohnmacht richten sie nicht und vergeben auch nicht. Sie bleiben demütig und unten. Diese Barmherzigkeit ist still.

Damit habe ich auch etwas über Liebe gesagt, die versöhnt. Dies ist eine besondere Liebe, über und jenseits jener Liebe, die noch etwas will. Liebe heißt hier: anerkennen, dass alle anderen mir vor etwas Größerem gleichen. Demut heißt das Gleiche. Vergeben und Vergessen auch.

Verwandlung

Peter Schellenbaum

In heimlicher Tiefe ist keinem Menschen das transformatorische Erleben fremd, das Verzauberung und Furcht verbindet, jenseits vom alltäglichen Licht und Dunkel die Welt in ein hellseherisches Licht taucht und in eine höhere unzerstörbare Ordnung eintreten lässt. Ein gemeinsamer, nicht erklär- und beweisbarer Sinn blitzt auf. Er umfängt heilend Leben und Tod, Individuum und Welt, das Einzelne und das Ganze. Schauerlich und befreiend, unerwartet und doch im Tiefsten vertraut, ein Wunder und gleichzeitig natürlich und selbstverständlich. Eine Verwandlung ereignet sich, und ich ahne bloß, dass ich mich seit jeher nach ihr gesehnt habe. Solches Erleben ist nicht vergleichbar mit dieser oder jener Veränderung in Beruf oder Partnerschaft. Es lässt sich nicht vergleichen mit Zielen, die ich lange anstrebe und schließlich erreiche. Auch wenn ich den Weg zur Verwandlung hin geebnet habe, hat sie doch, wenn sie geschieht, mit diesem Weg nichts Entscheidendes mehr zu tun. Sie ist nichts Neues und nichts Altes, nicht vorher und nicht nachher, sondern das Offenbarwerden von etwas, das schon immer da war. Auf beunruhigende und befreiende Art ist Verwandlung anders, überhaupt anders als alles Erstrebenswerte und Erreichbare. Auch wenn sie in der Zeit geschieht, ist sie doch ein Augenblick, der jenseits von Zeitabläufen ewig ist. Auch wenn sie sich im Raum an einem unter vielen Orten situieren lässt, bedeutet sie doch jenen Punkt, der das Ganze ist. Sie enthüllt den Kern einer Sehnsucht, die nicht dieses oder jenes und immer mehr will. Sie ist Erwachen in völliger Verbundenheit, in selbstverständlicher All-Einheit, All-Zeitigkeit, All-Gegenwärtigkeit.

Religionen und Mythologien bemühen sich, das Erleben existentieller Verwandlung in einen allgemeingültigen Prozess zusammenhängend einzugliedern und ihn so darstellbar, beschreibbar zu machen. Daran ist viel Wahres, aber den Schrecken und das Entzücken im ganz Anderen, nicht Einzuordnenden können sie ihm nicht nehmen. Das Wesentliche in der Verwandlung vermag keine Verbildlichung einzufangen. Höchstens wenn Verwandlung bereits geschehen, mir also bereits ein wenig entschwunden ist und ich wieder versuche, in dieser Welt der Räume und Zeiten, der Mittel und Ziele, der Veränderungen und Anpassungen neu Fuß zu fassen, kann mich die Botschaft beruhigen: „Es war alles schon vorgesehen." Die Weisheit des Mythos ermutigt vielleicht, das Leben im Sinne der erfahrenen Verwandlung neu zu orientieren, doch übersteigt die Verwandlung jede durchaus richtige und angezeigte Veränderung, nicht so, als wäre sie mehr als diese, sondern weil sie ganz anders ist. Der neue Adam, von dem Paulus schreibt, befindet sich nicht auf der gleichen Zielgerade wie der alte; er war schon im alten Menschen da und ist auch dem neuen Menschen nicht ein für allemal gesichert. Der Bericht vom sterbenden und auferstehenden Gott, heiße er nun Jesus, Osiris, Zagreus oder Balder, kann nicht durch magische Rituale in eigenes Erleben verwandelt werden, auch wenn dieser Bericht eine Ahnung vom Gemeinten gibt. Der erdumspannende Mythos der Nachtmeerfahrt erzählt, wie der Held, ähnlich der am Abend im Westen sterbenden Sonne, von einem Meeresungeheuer, der Großen Mutter, verschlungen und schließlich nach vielerlei zu bestehenden Prüfungen im Osten nackt und haarlos als Neugeborener wieder ausgespuckt wird und sonnenhaft dem Wasser entsteigt. Er vermittelt ein uraltes Wissen, das jedoch im Moment der Verwandlung selber ohne Bedeutung ist. Die Unmittelbarkeit des Erlebens lässt keine Bilder zu. Wenn Verbildlichungen und Worte dazu im Nachhinein auftauchen, befinden wir uns bereits wieder in einer leichten Distanz zur Verwandlung, notwendig zwar, um weiterzugehen, doch nicht im glühenden Brennpunkt des numinosen Geschehens.

„Du sollst dir kein Bild machen“: eben dies gilt für das existentielle Erleben in der Verwandlung. Es kann nicht in Bilder umgesetzt, wohl aber vom betroffenen Einzelnen in Andeutungen beschrieben werden. Es ist grenzenlose Ergriffenheit, ausgelöst durch alles, was uns widerfahren kann: eine existentielle Krise, eine Begegnung, eine Krankheit, ein Glück oder Unglück, eine kurze Tonfolge, die Spiegelung des Vollmondes im Wasser, das Lächeln oder Weinen eines Kindes, einen Stein oder Baum, durch alles Mögliche, Banales oder Besonderes. Vorher meinten wir gespalten in vielerlei Regungen und Überlegungen zu sein. Jetzt, in der einen Ergriffenheit, merken wir, dass wir eins sind, schon vorher eins waren: mit uns selbst und der Welt, einfach eins und verbunden, nichts als verbunden, bei allen nach wie vor differenzierten, vielleicht noch differenzierteren Wahrnehmungen. Schuppen fallen uns von den Augen: Wir sind identisch mit der Welt: ungespalten und unvermittelt, vielfältig und eins: Identität von *Atman* und *Brahman*, die wesentliche Aussage der indischen Philosophie.

Im Zentrum des orthodoxen Christentums steht das Geheimnis der *metamorphosis* (griechisch) oder *transformatio* (lateinisch), das heisst wörtlich der Umformung, Umgestaltung, Verwandlung: Die Welt ist Geist, reine Verbundenheit, reine Form, wie auch der Physiker Hans-Peter Dürr betont, und dieser Tatsache werden wir im Moment der Verwandlung gewahr. Die gebräuchliche deutsche Übersetzung „Verklärung“ in Bezug auf das Geschehen auf dem Berge Tabor verpasst das Gemeinte. Sie beschränkt sich auf das innere Licht, ausgestrahlt von den drei Männern Jesus, Mose und Elija. Doch *metamorphosis* meint das, wessen wir in der Verwandlung innewerden: nicht-zweihaftes, ungespaltenes Sein, von dem wir ganz ergriffen, mit dem wir eins sind, Offenbarung im Ganzen durch unverstelltes, unmittelbares Erleben. –

Ähnliches ist von der so genannten Wandlung in der katholischen Messe zu sagen. Das Dogma bezeichnet sie als *transsubstantiatio*, das heisst als Wandlung der Substanz bei gleich bleibenden *accidentia* (nicht-wesentlichen Eigenschaften): Alle Einzelheiten sind Zufälligkeiten, die sich nicht ändern müssen, aber der Sinnkern wird ein anderer: nicht mehr gewöhnliches Brot, sondern Christus, mit dem wir im Abendmahl, in der so genannten Kommunion, eins werden. Welchen Namen wir immer diesem verbindenden Sinnkern geben, Christus, Buddha, Tao, Selbst, Gott: die Verwandlung selber ist namen- und sprachlos.

Es mag wundern, dass ein Psychotherapeut solche Sätze schreibt. Sollte er sich nicht auf die Heilung konkreter seelischer Leiden beschränken und sich in nüchterner Professionalität den psychischen Störungen seiner Patienten zuwenden? Bedeutet die Beschäftigung mit Spiritualität nicht Flucht vor alltäglicher Knochenarbeit? – Meine Erfahrung zeigt das Gegenteil: Die Vermeidung spiritueller Grundtatsachen verunmöglicht psychische Heilung, ganzheitliches Heilwerden. Einige dieser Grundtatsachen habe ich bereits erwähnt: All-Verbundenheit und All-Einheit, Ungespaltenheit, Ergriffenheit, Unmittelbarkeit. Andere werden nun noch kurz zur Sprache kommen: Sich-Wundern, Staunen, Leere, existentielle Nacktheit, Schwellenerfahrung, Ekstase, Communitas, und in meiner Begrifflichkeit: Spürbewusstsein und Resonanz.

Verwandlung ist immer überraschend und unerwartet: ein inneres Wunder, das wie die so genannten Wunder im Neuen Testament plötzlich eintritt, so dass wir uns darüber nur wundern können, ein Erwachen im Unmittelbaren und Selbstverständlichen, in der nicht weiter zu hinterfragenden Wahrheit. Ihm voran geht ein manchmal unbewusster Zustand von Leere und zunehmender Verfügbarkeit. Wir waren auf dem Nullpunkt und erleben uns jetzt im Punkt Null, im zeitlosen Moment, von dem aus die Zeit wieder neu einsetzt. Kein Status, keine Rolle, keine äußere Stütze ist uns hier eigen. Die existentielle Nacktheit kennt nur einen einzigen Schutz, den der ungeschützten Wahrhaftigkeit. Aus dem Alten treten wir heraus (*ek-stasis*) und sind nun weder das Alte noch das Neue, sondern nur das, was Meister Eckhart das *Nun* nennt: Ewigkeit, die im Augenblick offenbar wird.

Ich habe bereits erwähnt, dass wir Verwandlung zwar nicht machen, wohl aber ihr den Weg bereiten können, auch wenn es nicht ein Weg ist, der zu ihr hinführt. Eine besondere Art von Bewusstsein macht uns für die Verwandlung empfänglich. Im Unterschied zum reflexiven, Distanz nehmenden Bewusstsein nenne ich es Spürbewusstsein: ein von innen heraus kommendes, direkt leibliches, das heißt sowohl körperliches als auch emotionales Bewusstsein, vorherrschend in allen Sinneseindrücken und sogar im Denken. Einübung ins Spürbewusstsein bildet das eigentliche Anliegen meiner psychotherapeutischen Arbeit, sowohl mit Einzelnen als auch mit Gruppen, und auch in der von mir begleiteten Weiterbildung in Leib-Psychotherapie.

Wir sind „Beziehungswesen". Deshalb nehmen wir unser Eigenstes nur in Verbindung mit anderen und dem Ganzen wahr. Zum Spürbewusstsein gehört also auch die Fähigkeit zur Resonanz in der Mitwelt. In Ursprungsgesellschaften geschehen Initiationen immer innerhalb einer Communitas, das heißt im Zusammenhang einer Übergangsgemeinschaft (Victor Turner). Die Verbindung mit anderen macht es leichter, die zur Verwandlung notwendige Leere so lange als nötig auszuhalten und von alten Rollen, Abhängigkeiten, Meinungen frei zu werden. Die Erfahrung spürbewusster Resonanz anderer mit uns selber bringt bisher ungespielte Saiten der eigenen Seele zum Klingen, und die eigene spürbewusste Resonanz mit individuell verschiedenen anderen Menschen bewirkt, dass All-Einheit nicht zu einem schwärmerischen Gefühl der Verschmelzung ausartet, sondern eine existentielle Grundtatsache wird. In sensiblen, kritischen Momenten unseres Lebens öffnen wir uns so für die mögliche Verwandlung.

Verzicht

Bernardin Schellenberger

Theoretisch, als formuliertes Verhaltensideal, hat das „Verzichten" in unserer abendländischen Gesellschaft derzeit schlechte Karten, denn wer will schon freiwillig auf etwas verzichten? Im Gegenteil: Weil sie auf nichts verzichten wollen, stürzen sich immer mehr Menschen in Schulden und leben über ihre Verhältnisse. Da in unserer Wohlstandsgesellschaft offensichtlich unendlich viele Güter und Möglichkeiten in Hülle und Fülle verfügbar sind, ist nicht einzusehen, weshalb man auf etwas verzichten, also „Konsumverzicht" üben sollte. Hinzu kommt, dass sich in der Logik unseres Wirtschaftssystems der Verzicht volkswirtschaftlich schädlich auswirkt: Würden zu viele Menschen auf zu viel verzichten, so hätte das verheerende Folgen für Produktion, Arbeitsplätze, Handel, Gewerbe, Steuern.

Praktisch allerdings spielt auch im Leben unserer Zeitgenossen das „Verzichten" eine bedeutende Rolle. So treibt zum Beispiel der Wunsch, sich gängigen Schönheitsidealen anzunähern, unzählige Menschen zum Verzicht auf bestimmte Nahrungsmittel und viele sogar in den exzessiven Verzicht auf eine angemessene Ernährung. Oder viele Eltern und Großeltern nehmen wie eh und je beträchtliche Verzichte auf sich, um den Kindern und Enkeln eine optimale Ausbildung oder ein gutes Leben zu ermöglichen. Bei genauem Hinsehen entdeckt man allenthalben Formen des Verzichts: aus beruflichen, sportlichen, gesundheitlichen, weltanschaulichen Ambitionen heraus, und paradoxerweise sogar um spezifischer Formen des Genusses willen. Verzicht wird auf vielerlei Weise spontan geleistet, wo man sich daraus einen Gewinn auf anderem Gebiet für sich selbst oder andere erhofft.

Der deutsche Begriff „Verzicht" stammt aus der Rechtssprache: Er bezeichnet die Aufgabe eines Rechtsanspruchs, eine

„Entsagung“, also den Rücktritt vom Recht, über etwas das „Sagen“ zu haben und folglich darüber verfügen und es gebrauchen zu können. Wer auf etwas verzichtet, nimmt es nicht in Anspruch, obwohl er „rechtmäßig“ darauf Anspruch hätte. Juristisch sind viele Verzichte erzwungen (als ein kleineres Übel), praktisch ebenfalls von irgendeinem anderen Zwang (etwa dem Ehrgeiz, besonders schlank oder besonders leistungsfähig zu sein oder bestimmte Genüsse zu erlangen). Dennoch steckt im Begriff des Verzichts auch das Element der Freiheit, und dieses Element ist es, was auf dem Gebiet der Spiritualität entscheidend ist: Man verzichtet auf bestimmte Ansprüche und Möglichkeiten, um frei zu sein für das, was man für sinnvoller, spannender, wesentlicher und lohnender hält; vielleicht auf einen einträglicheren Job oder eine Vollzeitbeschäftigung, um mehr Zeit für sich selbst und Gott zu haben, oder auf bestimmte Medien, um sich mehr dem Gespräch und direkten sozialen Kontakten widmen zu können.

Anspruchsvoller als das ist es, Verzichte zu üben, die wie eine Minderung der eigenen Lebensqualität wirken, jedoch anderen Menschen oder der Umwelt oder der Gesellschaft helfen. Im christlichen Ethos des Verzichts spielt dieser soziale Aspekt eine zentrale Rolle. Viele, die sich darauf eingelassen haben, erfahren in der Praxis, dass „weniger mehr ist“ und ihr soziales wie inneres Leben dadurch neue Qualitäten gewinnt. Dieses Phänomen, dass oft „weniger mehr“ sein kann, lässt sich leicht auf ästhetischem Gebiet aufzeigen: Wenn etwa Picasso das Bild eines Stiers oder eine Taube auf wenige Striche reduziert, vermag er das „Stier-“ oder „Taube-Sein“ genialer vor Augen zu führen, als das ein naturalistisches Gemälde je vermöchte. Oder in der Architektur vermag die Reduktion auf knappe, elementare Formen eine überwältigende Wirkung von Monumentalität zu erzeugen.

Die spirituelle Tradition der großen Religionen kennt jedoch noch andere Dimensionen des Verzichts: Über die persönliche

Befriedigung und auch die Gestaltung eines für alle Menschen befriedigenden, gerechten irdischen Lebens hinaus sucht sie Gott oder jedenfalls eine transzendente Dimension und leitet deshalb zu Formen des Verzichts an, die weit über alle Spielarten des sozial motivierten und erst recht des „epikureischen Verzichts", also einer raffinierten ästhetischen oder Ich-Kultur, hinausgehen: Hier ist von einem spezifischen „Verzicht" auf das eigene Ich oder Selbst die Rede, das man allerdings erst in Freiheit loslassen kann, wenn man es gefunden hat. Alle äußeren Verzichte sollen hier diesem Ziel dienen und Ausdruck des Strebens danach sein. Jedoch, schreibt Gregor der Große (gest. 604), sei „es viel leichter, auf alles zu verzichten, was man hat, als auf sich selbst zu verzichten". Gemeint ist damit der radikale Verzicht auf alle eigenen Wünsche, Vorstellungen und Bilder, aus der Überzeugung, ein seinem Ich verhafteter Mensch laufe Gefahr, letztlich doch nur immer sich selbst und seine eigenen Projektionen zu suchen und zu finden und folglich nie zur Dimension des „ganz Anderen" vorzustoßen, der das Ziel der spirituellen Suche und Bestimmung des Menschen sei.

Der spirituelle Weg stelle einen fortschreitenden Prozess der Reduktion und Vereinfachung (und folglich des Verzichts) dar, lehrte bereits der große Theoretiker der christlichen Mystik Pseudo-Dionysius (um 500 n. Chr.), und auf ihre je persönliche Weise folgten ihm darin so gut wie alle Mystiker, die von der Erfahrung des „ganz Anderen" gekostet hatten. Als Thomas von Aquin gegen Ende seines Lebens diese Erfahrung zuteil wurde, verzichtete er darauf, seine *Summa theologica* zu vollenden, weil ihm alles, was er geschrieben habe, im Vergleich damit „wie Stroh" vorkomme. Die Mystiker sprachen vom „Sterben, um zu leben", vom „Verzicht auf alle sinnlichen und sogar spirituellen oder göttlichen Vorstellungen", von der völligen „Nacktheit der Seele, um die göttliche Wirklichkeit zu verkosten", von der „Schau Gottes im leeren, reinen Spiegel der Seele", von der „Nacht der Sinne und des Geistes“ und vom „désinteressement“, einem von aller Erwartung gereinigten absoluten Offensein. Heinrich Herpius (gest. 1478) fasste die klassische christliche Tradition so zusammen, dass er von drei Stufen des Verzichts sprach: dem äußeren, dem inneren und dem spirituellen. Diese Vorstellung von Verzicht dürfte die extremste Alternative zur Bilder- und Informationsflut unseres Zeitalters darstellen. Vielleicht gewinnt sie nach einer Zeit der Übersättigung und Ernüchterung neue Anhänger.

Zeit

Stefan Kiechle

„Alles fließt“ – wie nie zuvor scheint Heraklits Wort gegenwärtigem Empfinden zu entsprechen. Moden wechseln, Entwicklungen beschleunigen sich, die Zeit zerrinnt, das Rad der Geschichte dreht sich schneller, und nicht nur ältere Menschen tun sich schwer, dem Lauf der Dinge hinterherzuhecheln. Die Erfahrung ist jedoch eine doppelte: Überfüllte Zeiten, hektisch durcheilt von einem zum übernächsten Erlebnis, wechseln sich ab mit leeren Zeiten, in zäher Langeweile durchlitten. Wenige tun in immer weniger Zeit immer mehr, viele tun in immer mehr Zeit immer weniger. Die einen fühlen sich durch die Zeit getrieben, die anderen in die Leere der Zeit fallengelassen.

Äußere Zeitabläufe sind uns vorgegeben. Bisweilen sind sie uns Stütze und Halt. Bisweilen empfinden wir sie als allzu enge Korsetts, die uns die Luft abzuschnüren drohen. Die Seele geht anders: Eine innere Uhr sagt uns, wann etwas dran ist. Innere Zeit folgt inneren Schwankungen. Wir haben über sie so wenig Macht wie über die äußere Zeit. Von innen her treiben uns Sehnsüchte um, Bedürfnisse verlangen nach Stillung. Wir empfinden Ängste und Freuden, die wir jedoch unterdrücken müssen, weil wir in der äußeren Zeit zu funktionieren haben. Doch wir ahnen, dass die innere Zeit mehr mit dem wahren Leben zu tun hat. Der Geist scheint mehr von innen her zu bewegen. Doch wie können wir ihm seine Zeit geben, in einer perfekt durchgetakteten und funktionalen äußeren Ordnung?

„Alles hat seine Stunde. Für jedes Geschehen unter dem Himmel gibt es eine bestimmte Zeit: eine Zeit zum Gebären, eine Zeit zum Sterben, eine Zeit zum Pflanzen, eine Zeit zum Ernten, eine Zeit zum Töten, eine Zeit zum Heilen, eine Zeit zum Niederreißen, eine Zeit zum Bauen, eine Zeit zum Weinen, eine Zeit für die Klage, eine Zeit für den Tanz ..." (Koh 3). Kohelet, der „Prediger Salomo", spricht hier von abgegrenzten und erfüllten Zeiten. Sie sind dem Menschen vorgegeben, er kann sie nicht bestimmen, nur wählen. Indem er sie mit dem Inhalt lebt, der schon in ihnen liegt, füllen sie sich mit Sinn und werden ihm zum Geschenk. Leben heißt: Gegebenes anzunehmen und sich von ihm herausfordern zu lassen. Die äußere Zeit wird zur inneren, die innere zur äußeren. Der unerbittliche Fluss der Lebenszeit wird zur Abfolge von Ereignissen, die beginnen, Sinn zu tragen.

Jugendliche empfinden den Schmerz der unerfüllten Sehnsucht – sie wird uns ein Leben lang quälen. Ältere empfinden den Schmerz der verpassten Gelegenheiten – wir müssen sie ein Leben lang betrauern. Schmerzzeiten sind oft Reifezeiten; sie treiben uns über uns hinaus, öffnen uns für Größeres, wecken Hoffnung auf bessere Zeiten. Freudige Augenblicke verführen dazu, sie festhalten zu wollen – wodurch sie uns umso schneller entgleiten. Wir können die Kunst einüben, den Schmerz zu tragen und die Freude zu genießen, ohne uns auf die Zeit zu fixieren. Zeiten sind Herausforderung und Gabe. Wir müssen sie annehmen und dann lassen, um weiterzugehen. Alles Irdische vergeht in der Zeit. Ist seine Vergänglichkeit nur bedrohlich?

In unserem abendländischen, jüdisch-christlichen Verstehen hat die Zeit ein Ende, auf das sie zuläuft. Das Ende ist sowohl ein persönliches wie ein weltgeschichtliches. Es ist absolut. Nach dem Ende kommt nicht einfach etwas anderes, nicht einmal überhaupt *etwas*. Was kommt, ist nicht bekannt, nicht vorstellbar oder denkbar, nicht zeit- oder raumhaft. Es ist die reine Fülle, die Fülle Gottes. Schmerz und Trauer, Unrecht und Tod werden am Ende vernichtet und erfüllt. Wissen können wir darüber nichts, nur erahnen und erhoffen. Sprechen können wir darüber kaum, nur zart andeuten. Jedoch entlastet das Ende der Zeit unsere Zeit: Wir sind nicht gezwungen, jetzt alles erleben, leisten und erfüllen zu müssen. Wir sind freier, das Jetzt anzunehmen, wie es ist, weil wir wissen, das seine Mängel am Ende erfüllt werden. Wir können das Fragmentarische des Jetzt bejahen und uns darin engagieren, weil wir im bruchstückhaft Guten erahnen, was danach in Fülle kommt. Aus dieser Ahnung *leben* wir, bedrängt in der Zeit, sehnsüchtig nach dem Ziel. Der Weg in der Zeit ist einmalig. Er hat seinen Ernst und seine Würde, auch wenn er nicht das Ziel ist. Das Ziel ist das Leben in Fülle.

In anderen Zeit-Verständnissen kommt nach dem Ende nichts mehr. Nun geraten wir unter Druck: Nur *jetzt* haben wir die stetig zerrinnende *letzte* Chance, uns das Leben zu erfüllen. Ist es das, was uns *Stress* macht, uns atemlos hetzen lässt nach dem erfüllenden *Event* – in einer Welt ohne Geist und ohne Gott?

Wieder andere Zeit-Verständnisse denken die Zeit kreisförmig, zyklisch: Wie in einer Spirale, eventuell durch mehrere Geburten oder Welten hindurch, nähern wir uns kreisend, schrittweise dem Zustand der Erlösung. Auch hier ist das Leben des Einzelnen entlastet, weil es noch weitere Chancen gibt. Befreit wird man auf dem Weg, indem man aus dem Kreislauf aussteigt, irgendwann.

Was bleibt für den Umgang mit der Zeit? Weil im freien Menschen der Durst nach *allem*, das heißt nach dem Ewigen angelegt ist, während er andererseits in den engen Grenzen der Zeit- und Geschöpflichkeit lebt, muss er wählen lernen. Die Wahl schmerzt, weil sie neben dem Ja zum Gewählten ein Nein zum nicht Gewählten erfordert. Wer sich das Nein erkämpft, grenzt sich Zeiten aus. Er bevorzugt wenige und erfüllte gegenüber vielen und unerfüllten Zeiten. Erfüllte Zeiten sind nach Kohelet *gegeben*. Sie unterbrechen den Zeitfluss und schaffen intensive *Gegenwart*. Sie enthalten verdichtetes Leben: Schmerz *und* Freude. Den Schmerz können wir annehmen, erleiden und dabei verwandeln lassen – in der Sehnsucht auf seine endzeitliche Überwindung. Die Freude können wir verkosten und genießen – in der Erwartung der vollendeten Freude. In erfüllten Zeiten erahnen wir die Ewigkeit. Unser Tun in der Zeit ist bescheidenes Mitwirken an der Vollendung, nicht mehr und nicht weniger.

Wir leben verschiedene Zeiten: mit Inhalten angefüllte Zeiten, die ein direktes Thema, einen Zweck, eine Funktion, ein Ergebnis haben – und leere Zeiten, die zweckfrei sind und dem Ästhetischen dienen können, der Kontemplation, dem Wehen des Geistes ... Wir leben Zeiten für *das Du* – und Zeiten für *das Es*. Wir leben Zeiten der Krise, des namenlosen Schmerzes, der Wut und Trauer – und Zeiten des Trostes, der klaren Freude, der Hoffnung und Zuversicht. Wir leben beschleunigte und entschleunigte Zeiten, Eile und Geduld, Gelassenheit und Leidenschaft. Zeiten mit ihren Grenzen anzunehmen, sie klug auszukosten, ohne sie zu über- oder unterfordern, ist ein Kennzeichen wahrer Spiritualität. Erfahrene Gegenwart lässt uns auf die Ewigkeit vorausblicken, in welcher die Sehnsucht dieser Zeit in zeitloser Fülle erfüllt sein wird. Wir können Gottes Zukunft jetzt schon erleben. Das „Alles fließt“ des antiken Philosophen muss uns nicht ängstigen, sondern es befreit uns dazu, in der Zeit das Ewige zu erahnen.

Literaturhinweise

Achtsamkeit

Mahathera Gunaratana, Die Praxis der Achtsamkeit. Eine Einführung in die Vipassana-Meditation, Heidelberg 1996

Claudio Hofmann, Achtsamkeit. Anleitung für ein sinnvolles Leben, Stuttgart 2002

Nyanaponika, Geistestraining durch Achtsamkeit. Ein Praxisbuch für das Leben im gegenwärtigen Moment, Konstanz 1993

Richard Rohr, Hoffnung und Achtsamkeit, Freiburg i. Br. 2005

Charles T. Tart, Die innere Kunst der Achtsamkeit. Ein Handbuch für das Leben im gegenwärtigen Moment, Freiamt 1996

Altern

Anselm Grün, Lebensmitte als geistliche Aufgabe, Münsterschwarzach 2001

Carl Gustav Jung, Die Lebenswende, in: ders., Gesammelte Werke, Bd. 8, Olten 1973

Ingrid Riedel, Die gewandelte Frau. Vom Geheimnis der zweiten Lebenshälfte, Freiburg i. Br. 1999

Christine Swientek, Das wilde, weite Land des Alterns, Freiburg i. Br. 2005

Jörg Zink, Wie die schöne Lau das Lachen lernte und was beim Älterwerden sonst noch zu gewinnen ist, Stuttgart 1984

Patricia Tudor-Sandahl, Das Leben ist ein langer Fluss, Freiburg i. Br. 2003

Angst

Eugen Drewermann, Strukturen des Bösen, Bd. 1: Die jahwistische Urgeschichte in exegetischer Sicht, Paderborn 2000

Eugen Drewermann, Die Spirale der Angst. Der Krieg und das Christentum, Freiburg i. Br. 1998

Andrea M. Hesse, Schatten auf der Seele. Wege aus Depression und Angst, Freiburg i. Br. 2002

Sören Kierkegaard, Der Begriff der Angst, Hamburg 1984

Paul Tillich, Der Mut zum Sein, Stuttgart 1953

Armut

Leonardo Boff, Schrei der Erde – Schrei der Armen, Düsseldorf 2002

Justitia et Pax. Deutsche Kommission, Gerechtigkeit für alle. Vorwort von Franz Kamphaus und Leo Schwarz, 1991

Franz Kamphaus u. a., ... und machen einander reich. Beiträge zur Arm/Reich-Problematik reflektiert am Lukas-Evangelium, Essen 1989
Dorothee Sölle, Mutanfälle. Texte zum Umdenken, Hamburg 1993

Begehren
Regina Ammicht-Quinn, Leben mit allen Sinnen, in: Eugen Biser u. a. (Hg.), Der Glaube der Christen, Bd. 1: Ein ökumenisches Handbuch, München 1999, S. 130–155
Regina Ammicht-Quinn, Das 9. Gebot. Sinne und Sinnlichkeit – Was begehren Männer und Frauen? in: Susanna Schmidt (Hg.), Anstöße zum Glücklichsein. Was die zehn Gebote heute bedeuten können, Stuttgart 2000, S. 214–228
Philippe Ariès/André Béjin/Michel Foucault u. a., Die Masken des Begehrens und die Metamorphosen der Sinnlichkeit. Zur Geschichte der Sexualität im Abendland, Frankfurt a. M. 1986
Mechthild von Magdeburg, Das fließende Licht der Gottheit, Stuttgart 1995
Caroline Walker Bynum, Fragmentierung und Erlösung. Geschlecht und Körper im Glauben des Mittelalters. Frankfurt a. M. 1996

Dankbarkeit
Niklaus Brantschen, Erfüllter Augenblick. Wege zur Mitte des Herzens, Freiburg i. Br. 1999
Willi Lambert, Aus Liebe zur Wirklichkeit. Grundworte ignatianischer Spiritualität, Mainz 1993
Bernardin Schellenberger, Spirituelle Wendezeit. Grundlinien einer neuen Lebenskultur, Freiburg i. Br. 1997
Angelus Silesius, Cherubinischer Wandersmann, hrsg. von Louise Gnädinger, Stuttgart 2001
David Steindl-Rast, Staunen und Dankbarkeit. Der Weg zum spirituellen Erwachen, Freiburg i. Br. 1998
David Steindl-Rast, Fülle und Nichts, Freiburg i. Br. 2005
Peter Wild, Die äußeren Meister und der innere Meister. Führung auf dem spirituellen Weg, Stuttgart 2001

Demut
André Louf, Demut und Gehorsam bei der Einführung ins Mönchsleben, Münsterschwarzach 1979
Anton Rotzetter, Von Demut, Frieden und anderen Torheiten. Franziskanische Texte gedeutet für die Menschen unserer Zeit, Freiburg/Schw. 1990

Einfachheit
Adolf Exeler, Mut zu Umkehr, Einfachheit, Tugend, Stuttgart 1985
Günther Harnisch, Das Glück im Sandkorn. Ein neues Lebensgefühl entdecken, Stuttgart 2000
Manfred Koch/Angelika Overath, Die Kunst des Einfachen, Freiburg i. Br. 2000
Werner Küstenmacher mit Lothar J. Seiwert, Simplify your Life. Einfacher und glücklicher leben, Frankfurt a. M. 2002
Marsha Sinetar, Die Sehnsucht, ganz zu sein, Freiburg i. Br. 1991
Pierre Stutz/Vreni Merz/Andreas Baumeister, Einfach leben, Gossau 2001

Einsamkeit
Sylvia Boorstein, Retreat – Zeit für mich. Das Dreitageprogramm, Freiburg i. Br. 2000
Thomas Merton, Meditationen eines Einsiedlers, Zürich 1976
Thomas Merton, Ein Tor zum Himmel ist überall. Zeiten der Stille, Freiburg i. Br. 1999
Dieter Oberndörfer, Von der Einsamkeit des Menschen in der modernen amerikanischen Gesellschaft, Freiburg i. Br. 1958
David Riesman u. a., Die einsame Masse, Darmstadt 1956
Patricia Tudor-Sandahl, Verabredung mit mir selbst, Freiburg i. Br. 2005

Erleuchtung
Paul Demiéville, The Mirror of the Mind, in: Peter N. Gregory (Hg.), Sudden and Gradual. Approaches to Enlightenment in Chinese Thought, Honolulu 1987, S. 13–40
Heinrich Dumoulin, Geschichte des Zen-Buddhismus, Bd. 1 und 2, Bern/München 1985
Luis O. Gomez, Purifying Gold, in: Peter N. Gregory (Hg.), Sudden and Gradual. Approaches to Enlightenment in Chinese Thought, Honolulu 1987, S. 67–165
Hermann Kochanek (Hg.), Die Botschaft der Mystik in den Religionen der Welt, München 1998
Michael von Brück, Weisheit der Leere. Sūtra-Texte des indischen Mahāyāna-Buddhismus, Zürich 1989

Erlösung
Martin Ebner u. a. (Hg.), Klage, Neukirchen-Vluyn 2001 (Jahrbuch für Biblische Theologie 16)
Hans Kessler, Gott und das Leid seiner Schöpfung. Nachdenkliches zur Theodizeefrage, Würzburg 2000

Dorothea Sattler, Beziehungsdenken in der Erlösungslehre. Bedeutung und Grenzen, Freiburg i. Br. 1997

Jürgen Werbick, Soteriologie, Düsseldorf 1990

Exerzitien

André Derville, Ignace de Loyola, in: Marcel Viller (Hg.), Dictionnaire de Spiritualité, Ascétique et Mystique. Doctrine et Histoire, Bd. 7/2, Paris 1971, S. 1266–1319, bes. S. 1270–1272

Ignatius von Loyola, Geistliche Übungen, Würzburg 1998

Franz Jalics, Kontemplative Exerzitien. Eine Einführung in die kontemplative Lebenshaltung und in das Jesusgebet, Würzburg 1995

Peter Köster, Zur Freiheit befähigen. Kleiner Kommentar zu den Großen Exerzitien des hl. Ignatius von Loyola, Leipzig 1999

Alex Lefrank, Der Dreiklang in der Gebetsdynamik der Exerzitien, in: Korrespondenz zur Spiritualität der Exerzitien 45 (1995), S. 3–16

Charles Schmerber, Exercices Spirituels, in: Marcel Viller (Hg.), Dictionnaire de Spiritualité, Ascétique et Mystique. Doctrine et Histoire, Bd. 4/1, Paris 1960, S. 1902–1949

Josef Sudbrack, Exerzitien, in: Christian Schütz (Hg.), Praktisches Lexikon der Spiritualität, Freiburg i. Br. 1988, S. 363–366

Ignacio Tellechea, Ignatius von Loyola. Allein und zu Fuß. Zürich 1991

Frau sein

Judith Butler, Gender Trouble, New York 1990

Luce Irigaray, Der Atem von Frauen, Rüsselsheim 1997

Luce Irigaray, I Love To You. Sketch for a Felicity Within History, New York/London 1996

Grace M. Jantzen, Becoming Divine. Towards a Feminist Philosophy of Religion, Bloomington/Indianapolis 1999

Grace M. Jantzen, Contours of a Queer Theology, in: Literature and Theology 15 (2001), S. 276–285

Donate Pahnke/Regina Sommer (Hg.), Göttinnen und Priesterinnen. Facetten feministischer Spiritualität, Gütersloh 1995

Dorothee Sölle, Mystik und Widerstand, München 1999

Sylvia Wetzel, Das Herz des Lotos. Frauen und Buddhismus, Frankfurt a. M. 1999

Freiheit

Anselm Grün, Wege zur Freiheit, Münsterschwarzach 1996

Martin Luther, Vom unfreien Willen, Weimarer Ausgabe Bd. 18, S. 600–787

Ruth Pfau, Verrückter kann man gar nicht leben. Ärztin, Nonne, Powerfrau, Freiburg i. Br. 1995
Ruth Pfau, Das letzte Wort wird Liebe sein. Ein Leben gegen die Gleichgültigkeit, Freiburg i. Br. 1996
Robert Spaemann, Freiheit, in: Joachim Ritter (Hg.), Historisches Wörterbuch der Philosophie, Bd. 2, Basel 1972, Sp. 1088–1098

Freundschaft
Aristoteles, Nikomachische Ethik, hrsg. von Günther Bien, Hamburg 1985 (bes. Buch 8 und 9)
Michel de Montaigne, Über die Freundschaft, in: ders., Die Essays. Ausgewählt und eingeleitet von Arthur Franz, Leipzig 1953
Platon, Lysis, in: ders., Werke (griechisch und deutsch), Bd. 1, hrsg. von Gunther Eigler, Darmstadt 1990
Platon, Phaidros, in: ders., Werke (griechisch und deutsch), Bd. 5, hrsg. von Gunther Eigler, Darmstadt 1990

Gebet
Heinz Demisch, Erhobene Hände. Geschichte einer Gebärde in der bildenden Kunst, Stuttgart 1984
Anselm Grün, Gebet und Selbsterkenntnis, Münsterschwarzach 2002
Willigis Jäger/Beatrice Grimm, Der Himmel in dir. Einübung ins Körpergebet, München 2000
Thomas Keating, Das Gebet der Sammlung, Münsterschwarzach 1987
Meister Eckhart, Deutsche Predigten und Traktate, hrsg. von Josef Quint, Zürich 1979
Thomas Ohm, Die Gebetsgebärden der Völker und das Christentum, Leiden 1948
Maria-Gabriele Wosien, Die Sufis und das Gebet in Bewegung, Kindhausen 1998

Gelassenheit
Fred von Allmen, Die Freiheit entdecken. Buddhistische Einsichtsmeditation für den Westen, Emmendingen 1999
Fred von Allmen, Mit Buddhas Augen sehen. Buddhistische Meditation und Praxis, Berlin 1997
Joseph Goldstein, Vipassana-Meditation. Buddhistische Achtsamkeitsmeditation, Emmendingen 1998
Hans Gruber, Kursbuch Vipassana. Wege und Lehrer der Einsichtsmeditation, Frankfurt a. M. 1999
Sharon Salzberg (Hg.), Die Flügel der Freiheit. Mit Beiträgen von Jack

Kornfield, Joseph Goldstein, Sharon Salzberg, Fred von Allmen u. a., Emmendingen 2002

Gemeinschaft

Dietrich Bonhoeffer, Gemeinsames Leben, München 1970

Jean Vanier, In Gemeinschaft leben, Freiburg i. Br. 1993

Gespräch

Martin Buber, Ich und Du, in: ders., Das dialogische Prinzip, Heidelberg 1984

Reshad Feild, Das Siegel des Derwisch, München 1980

Hans-Georg Gadamer, Die Unfähigkeit zum Gespräch, in: ders., Gesammelte Werke, Bd. 2, Tübingen 1986, S. 207–215

Glaube

Romano Guardini, Christliches Bewusstsein, München 1962

Eberhard Jüngel, Gott als Geheimnis der Welt, Tübingen 2001

Josef Pieper, Über die Schwierigkeit, heute zu glauben. Aufsätze und Reden, München 1974

Bernardin Schellenberger, Auf den Wegen der Sehnsucht, Freiburg 2003

Paul Tillich, Zum Problem des Glaubens, in: ders.: Offenbarung und Glaube. Schriften zur Theologie II, Gesammelte Werke, Bd. 8, Stuttgart 1970

Heinz Zahrnt, Die Sache mit Gott. Die protestantische Theologie im 20. Jahrhundert, München 1967

Glück

Aristoteles, Nikomachische Ethik, Stuttgart 1969 (bes. Buch 1)

Regina Ammicht-Quinn, Glück – der Ernst des Lebens?, Freiburg i. Br. 2006

Dalai Lama, Der Weg zum Glück. Sinn im Leben finden, Freiburg i. Br. 2002

Balthasar Gracián, Handorakel und Kunst der Weltklugheit, Stuttgart 1954.

Wilhelm Schmid, Schönes Leben – Einführung in die Lebenskunst, Frankfurt a. M. 2000, S. 163–172

Gottesdienst

Hans-Günther Heimbrock, Gottesdienst. Spielraum des Lebens, Kampen/München 1993

Ernst Lange, Chancen des Alltags. Überlegungen zur Funktion des Gottesdienstes in der Gegenwart, München 1984

Fulbert Steffensky, Der alltägliche Charme des Glaubens, Würzburg 2002

Grenzerfahrung
Michael Albus, Stundenbuch der Wüste, Stuttgart 2001
Michael Albus, Wohnungen der Götter. Heilige Berge, Stuttgart 2002
Bernhard Welte, Die Grenze als göttliches Geheimnis, in: ders., Auf der Spur des Ewigen, Freiburg i. Br. 1965, S. 62–73

Ich
Willigis Jäger, Die Welle ist das Meer, hrsg. von Christoph Quarch, Freiburg i. Br. 2000
Johannes vom Kreuz, Sämtliche Werke, vollständige Neuübersetzung, hrsg., übersetzt und eingeleitet von Ulrich Dobhan, Elisabeth Hense und Elisabeth Peters, Freiburg i. Br. 1995ff
Meister Eckhart, Deutsche Predigten und Traktate, hrsg. von Josef Quint, Zürich 1979
Theresa von Avila, Die Innere Burg, hrsg. und übers. von Fritz Vogelgsang, Stuttgart 1966

Kampf
Robert Bly, Eisenhans. Ein Buch über Männer, München 1991
Paulo Coelho, Auf dem Jakobsweg. Tagebuch einer Pilgerreise nach Santiago de Compostela, Zürich 1999
Adel Th. Khoury, Was sagt der Koran zum Heiligen Krieg. Gütersloh 1991
Sheldon B. Kopp, Triffst du Buddha unterwegs … Psychotherapie und Selbsterfahrung, Frankfurt a. M. 1996
Daisetz T. Suzuki, Zen und die Kultur Japans, Bern/München 1994
Peter Schellenbaum, Aggression zwischen Liebenden. Ergriffenheit und Abwehr in der erotischen Erfahrung, Hamburg 1994

Kontemplation
Willigis Jäger, Kontemplation. Gott begegnen heute, Freiburg i. Br. 2002
Thomas Keating, Das Gebet der Sammlung, Münsterschwarzach 1987
Willi Massa (Hg.), Wolke des Nichtwissens und Brief persönlicher Führung, Freiburg i. Br. 1999
Kontemplation und Mystik (Zeitschrift), hrsg. von der „Würzburger Schule der Kontemplation“, Petersberg (seit 2000)

Körper
David Boadella, Befreite Lebensenergie. Einführung in die Biosynthese, München 1991

Gerda Boyesen, Über den Körper die Seele heilen. Biodynamische Psychologie und Psychotherapie, München 1987
Karlfried Graf Dürckheim, Hara, die Erdmitte des Menschen, München 1956
Karlfried Graf Dürckheim, Meditieren – wozu und wie? Die Wende zum Initiatischen, Freiburg i. Br. 1976
Pieter Loomans (Hg.), Meditation und Transpersonale Psychotherapie. Der Alltag als Übung, Petersberg 1999
Tilmann Moser, Vorsicht Berührung. Über Sexualisierung, Spaltung, NS-Erbe und Stasi-Angst, Frankfurt a. M. 1992
John Pierrakos, Core-Energetik. Zentrum Deiner Lebenskraft, Essen 1987
Edith Zundel/Pieter Loomans (Hg.), Im Energiekreis des Lebendigen. Körperarbeit und spirituelle Erfahrung, Freiburg i. Br. 1995

Krise

James W. Fowler, Glaubensentwicklung. Perspektiven für Seelsorge und kirchliche Bildungsarbeit, München 1989
Hermann Hesse, Weg nach innen, Frankfurt a. M. 1973
Carl Gustav Jung, Grundwerk in neun Bänden, hrsg. von Helmut Barz u. a., Bd. 9, Olten 1985
Verena Kast, Lebenskrisen werden Lebenschancen. Wendepunkte des Lebens aktiv gestalten, Freiburg i. Br. 2000
Guido Kreppold, Krisen – Wendezeiten im Leben, Münsterschwarzach 2001
Elisabeth Kübler-Ross, Soul Gifts in Disguise, in: Richard Calson/Benjamin Shield, Handbook for the Soul, Boston 1996
Rainer Maria Rilke, Briefe an einen jungen Dichter, Leipzig 1929

Leiden

Eugen Drewermann, Der sechste Tag. Die Herkunft des Menschen und die Frage nach Gott, Zürich 1998
I. Häberle, Die prophetische Aufgabe des behinderten Menschen, in: Neue Wege 9 (1996), S. 245f.
Hans Kessler, Gott und das Leid seiner Schöpfung. Nachdenkliches zur Theodizeefrage, Würzburg 2000
Hubert Reeves/Joël de Rosmay/Yves Coppens/Dominique Simmonet, La plus belle histoire du monde. Le secret de nos origines, Paris 1996
Horst Eberhard Richter, Der Gotteskomplex. Die Geburt und die Krise des Glaubens an die Allmacht des Menschen, Reinbek 1979

Reinhold Schneider, Winter in Wien. Aus meinen Notizbüchern 1957/58, Freiburg i. Br. 1958
Fridolin Stier, Vielleicht ist irgendwo Tag. Aufzeichnungen, Freiburg i. Br. 1981

Leidenschaft

Johannes Bours/Franz Kamphaus, Leidenschaft für Gott, Freiburg i. Br. 1986
Anselm Grün, Buch der Lebenskunst, Freiburg i. Br. 2002
Verena Kast, Lebensleidenschaft, in: dies., Sich einlassen und loslassen. Neue Lebensmöglichkeit bei Trauer und Trennung, Freiburg i. Br. 1994
Verena Kast, Die Nixe im Teich. Gefahr und Chance erotischer Leidenschaft, Stuttgart 1995
B. Ziermann, Die menschlichen Leidenschaften. Kommentar zur deutschen Thomasausgabe Bd. 10, Graz 1955

Liebe

Eugen Drewermann, Zeiten der Liebe, Freiburg i. Br. 2001
Helmut Kuhn, Liebe. Geschichte eines Begriffs, München 1975
Octavio Paz, Die doppelte Flamme, Frankfurt a. M. 1997
Josef Pieper, Über die Liebe, München 1972
Dorothee Sölle, Es muss doch mehr als alles geben. Nachdenken über Gott, Freiburg i. Br. 2002
Dorothee Sölle, Lieben und arbeiten. Eine Theologie der Schöpfung, Stuttgart 1985
Thich Nhat Hanh, Aus der Tiefe des Verstehens die Liebe berühren, Berlin 1996

Loslassen

Verena Kast, Sich einlassen und loslassen, Freiburg i. Br. 1994
Ayya Khema, Was du suchst, ist in deinem Herzen, Freiburg i. Br. 2001
Jack Kornfield, Frag den Buddha und geh den Weg des Herzens, München 1998 (bes. Kap. 5: Atem-Achtsamkeit)
Nyanaponika, Geistestraining durch Achtsamkeit, Konstanz 1976 (bes. S. 57–59: Atmungs-Achtsamkeit; S.169–189: Lehrrede über die Achtsamkeit)
Ridgdzin Shikpo, Meditation und Achtsamkeit, Berlin 1999
Pierre Stutz, Loslassen. Spiritualität im Alltag, Freiburg/Schw. 2000
Sylvia Wetzel, Das Herz des Lotos. Frauen und Buddhismus, Frankfurt a. M. 1999

Sylvia Wetzel, Hoch wie der Himmel, tief wie die Erde. Praktische Meditationen zu Liebe, Beziehungen und Arbeit, Berlin 1999
Sylvia Wetzel, Leichter leben. Praktische Meditationen zum Umgang mit Gefühlen, Berlin 2002

Mann sein
Steve Biddulph, Männer auf der Suche. Sieben Schritte zur Befreiung, München 1997
Robert Bly, Eisenhans. Ein Buch über Männer, München 1991
Richard Rohr, Der wilde Mann. Geistliche Reden zur Männerbefreiung, München 2000
John Updike, Die Rabbit-Romane, Hamburg 1994
Christoph Walser/Peter Wild, Men's Spirit. Spiritualität für Männer, Freiburg i. Br. 2002
Irvin D. Yalom, Und Nietzsche weinte, Hamburg 1996
Paul M. Zulehner/Rainer Volz, Wie Deutschlands Männer sich selbst und wie Frauen sie sehen. Ein Forschungsbericht, hrsg. von der Männerarbeit der Evangelischen Kirche in Deutschland sowie der Gemeinschaft der katholischen Männer Deutschlands, Ostfildern 1998

Meditation
Michael von Brück, Einheit der Wirklichkeit. Gott, Gotteserfahrung und Meditation im hinduistisch-christlichen Dialog, München 1987
Jon Kabat-Zinn, Im Alltag Ruhe finden. Das umfassende praktische Meditationsprogramm, Freiburg i. Br. 1998
Anthony de Mello, Dass ich sehe. Meditation des Lebens, Freiburg i. Br. 1987
Josef Sudbrack, Meditation. Theorie und Praxis, Würzburg 1971
Heinrich Waldenfels, Meditation – Ost und West, Einsiedeln 1975
Peter Wild, Finde die Stille. Spiritualität im Alltag. Ein Übungsbuch, Freiburg i. Br. 2000
Peter Wild, Vom aufgeräumten Wesen. Zehn Meditationsübungen, Eschbach 2000

Mitgefühl
Leonardo Boff, Prinzip Mitgefühl. Texte für eine bessere Zukunft, Freiburg i. Br. 1999
Leonardo Boff, Ethik für eine neue Welt, Düsseldorf 2000
Matthew Fox, A Spirituality named Compassion. Uniting Mystical Awareness with Social Justice, San Francisco 1990
Daniel Goleman, Emotionale Intelligenz, München 1999

Martin Heidegger, Sein und Zeit, Tübingen 1993 (bes. § § 39–44)
Ulrich Kronauer (Hg.), Vom Mitleid. Die heilende Kraft, Frankfurt a. M. 1999
Johann Baptist Metz (Hg.), Compassion – Weltprogramm des Christentums. Soziale Verantwortung lernen, Freiburg i. Br. 2000
Albert Schweitzer, Die Ethik der Ehrfurcht vor dem Leben, in: ders., Kultur und Ethik, München 1955, S. 229–231
Heinz Zahrnt, Der Gnädige und der Barmherzige, in: Rudolf Walter (Hg.), Die hundert Namen Gottes. Tore zum letzten Geheimnis, Freiburg i. Br. 1985, S. 99

Nüchternheit

Hans Urs von Balthasar, Die Eigenart der christlichen Mystik, in: Werner Beierwaltes/Hans Urs von Balthasar/Alois M. Haas (Hg.), Grundfragen der Mystik, Einsiedeln 1974, S. 57–71
Hans Lewy, Sobria Ebrietas. Untersuchungen zur Geschichte der antiken Mystik, Gießen 1929
Evald Lövestam, Über die neutestamentliche Aufforderung zur Nüchternheit, in: Studia theologica, Bd. 12, Lund 1958, S. 80–102
Katsuki Sekida, Zen-Training. Das große Buch über Praxis, Methoden, Hintergründe, Freiburg i. Br. 1993

Reisen

Hajo Bergmann, Auf dem Weg. Begegnungen mit Sufis und Derwischen, München 1999
Julio Cortázar/Carol Dunlop, Die Autonauten auf der Kosmobahn. Frankfurt a. M. 1996
Stephen Greenblatt, Wunderbare Besitztümer. Die Erfindung des Fremden. Reisende und Entdecker, Berlin 1994
René Grousset, Die Reise nach Westen. Oder wie Hsüan Tsang den Buddhismus nach China holte, München 1994

Rituale

Hans Gerhard Behringer, Die Heilkraft der Feste. Der Jahreskreis als Lebenshilfe, München 2000
Leonardo Boff, Kleine Sakramentenlehre, Düsseldorf 1992
Elisia Diekemper/Uta Reimann-Höhn, Rituale geben Sicherheit. Wie Kinder Vertrauen gewinnen, Freiburg i. Br. 2001
Margarethe Schindler, Heute schon geküsst? Paare brauchen Rituale, Freiburg i. Br. 2001
Pierre Stutz, Alltagsrituale. Wege zur inneren Quelle, München 2000

Pierre Stutz, 50 Rituale für die Seele, Freiburg i. Br. 2002.
Pierre Stutz, Kraftvolle Rituale. Zum Einstieg und Ausklang in Gruppen, Luzern/Stuttgart 2001
Pierre Stutz, Meditationen zum Gelassenwerden, Freiburg i. Br. 2001

Schweigen
Stephanie Dietrich, Das schweigende Gebet. Zur Grundlage des Verständnisses vom schweigenden Gebet im ökumenischen Blickwinkel, Leipzig 2000
Anselm Grün, Der Anspruch des Schweigens, Münsterschwarzach 1980
Roland Krusche, Die Übung des Schweigens in der Mystik, Frankfurt a. M. 1996
Claudia Edith Kunz, Schweigen und Geist. Biblische und patristische Studien zu einer Spiritualität des Schweigens, Freiburg i. Br. 1996
Niklas Luhmann/Peter Fuchs, Reden und Schweigen, Frankfurt a. M. 1989
Raimon Panikkar, Gottes Schweigen. Die Antwort des Buddha für unsere Zeit, München 1992
George Steiner, Sprache und Schweigen, Frankfurt a. M.1969

Spiel
Paul Auster, Die Musik des Zufalls, Reinbek 1992
Hans-Georg Gadamer, Die Aktualität des Schönen. Kunst als Spiel, Symbol und Fest, Stuttgart 1977
Johann Huizinga, Homo Ludens. Vom Ursprung der Kultur im Spiel, Reinbek 1956
Willigis Jäger, Geist und Körper – Orte spiritueller Erfahrung, in: Christoph Quarch/Dirk Rademacher, Deutscher Evangelischer Kirchentag Frankfurt a. M. 2001. Gütersloh 2001, Dokumente, S. 444–449
Nikolaus von Kues, Vom Globusspiel, Hamburg 1952
Dirk Schümer, Gott ist rund. Die Kultur des Fußballs, Frankfurt a. M. 1998

Stille
Niklaus Brantschen, Weg der Stille, Freiburg i. Br. 2004
Silvia Ostertag, Lebendige Stille. Einstimmung und Einübung. Vorwort von Willigis Jäger, Freiburg i. Br. 2002
Taikan Jyoji, Tagebuch eines Zenmeisters, der aus dem Westen kam, Zürich und Düsseldorf 1997
Raimund Sesterhenn (Hg.), Das Schweigen und die Religionen, München 1983

Alan Watts, Leben ist jetzt. Der östliche Weg der Befreiung und die Verwandlung des Selbst, Freiburg i. Br. 1998
Peter Wild, Finde die Stille. Spiritualität im Alltag – Ein Übungsbuch, Freiburg i. Br. 2000

Symbol
Udo Becker, Lexikon der Symbole, Freiburg i. Br. 1998
Otto Betz, Zur tieferen Wahrnehmung des Lebens, Freiburg i. Br. 1987
Basilius Doppelfeld, Symbole, Münsterschwarzach 1994
Hubertus Halbfas, Das dritte Auge. Religionsdidaktische Anstöße, Düsseldorf 1982
Carl Gustav Jung, Marie-Louise von Franz u. a., Der Mensch und seine Symbole, Olten 1968
Manfred Lurker, Die Botschaft der Symbole. In Mythen, Kulturen und Religionen, München 1990
Corinna Mühlstedt, Die christlichen Ursymbole. Wie sie entstanden, was sie bedeuten und was sie uns heute sagen, Freiburg i. Br. 2000

Tod
Dorothee Sölle, Leiden, Freiburg i. Br. 1998
Dorothee Sölle, Mystik und Widerstand, München 2000
Mechtild Voss-Eiser, „Noch einmal sprechen von der Wärme des Lebens“. Texte aus der Erfahrung Trauernder, Freiburg i. Br. 2000

Verwandlung
Michaela Diers (Hg), Sich öffnen für den Augenblick, Freiburg i. Br. 2005
Walter Y. Evans-Wentz (Hg.), Das Tibetanische Totenbuch oder die Nach-Tod-Erfahrung auf der Bardo-Stufe, Düsseldorf 1997
Anselm Grün, Verwandlung. Eine vergessene Dimension geistlichen Lebens, Mainz 1999
Carl Gustav Jung, Symbole der Wandlung, in: ders.: Gesammelte Werke, Bd. 5, Olten 1973
Rudolf Otto, Das Heilige, München 1963
Peter Schellenbaum, Im Einverständnis mit dem Wunderbaren. Was unser Leben trägt, München 2000

Verzicht
Josef Fellsches, Lebenkönnen. Von Tugendtheorie zur Lebenskunst, Essen 1996
Erich Fromm, Haben oder Sein, Stuttgart 1976
Walter Haug, Johannes Taulers via negationis, in: Walter Haug/Burghart

Wachinger (Hg.), Die Passion Christi in Literatur und Kunst des Spätmittelalters, München 1993, S. 76–93

Heinrich Herpius, Spieghel der volcomenheit (mit lateinischer Übersset-zung), Antwerpen 1931

Heinrich Tauler, 6. Predigt (Verzicht auf Bilder), 14. und 19. Predigt, in: ders., Predigten, übers. und hrsg. v. Georg Hofmann, Einsiedeln 1979

Rudolf ZurLippe, Neue Betrachtung der Wirklichkeit. Wahnsystem Realität, Hamburg 1997

Zeit

Karlheinz A. Geißler, Zeit – verweile doch ... Lebensform gegen die Hast, Freiburg i. Br. 2000

Gerd Haeffner, In der Gegenwart leben. Auf der Spur des Urphänomens, Stuttgart 1996

Stefan Kiechle, Ignatius von Loyola – Meister der Spiritualität, Freiburg i. Br. 2001

Autorinnen und Autoren

Fred von Allmen widmet sich seit 1970 der buddhistischen Geistesschulung in Asien, Europa und den USA unter Lehrern der Theravada und der Tibetischen Mahayana Tradition. Insgesamt verbrachte er sieben Jahre im Retreat. Er studierte buddhistische Psychologie und Philosophie. Seit 1984 ist er weltweit als Kursleiter tätig. Autor, Mitbegründer des Meditationszentrums Beatenberg in den Schweizer Alpen.

Regina Ammicht-Quinn, Dr. theol., geb. 1957, apl. Prof. für Theologische Ethik am Zentrum für Ethik in den Wissenschaften in Tübingen, Studium der Katholischen Theologie und Germanistik, im Zuge von Berufungen auf einen Lehrstuhl mehrfache Verweigerung des dafür nötigen ‚nihil obstat', Gastprofessuren an theologischen und nicht-theologischen Fakultäten, zahlreiche Veröffentlichungen.

Leonardo Boff, geb. 1938, war Professor für Systematische Theologie in Petropolis und lehrt als Professor für Ethik und philosophische Ökologie an der Staatsuniversität von Rio de Janeiro. Gilt als bedeutendster Repräsentant einer Theologie der Befreiung.

Johannes B. Brantschen OP, geb. 1935, em. Ordinarius für Fundamentaldogmatik an der theologischen Fakultät der Universität Fribourg (CH). Zahlreiche Veröffentlichungen.

Michael von Brück, Dr. theol., geb. 1949, Professor für Religionswissenschaft an der Universität München. Zahlreiche Schriften zu Buddhismus und Hinduismus. Herausgeber der Zeitschrift „Dialog der Religionen".

Eugen Drewermann, Dr. theol., geb. 1940, Theologe und Psychotherapeut, seit der Suspendierung vom Priesteramt durch die römisch-katholische Kirche im Jahre 1992, freier Schriftsteller, 2005 aus der kath. Kirche ausgetreten. Über fünfzig Buchpublikationen.

Beatrice Grimm, geb. 1946, Lehrerin für Kontemplation, ausgebildet in Schauspiel, Körperarbeit, sakralem Tanz, Kontemplation, Zen und Qigong, lebt in Würzburg.

Anselm Grün OSB, Dr. theol., geb. 1945, verwaltet die Benediktinerabtei Münsterschwarzach. Er ist außerdem geistlicher Berater und als Kursleiter für Meditation, tiefenpsychologische Auslegung von Träumen, Fasten und Kontemplation tätig. Autor zahlreicher spiritueller Publikationen.

Gabriele Hartlieb, geb. 1967, studierte Theologie, Germanistik und Komparatistik und arbeitet als Redakteurin und Lektorin.

Daniel Hell, Dr. med., ist ordentlicher Professor für Klinische Psychiatrie und Direktor an der Psychiatrischen Universitätsklinik Zürich. Ein Schwerpunkt seiner Tätigkeit liegt auf der Erforschung und Behandlung von Depressionen. Autor verschiedener Sachbücher.

Bert Hellinger, geb. 1925, ehemaliger Theologe, später Psychoanalytiker. Kam über die Gruppendynamik, Primärtherapie, Transaktionsanalyse und verschiedene hypnotherapeutische Verfahren zu der ihm eigenen System- und Familientherapie.

Willigis Jäger, geb. 1925, seit 1946 Benediktiner, Zen-Meister (Ko-un-Roshi). Gründete und leitete von 1982 bis 2001 das Meditationszentrum Haus St. Benedikt in Würzburg; daneben zahlreiche Kurse in Kontemplation und Zen. Seit 1981 Lehrbeauftragter der Sanbo-Kydan-Schule. Kursleitertätigkeit auch im europäischen Ausland und den USA. Nach Konflikten mit dem Vatikan 2002 Exklaustration (Beurlaubung aus dem Orden) und freie Tätigkeit als Kursleiter.

Stefan Kiechle SJ, geb. 1960, promovierte am Centre Sèvres in Paris mit einer Arbeit über Ignatius von Loyola. Er war Studentenpfarrer in München und arbeitet seit 1998 als Novizenmeister des Jesuitenordens in Nürnberg. Er begleitet Exerzitien und gibt Fortbildungen für Exerzitienleiter.

Joachim Kunstmann, geb. 1961, Prof. Dr. theol., nach dem Studium der Evangelischen Theologie jeweils einige Jahre Gemeindepfarrer und Religionslehrer am Gymnasium, dann Wissenschaftlicher Assistent im Fach Religionspädagogik, Habilitation zum Verhältnis von Bildung und Religion heute, Lehrstuhl für Religionspädagogik an der PH Weingarten.

Peter Lengsfeld, geb. 1930 in Breslau. Theologe, seit 1988 Zen-Lehrer, von 1967 bis 1992 Professor für Ökumenische Theologie und Direktor des Katholisch-Ökumenischen Instituts der Universität Münster.

Pieter Loomans, geb. 1954, Dipl. psych., psychologischer Psychotherapeut. Seit 1981 in Todtmoos-Rütte tätig. Seit 1992 Leitung des Rütte-Forums, Zentrum für Psychotherapie, Selbsterfahrung und Weiterbildung in der

Transpersonalen Psychologie und Initiatischen Therapie. Seit 1997 Erster Vorsitzender des Spiritual Emergence Network, Deutschland e.V.

Wunibald Müller, Dr. theol., Dipl. psych., geb. 1950, klinischer Psychotherapeut, Leiter des therapeutisch-spirituellen Zentrums Recollectio-Haus der Abtei Münsterschwarzach. Veröffentlichungen zu Themen der Spiritualität, Lebenshilfe und Psychologie.

Lukas Niederberger SJ, geb. 1964, 1985 Eintritt in den Jesuitenorden, Studien in München und Paris. Seit 1995 Mitarbeit im Lassalle-Haus Bad Schönbrunn, einem Zentrum für Spiritualität und soziales Bewusstsein in Edlibach/Zug (CH). Seit 2001 Direktor des Bildungshauses. Er leitet Kurse im Bereich Spiritualität, Ethik und Entscheidungsfindung.

Klara Obermüller, Dr. phil., hat deutsche und französische Literatur studiert und war ein Leben lang journalistisch tätig: u. a. als Redakteurin bei „du", NZZ und „Weltwoche" und als freie Mitarbeiterin der FAZ; sie hat übersetzt und Jugendbücher sowie Hörspiele geschrieben. Zuletzt Moderatorin der Sendung „Sternstunde Philosophie" des Schweizer Fernsehens. Seit Ende 2001 pensioniert, ist sie weiterhin publizistisch tätig, u. a. für die „NZZ am Sonntag".

Silvia Ostertag, geb. 1942 in Basel. Musikstudium, Konzerttätigkeit. Lehrerin in Atemtherapie nach Dr. Egenolf. Langjährige Ausbildung in Initiatischer Therapie bei Karlfried Graf Dürckheim und Maria Hippius-Dürckheim. Zen-Studium bei Willigis Jäger, Ko-un-Roshi; seit 1994 Lehrbeauftragte für Zen in der Sanbo-Kyodan-Schule. Leiterin der Bildungsstätte Seeg. Begründerin des Initiatischen Gebärdenspiels nach Silvia Ostertag.

Raimon Panikkar, geb. 1918 als Sohn eines hinduistischen Vaters und einer katholischen Mutter; promovierter Naturwissenschaftler, Philosoph, Theologe. Priester der Erzdiözese Varanasi/Indien, weltweit bekannter Vertreter des interreligiösen Dialogs. Lehrte u. a. an den Universitäten in Madrid, Rom, Cambridge, Harvard, Mysore und Varanasi (Benares). 1972–87 Professor für Vergleichende Religionsphilosophie an der University of California, Santa Barbara/USA. Gastprofessor an über 100 Universitäten auf allen fünf Kontinenten. Zahlreiche Publikationen. Lebt in Tavertet bei Barcelona.

Ruth Pfau, Dr. med., geb. 1929 in Leipzig, Ärztin, seit 1957 Mitglied des Ordens der Töchter vom Herzen Mariä. 1956 ging sie nach Karatschi, wo sie ein erfolgreiches nationales Leprabekämpfungsprogramm entwickelte und, z.T. illegal, auch im kriegszerrütteten Afghanistan wirkte. 1980 Ernennung zur Nationalen Beraterin für das Lepra- und TB-Kontrollprogramm für Pakistan.

Christoph Quarch, Dr. phil., geb. 1964, von 1996 bis 2000 Redakteur der Monatszeitschrift „Evangelische Kommentare“, seit 2000 Studienleiter beim Deutschen Evangelischen Kirchentag. Lehraufträge zu Themen der antiken Philosophie in Tübingen, Ulm und Fulda; philosophische Veranstaltungen, Buchpublikationen.

Dirk Rademacher, geb. 1962, lernte das Zimmererhandwerk, studierte Theologie und Philosophie und ist Pfarrer der Hannoverschen Landeskirche.

John Rodden, Dr. phil., geb. 1956, lehrte als Professor Rhetorik and Speech Communication an der Universtity of Texas in Austin/Texas, gab seine Stelle auf und entschied sich für ein alternatives Leben. Heute lebt der Autor und Herausgeber mehrerer Bücher als freier Publizist und Übersetzer in Austin/Texas, USA.

Peter Schellenbaum, Dr. theol., Studentenpfarrer in München (1971–1975), Ausbildung in Analytischer Psychologie am C.G. Jung-Institut in Zürich, hier bis heute Lehranalytiker und Dozent, Gründer und Leiter des Instituts für Leib-Psychotherapie in Orselina/Locarno, Buchautor.

Bernardin Schellenberger, geb. 1944, 15 Jahre Trappisten-Mönch, 10 Jahre Seelsorger, 8 Jahre Hausmann, seit 1998 freiberuflich als Übersetzer und Schriftsteller vorwiegend spiritueller Literatur, Kursleiter von Besinnungstagen. Lebt in Stuttgart.

Assumpta Schenkl, geb. 1924, nach 1945 Ausbildung zur Volksschullehrerin. 1954 Noviziat in der Zisterzienserinnen-Abtei Seligenthal bei Landshut, 1959 ewige Profess. 1956 bis 1961 Studium der Germanistik und Altphilologie in München. Anschließend 30 Jahre lang Lehrtätigkeit am Gymnasium der Zisterzienserinnen-Abtei Seligenthal. 1987 Wahl zur Äbtissin. Von 1988 bis 2000 Präsidentin der Kommission für die Gleichstellung der Frauen im Orden. Seit August 1999 Äbtissin des Zisterzienserinnenklosters St. Marien zu Helfta.

Wilhelm Schmid, Dr. phil, geb. 1953, freier Philosoph, lebt in Berlin, apl. Prof. der Universität Erfurt und Gastdozent an der Staatlichen Universität

Tiflis (Georgien). Regelmäßige Tätigkeit als „philosophischer Seelsorger" am Spital Affoltern am Albis bei Zürich. Zahlreiche Buchveröffentlichungen.

Dorothee Sölle, 1929–2003, studierte Philosophie und alte Sprachen sowie Evangelische Theologie und Germanistik. 1968–1972 „Politische Nachtgebete" in Köln. 1971 Habilitation. 1975–1987 Professorin für Systematische Theologie am Union Theological Seminary in New York. Gastprofessorin in Kassel und Basel. Sie lebt heute als freie Schriftstellerin in Hamburg. Zahlreiche Veröffentlichungen.

Fulbert Steffensky, geb. 1933, emeritierter Professor für Religionspädagogik an der Universität Hamburg, Studium der katholischen und evangelischen Theologie, 13 Jahre Benediktinermönch, zahlreiche Veröffentlichungen.

Pierre Stutz, geb. 1953, Theologe, spiritueller Schriftsteller, Ausbildung im Sozialtherapeutischen Rollenspiel. Von 1992–2002 gehörte er zur offenen Klostergemeinschaft Abbaye de Fontaine-André in Neuchâtel/CH, wo er Menschen spirituell begleitete. Redaktionsmitglied der Zeitschrift „ferment". Vorträge und Seminare im deutschsprachigen Raum. Autor zahlreicher Bücher.

Daniela Tausch, Dr. phil., Dipl.-psych., geb. 1961, Initiatorin und langjährige Leiterin des Stuttgarter Hospiz-Dienstes. Autorin, Vorträge, Rundfunk- und Fernsehsendungen zu den Themen Sterben, Tod und Trauer. Seit 1997 arbeitet sie in eigener psychotherapeutischer Praxis; Seminar- und Vortragstätigkeit. Lebt in Bremen.

Ilija Trojanow, geb. 1965 in Sofia, Autor zahlreicher Reisebücher, floh 1972 mit der Familie über Jugoslawien nach Italien, später erhielt die Familie politisches Asyl in Deutschland. Trojanow lebte zehn Jahre in Kenia und z.Zt. in Bombay, Indien.

Sylvia Wetzel, geb. 1949, ursprünglich Gymnasiallehrerin, befaßt sich seit 1968 mit unterschiedlichen Wegen zur äußeren und inneren Befreiung und seit 1977 mit dem Buddhismus. Ausbildung in der tibetischen Tradition und zwei Jahre Praxis als Nonne. Die Publizistin und Meditationslehrerin lebt auf dem Land bei Berlin und ist mit ihren kulturkritischen und feministischen Ansätzen eine Pionierin des Buddhismus im Westen.

Peter Wild, geb. 1946, wohnt in Wangen an der Aare (Schweiz). Studium der Theologie, Germanistik, Religionswissenschaft. Im Rahmen der Erwachsenenbildung der ev.-ref. Landeskirche Zürich tätig als Spezialist für Spiritualität und Meditation (u. a. verantwortlich für die dreijährige „Ausbildung zum/zur MeditationsleiterIn"), daneben freiberuflich Leiter von Meditations- und Yogakursen, Buchautor.

Uwe Wolff, Dr. phil., geb. 1955, Studium u. a. der Philosophie bei Hans Blumenberg, Reisen u. a. in die Arktis, nach Pakistan und Tadschikistan. Publizist, Autor von Romanen und Sachbüchern, Leitung von Meditationskursen.

Heinz Zahrnt, Dr. theol., 1915–2003, studierte Theologie und Geschichte in Kiel, Marburg, Tübingen, Wien (Assistent). 1939 Ordination. 1948 Promotion in Heidelberg, 1946–1951 Studentenpfarrer in Kiel, 1950–1975 Theologischer Chefredakteur des „Deutschen Allgemeinen Sonntagsblatts", 1960–1999 im Präsidium des Deutschen Evangelischen Kirchentags (1971–1973 amtierender Präsident).

Jörg Zink, geb. 1922, Studium der Philosophie und Theologie von 1945 bis 1951. 1955 Promotion. Anschließend bis 1961 Gemeinde- und Jugendpfarrer. Von 1961 bis 1980 Beauftragter der ev. Landeskirche in Württemberg für Fernsehfragen. Produktion von Filmen zu religiösen und kulturhistorischen Themen. Daneben Publikation von zahlreichen Büchern zu religiösen Themen. Seit 1980 Tätigkeit als freier Publizist.

Inhalt